陕西师范大学优秀著作出版基金资助出版
陕西师范大学211工程建设项目资助

我国公立高等学校教师法律地位研究

王鹏炜 著

陕西师范大学出版总社

图书代号　JC18N1572

图书在版编目(CIP)数据

我国公立高等学校教师法律地位研究／王鹏炜著.—西安：陕西师范大学出版总社有限公司，2019.3
ISBN 978-7-5695-0331-9

Ⅰ.①我… Ⅱ.①王… Ⅲ.①公立学校—高等学校—教师—聘用—研究—中国 Ⅳ.①G645.11

中国版本图书馆 CIP 数据核字(2018)第 240076 号

我国公立高等学校教师法律地位研究

王鹏炜　著

责任编辑／	钱　栩　史　伟
责任校对／	曹克瑜　钱　栩
封面设计／	金定华
出版发行／	陕西师范大学出版总社
	（西安市长安南路 199 号　邮编 710062）
网　　址／	http://www.snupg.com
经　　销／	新华书店
印　　刷／	西安日报社印务中心
开　　本／	787mm×1092mm　1/16
印　　张／	13.5
字　　数／	235 千
版　　次／	2019 年 3 月第 1 版
印　　次／	2019 年 3 月第 1 次印刷
书　　号／	ISBN 978-7-5695-0331-9
定　　价／	49.00 元

读者购书、书店添货或发现印装质量问题，请与本社高等教育出版中心联系。
电话：(029)85303622（传真）　85307864

序

高等学校的办学体制无疑受到整个社会体制的制约。中华人民共和国成立以后,我国的高等学校历经改革,成为中华人民共和国建设的重要组成部分,形成了具有中国特色的社会主义高等教育办学体制。计划经济时期,国家直接举办高等学校,直接配置资源和管理高等教育活动。在这种办学体制中,教师队伍建设自然遵循着国家计划经济的规则,遵循着干部、职工二元轨道,在高度集中统一的经济管理体制中,逐步形成了一整套与之相适应的事业管理体制。这种办学体制在推进社会主义高等教育发展的同时,也使高校的管理出现了方式陈旧单一、机构庞杂、超编严重、管理队伍活力不足、教师队伍渠道不畅通等"大锅饭"现象。

鉴于此,学者们一致认为,要增强高校的活力,提高工作效率,调动广大干部和教职工的积极性,办好社会主义大学,更好地为经济建设服务,就必须转变过去在干部人事制度管理体制上吃国家大锅饭、端铁饭碗的平均主义思想,按照商品经济规律,在高等学校的干部人事管理中,各学校之间,校内系与系之间,干部、教师之间形成优胜劣汰的竞争局面。于是改革开放以后,建立灵活的用人机制成为高校打破"大锅饭"、激发组织活力的重要举措。

教师聘任作为公立高等学校人事制度改革的重要内容,在各个高校很快得以推广,目前来看也取得了明显的成绩,形成了不同形式的引才和用人机制,但却在实践和理论上都存在着较多的争议和问题,如2009年武汉大学设计学院院长张在元被武汉大学在病床前解聘后，武汉大学就面临了大量媒体的批评。2018年，武汉大学"3+3"聘期制教师转固定教职聘任中教师淘汰率达97%，更引起众多关注。因此，在这一改革中，由于公立高校教师的身份正面临着从以前身份管理向岗位管理的转变，原来的"干部"身份在改革中应该或者希望变成什么样，就成为落实教师聘任制最根本的问题。这一问题不仅与国家对教师的法律定位有关，也与国家对公立高校功能与定位的认识有关，更与国家的改革意图有关，因为这些问题都决定着公立高校教师聘任合同的性质，决定着公立高校和教师在高等学校聘任过程中分别所享有的权利与承担的义务，以及出现争议后的争议解决机制。

从《教育法》《教师法》等法律的规定和一系列人事制度改革的文件精神来看，教师从原来的"干部"身份向与公立高校通过平等协商而自愿签订聘任合同的劳动者身份在转变。但由于《教师法》所阐明的"承担教育教学职责的专业人员"更多的是对教师职业属性的说明，而不是教师的法律定位，其他相关法律法规对我国公立高等学校教师的法律地位规定也是模糊不清，目前在法理上对教师的法律地位问题也未能予以准确界定。鉴于教育在国家、社会和个人发展中的重要地位，不少学者认为，教师应该被定位为承担教育公务的公务员，但国家却也迟迟未予认可。本文认为，根据其他国家和地区在教师聘任中的做法以及我国高等学校人事制度改革的趋势和动因、劳动者主体地位的研究以及目前教师权益保障的现状，教师的法律定位应该明确定位为"劳动者"。

对于公立高等学校地位，根据《民法通则》的规定，公立高等学校应该属于事业单位法人。但这一法律定位按照我国目前司法诉讼程序看，到底应该按照行政主体对待还是按照民事主体对待却存在着争议。有人认为根据高等教育事业在国家和社会发展中的地位以及其实际承担的职能与权力，应该定位为行政法法人；而有人则认为根据事业单位人事制度改革趋势和相关法律法规对实施教师聘任时所应遵循的"平等自由、公平协商"原则，应该将之定位为民事主体。本文认为，根据我国有关法律法规规定，公立高等学校具体的行为内容使公立高等的法律地位实际上表现在两个方面，即法律法规授权组织、事业单位法人、行政相对人。

聘任合同作为保障公立高等学校法律地位和教师劳动者法律地位的基

本形式，是贯彻和落实教师聘任制的直接依据。由于对公立高等学校法律地位和教师法律地位认识的不一，教师聘任合同的性质问题仍然停留在行政合同与民事合同或者特殊合同的争议之中。本文认为，根据社会主义市场经济改革的需要、教师作为劳动者的适格主体、劳动合同在维护教师权益中的作用、我国现有聘任制度实施的经验以及国外经验，教师的聘任合同应该定位为劳动合同，并应该在今后从立法的角度对教师的法律地位、适用的法律规范以及教师聘任合同的内容、相关人事制度改革的配套制度等给予是确定和落实。

教师聘任过程中教师权利的救济是教师聘任过程中教师权利得以实现的基本保障。但我国目前的教师权利救济存在着教师权利的失语、聘任合同内容的缺失、集体合同缺失、人事争议仍存在法律障碍、救济途径模糊等问题，其原因在于教师聘任救济的法律依据缺失、公立高等学校和教师法律地位模糊、对诉权理解不一等。因此，根据公立高等学校在具体行为上的法律地位表现以及教师的劳动者法律地位，本文认为应该根据教师与公立高等学校在聘任过程中的劳动关系，建立起从调解到仲裁再到诉讼的一整套法律救济途径，使公立高等学校与教师的法律关系走上制度化、法治化的道路。

在完成本文的过程中，笔者借鉴了大量学者的研究，在此一并予以诚挚的感谢。由于个人学识、水平的原因，文中谬误之处，恳请各位读者能及时指正批评。

王鹏炜

2018年5月

目 录

绪论 …………………………………………………………………（ 1 ）
第一章　我国公立高校人事制度改革的历史发展 ……………（ 18 ）
　第一节　我国事业单位人事制度的变迁 ……………………（ 18 ）
　　一、事业单位的概念与特点 ……………………………（ 18 ）
　　二、我国事业单位人事制度的发展历程 ………………（ 21 ）
　　三、事业单位人事制度改革的提出与发展 ……………（ 22 ）
　第二节　我国公立高校人事制度变革 ………………………（ 27 ）
　　一、高校人事制度改革的提出 …………………………（ 27 ）
　　二、高校人事制度改革的发展阶段 ……………………（ 32 ）
　第三节　我国高校人事制度改革的困境 ……………………（ 33 ）
　　一、思想观念的改变仍是一个漫长的过程 ……………（ 33 ）
　　二、人事制度改革的法律依据仍然不足 ………………（ 34 ）
　　三、相应的配套政策仍需要继续完善 …………………（ 37 ）
　　四、"身份管理"向"岗位管理"的转换体制还需进一步完善 …（ 39 ）
第二章　公立高等学校的法律地位 ……………………………（ 41 ）
　第一节　我国公立高等学校法律地位的现状 ………………（ 42 ）
　　一、我国法律关于公立高等学校法律地位的规定 ……（ 42 ）

二、我国公立高等学校法律地位的法理分析 …………… （48）

　　三、公立高等学校法律地位的独立法人化趋势 …………… （55）

 第二节　我国法律关于公立高等学校教师聘任制的规定 ……… （68）

　　一、我国现行法律法规关于教师聘任制度的规定 ………… （69）

　　二、实施教师聘任制的动因是建立灵活的、充满活力的教师队伍 ……………………………………………………… （70）

　　三、我国公立高等学校教师聘任制实施中的问题与原因分析 …………………………………………………………… （72）

 第三节　教师聘任权是公立高等学校的自主权力 ……………… （84）

　　一、相关教育法律对教师聘任权的规定分析 ……………… （84）

　　二、教师聘任权的性质界定及渊源分析 …………………… （85）

第三章　我国公立高等学校教师法律地位分析 ……………… （87）

 第一节　当前教师法律地位的文本分析 ………………………… （87）

　　一、专业及专业人员的内涵 ………………………………… （87）

　　二、强调教师是专业人员其本质在于强调教师的专业成长与发展 ……………………………………………………… （88）

　　三、"专业人员"不是教师法律地位的合理定位 …………… （90）

 第二节　我国目前对教师法律地位的规定及相关研究 ………… （91）

　　一、《教师法》中关于教师法律地位规定的分析 …………… （91）

　　二、不同国家和地区对教师聘任时的法律地位有着不同的认识 ……………………………………………………… （94）

 第三节　劳动者：我国公立高等学校教师法律地位的合理定位 …………………………………………………………… （97）

　　一、我国教师聘任制有着深刻的历史渊源 ………………… （97）

　　二、公立高等学校教师作为劳动者是人事制度改革的本初目的 ……………………………………………………… （99）

三、公立高等学校教师符合《劳动法》所规定的劳动法律关系
　　　　主体规定 …………………………………………………… (101)
　　四、劳动者法律地位有利于公立高等学校教师的法律救济
　　　　……………………………………………………………… (102)

第四章　落实教师聘任制的关键在于完善教师聘任合同 ……… (106)
　第一节　教师聘任合同的价值 ……………………………………… (106)
　　一、合同概述 ………………………………………………………… (106)
　　二、教师聘任合同的特点与意义 …………………………………… (107)
　第二节　公立高等学校教师聘任合同性质分析 …………………… (108)
　　一、关于公立高等学校教师聘任合同性质的争议 ………………… (108)
　　二、劳动合同：公立高等学校教师聘任合同的必然趋势 ………… (112)
　第三节　教师聘任劳动合同的完善与制度配套 …………………… (116)
　　一、教师聘任合同的立法完善 ……………………………………… (116)
　　二、教师聘任合同签订和实施过程中的具体要求 ………………… (117)
　　三、聘任管理的相关配套制度 ……………………………………… (123)

第五章　教师聘任中教师权益的法律救济 ……………………… (127)
　第一节　教师权益救济的含义与意义 ……………………………… (127)
　　一、权利救济的含义 ………………………………………………… (127)
　　二、教师权利的救济 ………………………………………………… (128)
　第二节　当前教师聘任救济中存在的问题 ………………………… (130)
　　一、教师权利处于失语状态 ………………………………………… (130)
　　二、聘任合同内容不够全面 ………………………………………… (131)
　　三、集体合同缺失 …………………………………………………… (135)
　　四、人事争议处理仍存在法律障碍 ………………………………… (138)
　　五、救济途径的单一而且模糊 ……………………………………… (140)

第三节　教师聘任救济问题的原因分析 …………………… (142)
　　　一、教师聘任救济的法律依据缺失 ………………………… (143)
　　　二、公立高等学校和教师的法律地位模糊 ………………… (146)
　　　三、不同法律对公立高校教师聘任争议的可诉性规定不明
　　　　　………………………………………………………………… (147)
　　第四节　完善公立高校教师聘任救济制度的建议 …………… (150)
　　　一、立法上必须完善相应法律法规 ………………………… (150)
　　　二、建立完整的救济途径体系 ……………………………… (157)
结语 ……………………………………………………………………… (193)
参考文献 ………………………………………………………………… (194)

绪　论

一

2004年2月10日,北大党政联席会审议通过的《北京大学教师聘任和职务晋升(暂行)规定》标志着北京大学自2003年初就开始酝酿的人事改革正式启动,也意味着围绕北京大学的人事制度改革持续近一年的争论告一段落。但是这次改革在国内形成的影响却十分深远。这一事件被评为"北京大学2003十大新闻"之五,也成为学界2003年讨论最热烈的议题之一。有学者评论说,北大改革不仅是"一个校园事件",而且"发展为轰动海内外的公共事件"(许纪霖语);北大改革争论"已经成了中国国际互联网学术论坛的第一大事"(徐建新语)[1],受到高等教育管理者和研究者的广泛关注,最终引发中国高等教育改革的大讨论,深圳大学校长章必功甚至把当年北大的这场改革比作"辣椒水"。[2]

但其实作为我国用人制度的一项重要改革,事业单位试行人员合同聘用制度,是建立适应社会主义市场经济体制要求的事业单位人事制度的重要措施。早在1993年《中国教育改革和发展纲要》(中发[1993]3号)的"深化人事劳动改革制度改革"部分就要求"高等学校教师实行聘任制"。1993年颁布的《教师法》第十七条规定"学校和其他教育机构应当逐步实行教师聘任制",1999年教育部《关于当前深化高等学校人事和分配制度改革的若干意见》中提出"推行高等学校教师聘任制"。2000年,中共中央组织部、人事部、教育部就下发《关于深化高等学校人事制度改革的实施意见》,明确提出了"全面推行聘用制",并提出"按需设岗、公开招聘、平等竞争、择优聘

---

[1] 王礼鑫,周捷.北大人事制度改革始末与争论[C]//2005中国制度经济学年会精选论文(第二部分),2005:1083-1092.

[2] 郑阳鹏,王婧.北京大学:"癸未变法"今何在?[J].中国新闻周刊,2010(43):39-41.

用"的原则。国务院办公厅于2002年发布了《关于在事业单位试行人员聘用制度的意见》，明确提出要通过实行人员聘任制度，转变事业单位用人机制，实现事业单位人事管理由身份管理向岗位管理转变。此后，华南理工大学、上海大学、清华大学等开始全面或局部地进行聘任制改革，掀起一轮小风潮。2003年5月29日，《中山大学教师编制核定、职位设置与职务聘任规程》经过30多次修改后出台，提出各院系的编制核定和职位设置将每学年进行一次，以往一年一度的全校性的教师"职称评审"不再进行，教师职务实行三年一聘任，考核不合格者要低聘或解聘。

那为什么北大的这次改革受到如此广泛的关注，其原因恐怕在于一方面北大的知名度与示范效应，二在于时任校长助理的张维迎教授提出的"引入竞争"，即"不升即离"两个原则以及这两个原则所细化出的"改革的第一条原则"就是"要摒弃进入北大就得到终身制铁饭碗"以及"讲师层面的流动比例控制在总量的1/3以上，副教授层面的流动比例控制在总量的1/4以上""除少数特殊学科外，新聘教授应能用一门外文教学授课""空缺教授岗位1/2以上对校外公开招聘，对外招聘名额不得用于内部晋升"等规定。这些规定引发了老教师和年青教师的一致反对，在后来的正式稿中有所柔化和妥协，但也被张维迎教授认为是淘汰机制并未真正落地，"计划经济体制下形成的教师人事管理体制的基本特征没有变"。①

事实上，在推行高校职务聘任制的过程中，几乎所有的高校都面临着巨大的困难。对于教师来讲，其最直接的意义恐怕莫过于将原来人们眼中视为"干部"的教师直接暴露在了"聘任"这一赤裸裸的制度之下，使多年以来被高呼的"下岗"的威胁变成教师们面前一个实在的现实，从而直接激起了教师们那一直担心却又迟迟没有到来的恐惧之感，开辟了一个新的教师任用的时代。虽然各个学校的聘任制方案不尽相同，但有一点是共同的，即实行聘任制后，如果不符合聘任要求，历来拿着"铁饭碗"的教师们也开始面临"下岗"危机。② 而对于学校来讲，如何设计聘任制度，才能真正激发教师队

---

① 郑阳鹏，王婧.北京大学："癸未变法"今何在？[J].中国新闻周刊，2010(43):39-41.
② 2001年，华南理工大学开始三年一次的考核期，通过严格的审查考核，20多位教师因为不符合聘任要求被解聘。见新快报《教师聘任制：从激进到渐进》，方夷敏，宋荻，刘继红，李汉荣，2003-07-16.

伍活力,实现"能进能出、能上能下"的灵活用人机制,同时还要保证广大教师的应有权利,也面对着诸多的困难。

二

公立高校教师聘任制度,不仅具有在国家人事制度改革背景下高校通过人事制度改革深化教师管理,通过打破"单位所有"这一计划经济制度框架,充分激发教师积极性的重要意义,而且涉及在依法治国、依法治教背景下公立高等学校实行教师聘任制度所必须面临的几个理论问题。

第一,公立高等学校是否有制订教师聘任规则的权力?这一问题是北京大学在发布征求意见稿之后,由以香港大学甘阳先生为代表提出的。2003 年 6 月 5 日,他发表《大学改革的合法性与合理性》,矛头直指改革本身的合法性问题与改革方案的合理性问题,认为北大改革不仅"无法可依",而且也"无章法可言"——其一,改革方案以固定期合同取代长期聘任至退休的规定没有任何法律根据,是根本"不合法的";其二,改革方案中将聘用期与职务晋升挂钩的方式与西方对同类情况的处理方法相比较是极端"不合理的"。① 这一观点在学界产生了重要影响。从北京大学后来的修订稿及其解释回应看,北京大学认为其人事制度改革是有相关法律法规授权的,其直接来源于《教育法》《高等教育法》《教师法》中有关教师聘任制度的规定。其后,在张维迎先生《大学的逻辑》一书中,又对其相关的思想做了进一步说明。

第二,公立高等学校教师聘任合同应属于何种性质?从北京大学的《北京大学教师聘任和职务晋升制度改革方案(征求意见稿)》及其以后各修订稿来看,第一稿中有关讲师、副教授流动比例的规定,提出了"分级流动制"、"不直接从本单位应届毕业生中聘用教师"、空缺教授岗位二分之一以上对校外公开招聘、部分教授 2003 年之后只有一次晋升机会、新聘教授用一门外文教学授课等规定,虽然二稿中删除了比例、年限、次数等的限制,给予部

---

① 甘阳.大学改革的合法性与合理性[N].21 世纪经济报道,2003-06-05;钱理群,高远东.中国大学的问题与改革[M].天津:天津人民出版社,2003:3-14.

分副教授终身职位,允许破格晋升等,但前述六项基本原则没有动摇。① 从整个聘任政策来看,虽然校方一再强调教师聘任"基本原则是公开、公平、公正,实行任期制、合约管理",但从所有政策的提出与实施要求看,完全是一种由学校行政当局对教师提出各种各样要求的单方行为,其中对教师的相对权利却无多少提及。因此,在这种政策下签订的聘任合同到底属于什么合同,对教师的地位的如何看待等,均存在疑问。从全国著名的公立高等学校的教师聘任制度来看,他们存在着几乎同样的问题。②

第三,各高等学校所制订的教师聘任规则是否符合相关法律法规要求?根据北京大学《北京大学教师聘任和职务晋升制度改革方案》(征求意见稿)基本原则第二条的规定"教师聘任和职务晋升制度的基本原则是公开、公平、公正,实行任期制、合约管理",教师聘任合同的签订似乎应该是在一种平等、协商、自愿的环境中进行,但从《征求意见稿》的具体内容来看,教师聘任的全部过程与要求都一直处于学校的强行规定之中,诸如对聘期的要求、对学位的要求、对续聘与否的规定、对教师解聘的处理、对教师聘任岗位等的比例限制等等。虽然学校人事制度改革领导小组在其后的解释与说明中也对其出发点进行了说明,但从法律的角度来讲,北京大学是依据什么法规或者政策提出这些要求的,这些要求的合法性又如何?进一步讲,北京大学所制订的教师聘任规则到底应该符合什么法律法规的要求,如果是法律,又应该遵循什么样的程序制订;如果是内部规则,又应当遵循什么样的原则?这些规则应不应当受到监督?如果要受监督,又由谁通过何种方式监督?这些问题从其以后的修订的各种版本中也没有看到相关的内容和权利救济途径与方式。

第四,教师聘任合同到底应该包括哪些条款,用什么形式来制订,通过什么途径和机制进行保障?无论是按照行政法规来规定,还是按照民事合同来缔结,当教师聘任合同的性质能够确定的时候,就必须对教师聘任合同的内容、形式及其实施机制与途径等方面做出相应的规定,从而形成对公立

---

① 王礼鑫,周捷. 北大人事制度改革始末与争论[C]//2005 中国制度经济学年会精选论文(第二部分),2005:1083-1092.
② 周文霞,邵懿,王倩. 中国高校教师聘任制政策文本研究[J]. 浙江工商大学学报,2007(6):81-87.

高等学校及教师两方面的约束力,避免虽有合同却无法操作执行或者任意添加合同内容等行为的出现。这不仅关系到学校对教师的合同管理能够实行,也关系到双方权利的维护和权利救济途径与方式。

第五,公立高校进行教师聘任时如果存在着争议,争议应如何处理？如果存在着对教师的侵权是否有救济,救济途径是什么？在现有的《教师法》《教育法》中我们只能看到在《教师法》第三十九条中规定"教师对学校或者其他教育机构侵犯其合法权益的,或者对学校或者其他教育机构做出的处理不服的,可以向教育行政部门提出申诉,教育行政部门应当在接到申诉的三十日内,做出处理。教师认为当地人民政府有关行政部门侵犯其根据本法规定享有的权利的,可以向同级人民政府或者上一级人民政府有关部门提出申诉,同级人民政府或者上一级人民政府有关部门应当做出处理。"而且具体来说,何种行为可以被称为"侵犯教师合法权益"？教师的合法权益究竟包括哪些内容？如果存在侵权行为,申诉是否是合适的途径？申诉是否为唯一的途径？如果不是,还应该包括哪些途径？

三

改革是艰难的,任何改革作为一次利益的重新分配都必然涉及各方面的权益,如何保障各利益主体的权益从而使改革能够顺利进行是改革必须考虑的问题。作为公立高等学校来讲,教师聘任制的实施也正是如此,改革中国家、学校、教师的权利必须得到保障。

既然根据国家相关法律法规要求及人事制度改革的趋势,公立高等学校实行教师聘任制已经成为历史的必然。在这改革之中,既有公立高等学校与教师两个主要当事人的权益,还有着政府、学生、社会等各方面的利益,那么建立一种能够保障教师聘任制度顺利实施并且实现其目的的环境就成为改革必须解决的问题。[①] 因此寻求一种制度上的根本解决是保证公立高等学校教师聘任顺利实施的基本条件。从目前来看,制度安排的最佳方案莫过于法律的规制。

用法律来保障公立高等学校教师聘任制度的实施,其意义在于:(1)

---

① Balancing Student and Faculty Academic Freedom[J]. National On-Campus Report, 2005, 23(21):1-6.

在依法治国的大环境之下,依法治教是依法治国的重要组成部分,是依法治国思想的具体表现;(2)它为公立高等学校教师聘任制度提供了如何实施与操作的具体要求,改变了单方权力对教师聘任制度的干扰,保障了公立高等学校教师聘任的合法化与机制化;(3)通过法律条文的规定,它不仅从实践层面解决权益主体的各种纷争,而且能够通过法律条文反映国家对公立高等学校教育与教学、教师管理等问题上的法理导向,引导公立高等学校的办学向一定的价值观前进,实现造福国家造福社会造福人民的教育理想。

但从目前来看理论的研究来看,我国理论界对公立高等学校教师聘任问题还没有形成系统而明确的观点。纵观关于教师聘任制的法学研究文章,自20世纪90年代以来对公立高等学校教师聘任制形成了比较深入的研究,形成了较为明显的深化过程。

1. 关于公立高等教师聘任制意义的研究

贺云乾(1988)指出,从中华人民共和国成立初期到党的十一届三中全会之前,为适应当时的经济建设和发展教育事业的需要,我国建立了高度集中统一的高校干部人事管理制度,结果使得高校的管理方式陈旧单一,管人与管事脱节;许多高校编制过大,机构庞杂,超编严重,各类人员比例失调;管理队伍活力不足,管理水平低下;教师队伍渠道不畅通,人才流不动。[①] 因此,要增强高校的活力,提高工作效率,调动广大干部和教职工的积极性,办好社会主义大学,更好地为经济建设服务,就必须转变过去在干部人事制度管理体制上吃国家大锅饭、端铁饭碗的平均主义思想,按照商品经济规律,在高等学校的干部人事管理中,各学校之间,校内系与系之间,干部、教师之间形成优胜劣汰的竞争局面,以此促进高等教育事业的发展。[②] 湖北大学调研室也认为,当时高校教职工队伍中存在着整体结构失调、员额超编、人员与岗位不适、人浮于事、冗员难以处置、人才"流动"困难等现象,表现为队伍老化与青黄不接的状况并存,人员超编与人才缺乏的状况并存,僧多粥少与窝工浪费的状情并存,冗员闲置与事无人干的状况并存,用非所学、越位代

[①] 贺云乾.略论高校干部人事制度改革[J].河南财经学院学报,1988(2):65-68.
[②] 张贻复,易之.上海交大在管理改革中的一条经验劳动、人事、分配制度的改革联系起来有关领导部门对此十分赞赏[N].光明日报,1984-04-10.

用与人不得其所、才不得其用的状况并存,人才进不来与出不去的状况并存,并指出造成这种现象的主要原因是僵化的管理体制和"铁饭碗"及"大锅饭",因此改善高校教职工队伍现状,增强学校内部活力,出路在于深化人事制度改革。李鹏总理在1988年的全国高等教育工作会议上讲话指出"要把竞争机制引入高等学校",并强调此举是深化高等教育改革的重要环节。[1]

2. 关于教师聘任制内容的研究与总结

在这种情况下,高等学校在引入竞争机制、实行定编、定岗、定员、定责和干部任期目标责任制、教师职务聘任制,实行优化组合队伍等职称评定改革和教师职务聘任制的实行也取到了一定成效。石之等人(1988)年撰文指出,实践证明在高等学校实行教师职务聘任制的方向是正确的,是符合广大教师的要求和愿望的[2],但也需要在合理确定编制的基础上,实行扬长分流,建立以教师为主的教学、科研、社会服务三支队伍,实行聘任制、考核制、劳酬挂钩制"三制"配套,通过对内一律实行聘用合同制,对外实行公开招聘[3],用人单位与个人签订聘用合同书,写明职权、职责、待遇、期限及解聘、续聘等事宜,实现用人单位有聘用和解聘的权力以及教职工有应聘和辞聘的权力,促使广大教师增强责任感,奋发努力,积极向上,提高业务水平,同时通过考核把劳动的好坏、贡献的大小、成果的多少以及经济效益的高低与个人的分配直接挂钩,实行重奖重罚,拉开档次,并建立以现行工资为主的包括课时工资、兼职工资和奖励工资在内的动态结构工资制,真正体现按劳分配的原则。[4]

随着讨论日趋全面,高校人事制度改革的内容也日渐清晰起来,学者的观点也趋于一致,即实行定编定岗,建立和健全各种岗位责任制;要重视编制管理的科学化和法规化,以优化人员结构,理顺关系,减少层次,深化调配

---

[1] 湖北大学调研室.正确引入竞争机制 深化高校人事制度改革[J].黑龙江高教研究,1989(3):48-53.

[2] 石之,晓娅.对高校教师职务聘任工作几个问题的认识[J].中国高等教育,1988(4):23-24.

[3] 李文堂,姚传玺,谭人杰.深化高校人事制度改革充分开发科技人力资源[J].高等建筑教育,1991(2):58-61.

[4] 湖北大学调研室.正确引入竞争机制 深化高校人事制度改革[J].黑龙江高教研究,1989(3):48-53.

制度的改革;要加强考核,择优上岗,形成竞争机制;要改革现行工资分配制度,建立符合高校特点的工资等级制度和各种实绩津贴(含岗位津贴、职龄津贴、实绩奖励津贴、特殊贡献津贴等)制度以及正常的工资晋升机制;要建立和健全职称晋升评审和干部晋升考核制度;要允许和鼓励高校合理创收,形成高校自我积累机制;要深化高校劳动人事制度改革,必须实行住房、养老、医疗等制度的配套改革。①

3. 关于公立高校教师聘任合同性质的讨论

法律关系的性质决定着权利与义务的内容,也决定着权利救济的方式和途径。因此,要进一步讨论公立高校教师聘任制度实施中可能产生的矛盾及其解决对策,必须先确定公立高校教师聘任的法律关系性质以及因此而产生的聘任合同的性质。在这一方面,相关研究对教师聘任制度的研究主要形成了几种观点。

一种以马怀德、申素平等公法学者们的观点为代表,认为教师聘任是属于公法制度下一种人员的独特方式,类似于公务员,因此教师聘任合同的性质应该归类为行政合同,从而相应建立起一套完善的制度体系,如将教师纳入公务员管理体系、完善行政复议乃至行政诉讼等救济途径等。其代表作品主要有:申素平教授《论我国公立高等学校与教师的法律关系》和《试论高等学校法人地位问题》,吴开华和覃伟桥的《论教师聘任制的法律性质》,胡劲松和周丽华《试析德国公立学校的法律地位》,湛中乐教授的《论高等学校之法律地位》,马怀德教授的《公务法人问题研究》,褚宏启教授的《学校在行政法律关系中的地位论》,赵杰宏、严妍的《教师聘任合同之法律性质》等。余雅风教授也认为,教师聘任合同是我国教育体制改革过程中代替或者补充教育行政命令的一种教师管理方式,采用教师聘任合同的方式实施教师管理,目的在于进一步体现现代教育行政的民主精神,以便有利于教育行政目的的实现,而不是将教师聘任自由意志化和经济目的化。从教育立法的统一性和教师职业的内在规定性视角看,将教师聘任合同作为民事合同不

---

① 黄晓莉. 深化高校劳动人事制度改革之管见[J]. 湖南师范大学社会科学学报,1993(3):127-128;魏新卿,杨曙林,王孝. 院校人事制度改革的重点和力度[J]. 金融教学与研究,1993(2):46-48;王道仁. 高校实行"聘任(用)制"的思考[J]. 黑龙江高教研究,1993(1):22-24.

但与教师聘任合同的行政性存在较大距离,而且民事法律的原则、规范也难以有效解决教师聘任中的种种问题。我们必须明晰教师聘任合同的行政性,并适用公法的原则和规范控制教师聘任合同,才能有效解决教师聘任中的各种问题。①

一种观点认为教师聘任制度要求在教师聘任的过程中应遵循平等协商、公平自由的原则,是为改变我国原有的人事制度的缺点,建立一套适应社会主义市场经济体系的人事制度的,虽然在现有法律法规中并没有将公立高等学校与教师的关系纳入劳动法律关系,但从其实质上讲,仍属于劳动法律关系,教师聘任合同应该属于劳动合同。如中国政法大学民商经济法学院副教授金英杰认为,应该将广大教师合法权益的维护纳入劳动合同立法范畴。一方面是因为劳动合同和聘用合同在性质上并无本质区别,都是确立双方当事人权利义务的书面协议,签订劳动合同或聘用合同时都要遵守平等自愿、协商一致的原则,只是在适用范围上有区别,劳动合同适用于企业、个体经济组织与劳动者之间的劳动关系,聘用合同适用于国家机关、事业组织、社会团体与其工勤人员之间。另一方面是因为我国学校人事制度改革的深化和教师聘用制度的确立,使学校与教师的关系具备劳动关系的本质特征,即(1)教师与学校的聘用关系可通过双向选择,根据平等自愿、协商一致的原则确立,这反映了聘用关系具有意思自治的私法色彩;(2)聘用关系具有平等性和从属性,教师作为学校的教职工一员,隶属于所在学校,与学校之间存在身份上、人格上、经济上的从属性;(3)教师与学校双方地位存在着事实上的不平等,因为学校在资源、信息的占有上,组织上、经济上、管理指挥权上相对于教师占有较大优势,同时在劳动力市场上同样存在劳动力供大于求的状况下,教师并不由于其与工人所从事的职业不同,而在劳动力市场上占据任何优势。② 其代表还有缪晓玉和张霓的《刍议扩大劳动合同法的适用范围》、刘明辉《让劳动法的阳光普照人民教师》、胡林龙的《高校教师聘用合同纠纷法律适用的制度与理念——以教师流失纠纷法律救济为视角》、祁占勇的《高校教师聘任合同法律性质的论争及其现实路径》等。陈鹏和祁占勇(2004)在《高校教师职务评聘中的法律问题探析:对一起

---

① 余雅风.论教师聘任合同的公法规范与控制[J].教育发展研究,2008(22):56-61.
② 金英杰.教师适用劳动合同一法的必然[J].中国教工,2005(8):8.

诉讼案的法理学思考》一文中也通过对一起聘任案例的分析认为,高校是"法律法规授权组织",具有行政主体资格,相应被纳入行政诉讼制度的监督范围;司法审查的有限介入是必要的,而不是对学术自由的干预;教师职务授予行为的主体不是学校的教师职务评审委员会,而是学校;"评"与"聘"是两个相对独立的行为过程,前者是一种行政行为,后者是一种民事行为。① 哈斯巴根(2011)等也认为,高校教师聘任合同的主体与劳动合同具有一致性,高校教师聘任合同订立的原则及合同内容与劳动合同具有一致性,高校教师聘任合同的纠纷处理方式与劳动合同具有一致性,但合同聘任岗位的确定具有行政审批的特点、合同的履行具有公益性的特点、合同中违反服务期违约金具有惩罚性的特点,因而属于一类较特殊的劳动合同。②

还有一种观点,认为我国教师聘任制度既不属于行政法律关系也不属于民事法律关系的特殊关系,教师聘任合同是一种同时兼具普通民事合同和行政合同某些特征的混合合同。如杨挺《论公立学校教师聘任合同的法律性质》、黄建军的《高校不宜简单照搬聘任制》等。他们认为,由于我国目前劳动立法及相关立法的不配套,学校作为事业单位的情况又较为复杂,高校不宜照搬聘任制,暂时不应将其纳入劳动合同立法范畴。就我国目前实际状况而言,将教师合法权益的保护纳入劳动法制轨道尚存在着诸如人事制度改革尚未成熟;学校中劳动合同制与聘用合同制并存,而适用法律、处理争议的程序不同;事业单位的养老、医疗保险等尚未社会化;传统人事体制的"劳动部管工人""人事部管干部"的体制并未统一等障碍。③

第四种观点认为,我国教师聘任制度各个环节中存在着复杂的法律关系,不能用一种关系来界定。如陈鹏(2006)在《高校教师聘任制的法律透视》认为,高等学校既是民事主体,又是行政主体。高等学校在教师资格制度、教师职务制度和教师聘任制度中与教师形成不同性质的法律关系。④ 在

---

① 陈鹏,祁占勇.高校教师职务评聘中的法律问题探析:对一起诉讼案的法理学思考[J].高等教育研究,2004(2):46-50.

② 哈斯巴根,周炜.高校教师聘任合同法律属性探析[J].北方民族大学学报(哲学社会科学版),2011(6):117-120.

③ 黄建军.高校不宜简单照搬聘任制[J].中国教工,2005(3):14.

④ 陈鹏.我国公立高等学校与教师法律关系之研究[J].中国教育法制评论,2006(4):160-174.

教师资格认定和职称评审中,教师与公立高等学校存在着法律法规授权组织与相对人之间的关系,而在聘任后管理过程中又存在着特殊权力关系等等。[①]

4.关于聘任制度下教师权益的救济研究

聘任制的建立意味着教师有了流动和淘汰的可能性,因此张如源(1993)提出了因之而来的富余人才流动难的问题,认为应进一步加强人才流动工作,尽快克服高等院校人才过剩与人浮于事的不合理现象,管理和安置好高校富余人员,合理配置部门与部门之间、地区与地区之间的人才资源,消除人才短缺和人才积压并存现象。[②] 朱应平(2000)在分析《教师法》的立法设计后认为,《教师法》所规定的申诉这一救济方式上体现为三个特点,一是对象较广,二是涉及的侵权行为的性质没有严格限制,三是救济方式较少,虽然"申诉"通常被认为是教师权益救济的较好方法,但要害恰恰在于这一救济方式在很大程度上是被作为排斥行政复议和行政诉讼的封闭性的救济方法来理解和执行的,存在着限制了地方立法救济条文、处理教师"申诉"的机构不明、适用的程序尚未确定、申诉与行政复议和行政诉讼的关系不明、具有排斥性和内部操作之嫌疑。[③] 鱼霞等人(2005)认为,我国教师申诉制度中存在着现行的法规、办法的规定原则简单、不易操作,受理范围太宽泛,受理的事项与救济途径不清晰,对教师提起申诉的期限、申诉处理的期限、申诉的具体程序规则、对于不服申诉的救济等都没有做出具体的限定以及教育领域中教师和学校的纠纷很大一部分难以进入司法诉讼领域等问题,进而提出设立校内教师申诉委员会,建立教师申诉制度相关的基本制度,修改有关教师申诉的条例,加强教师申诉制度的程序性内容,形成非正式的申诉程序——正式的申诉程序——听证程序——申诉决定的做出程序——申诉程序的审核与送达——申诉时效的机制[④]。孙丽珍(2006)也认为,教师权益救济制度应该是行政救济方式和民事救济方式应当兼容并行,

---

[①] 陈鹏.高校教师聘任制的法律透视[J].中国高教研究,2005(1):61-63.

[②] 张如源.浅论高校富余人员流动现状及安置途径[J].高等工程教育研究,1993(4):45-47.

[③] 朱应平.教师权益法律救济研究[J].行政法学研究,2006:34-39.

[④] 鱼霞,申素平,张瑞芳.教师申诉制度研究[J].教师教育研究,2005(3):57-62.

分别处理不同的法律关系。① 伍艳(2013)认为当前聘任制下教师权益救济机制存在着校内协商调解机制缺失、校工会维权作用有限,教师申诉制度定位模糊、规定简单,人事仲裁与诉讼衔接不顺、规定不明确,进而提出了在现行劳动合同纠纷解决机制的基础上进行构建,形成"校内协商调解—仲裁—民事诉讼"的聘任合同纠纷解决机制和高校与教师教育行政纠纷的行政复议和行政诉讼两个救济机制的完善建议。

除了这些直接与高校教师聘任相关的文章之外,还有大量文章和著作在探讨现代大学制度、公立高等学校的法律地位、人事制度改革等方面也都涉及相关问题。具有代表性的作品有:

(1)劳凯声教授主编的《变革社会中的教育权与受教育权:教育法学基本问题研究》。本书从历史和国际比较的角度分析了我国教育法制建设的宏观背景,对我国教育法制建设的价值基础作了深入的分析,在具体的学校法律制度方面,从宏观上重点研究了公立高等学校、私立学校的法律地位,对整个教师聘任制的研究提供了广阔的视野和坚实的理论基础。②

(2)申素平博士的博士毕业论文《中国公立高等学校法律地位研究》。该文通过从公立高等学校法人的设立依据、行使权力的性质、存在的目的及其特殊本质等方面的论证,认为公立高等学校的法律地位应该是公法人中的特别法人,并依据此观点分析了公立高等学校与政府、教师、学生之间的法律关系,提出要明确并落实高等学校的自主权,同时深入探讨了教师聘任制的法律问题,以及教师、学生的权利救济问题。③ 该文的贡献在于论证了公立高等学校的特别法人地位以及在这种视野之下教师聘任问题,认为教师聘任合同属于行政合同。该文是本研究重要的思想来源。

(3)陈鹏教授与祁占勇博士所著《教育法学的理论与实践》。该书以我国现行法律法规为依据,借鉴大陆法系和英美法系国家教育法学研究成果,对学校的地位作了法理上的深入论证和阐述,在此基础上,对政府与学校、

---

① 孙丽珍.论教师聘任背景下教师权益救济制度的完善[J].现代教育科学,2006(11):87-91.
② 劳凯声.变革社会中的教育权与受教育权:教育法学基本问题研究[M].北京:教育科学出版社,2003:前言3.
③ 申素平.我国公立高等学校法律地位研究[D].北京:北京师范大学博士论文,2001.

学校与教师、学校与学生之间的法律关系进行了颇有见地的探索；根据典型案例，在分析我国各级人民法院审理的相关案件的基础上，对我国现行教育法律体系的完善提出了建设性的意见。该书对公立高等学校与教师的关系论证较多，对其资格认证制度、聘任制度、职称评审制度均有详细论述，对于本文研究也有重要意义。

此外，还有许多相关的教育法学教材，对公立高等学校教师聘任制度均有涉及，但因其介绍均较为简单，不再赘述。

以上论著和文章都对公立高等学校教师聘任制度实施及其法理依据作了相应的分析，但因为对高校教师聘任制的研究大多只是其所论述内容的一个方面，因此研究上存在不够深入或者大多是借用某一理论对高校教师聘任制的性质做出界定，与实践存在一定差距等缺点。因此，本研究选择从法理视角来研究公立高等学校教师聘任制，试图从社会发展的价值追求的角度对公立高等学校教师聘任的性质、权力制约进行分析和建构，从而提出在公立高等学校教师聘任实施过程中的教育法律规范，为实现依法治教、充分调动公立高等学校中各方面的积极性做出贡献。

四

教师聘任改革是我国目前高校人事改革的核心、重点。教师聘任制既是一个理论问题，同时也是一个现实中必须面对和解决的问题。它不仅关系到我国教师聘任制改革的走向及具体措施，更对现实生活中学校与教师之间的聘任关系提供参考依据，关系到教师职业的发展及整个高等教育事业的发展。

从实践上看，行政权力日益扩大，教师在聘任制中权利日渐式微，教师与行政管理之间的矛盾有扩大的趋势。教师的在聘任过程和离职时有越来越多的无奈，也十分容易产生冲突，却无法找到一个保障双方的权益的途径。这些现象要求法律能给出一种恰当的制度设计。本研究立足于适应我国教师聘任制的实际，以法理视角下教师聘任制的性质为切入点，通过对公立高校法律地位、我国教师的法律地位的分析及聘任制的法理学分析，结合中西方教师聘任发展历程及其发展趋势对公立高等学校教师聘任制度进行透视，试图从政策与法律规范的角度对教师聘任制的实质及其中涉及的公立高校与教师的法律关系、教师聘任合同的内容及实质、教师聘任时公立学校与教师的权利与义务、教师聘任的法律救济、教师职称评审制度等问题的解决提供一定的现实思路,希望从而推动教师聘任制度在实践中的良性运转和持续、健康、快速的发展。

明确聘任制度下高等学校的法律地位、教师的法律地位,进而明确两者之间的法律关系,不仅有利于从法理上明确高校与教师之间的权力(利)义务关系,而且有助于解决目前聘任制改革中一些重要的实践问题。事实上,也只有在理论上明确了聘任制度下公立高校与教师的法律关系问题,才能在实践中明确各自的权利、义务和责任,才能使高校的教师聘任和教师管理工作逐步走向规范化,并为高校工作的顺利开展构建良好的制度环境。这将在实践上推动我国教师聘任制度改革的进展,有助于改善目前高校与教师权利义务与职责不明的状况,为解决两者之间的矛盾纠纷提供理论基础;减少两者之间的冲突,使我国高校新一轮的人事制度改革顺利进行,并推动我国高校管理的法治化进程,在规范与秩序方面为我国高等教育国际化奠定基础。

教师聘任制提出至今,虽然我们对教师聘任制已经十分熟悉,但直到现在对于聘任制的实质及其实施中的法律依据问题仍然没有定论,致使教师聘任制处于一种有名无实或者无序发展的混乱状态之下。本研究希望立足于教师聘任制本质的探讨,通过对其进行法理学分析,从法学的视角审视教师聘任制的本质及其对公立高校、教师、教育行政管理机关的要求,对公立高校的法律地位、教师的法律地位、教师与学校的法律关系、学校管理教师的权利与义务、教师进行教育教学的自主权、学术权力与行政权力的界限等问题进行了清晰的界定。这些研究为教育法学的研究在基础上奠定了理论基础。

五

本书中公立高等学校主要指现代意义上以教学、科学研究和社会服务为职能的、由国家(各级人民政府代表的)举办的高等教育机构,尤其指拥有用人自主权的高等院校。本文中高校、高等学校及大学等,除特别指出的私立学校之外皆在此范畴之内。

《教师法》第三条规定"教师是履行教育教学职责的专业人员,承担教书育人,培养社会主义事业建设者和接班人、提高民族素质的使命",第四十一条规定"学校和其他教育机构中的教育教学辅助人员,其他类型的学校的教师和教育教学辅助人员,可以根据实际情况参照本法的有关规定执行"。同时,我国《教师法》也表明,法律上的"教师"包括四种对象:第一种,指经费由国家负责、面向社会的各级各类学校和其他教育机构中的教师及教育教学辅助人员;第二种,指由某一行业系统拨付经费的各类学校和其教育机构中的教师和教育教学辅助人员,如企业、军队所办的学校和教育机构;第三种,指自收自支社会办学和民办公助的教师及教育教学辅助人员;第四种,指直属于某一国家机关、实行行业管理和待遇标准的学校和教育机构,如公安、法院系统的教师和教育教学辅助人员。所有这四种对象都是法律意义上的"教师"所指向的,不单纯指向传统意义的教师。[1]

劳动者,在汉语词典中的解释为:从事体力或脑力劳动,并依靠劳动收入生活的人,有时专指从事体力劳动的人。这一概念一直以来具有十分广泛的含义,本文只从法律现实规定的角度来使用。在我国《劳动合同法》规定,劳动者是指达到法定年龄(在我国年满16周岁)、具有劳动能力,能够依法签订劳动合同,独立给付劳动并获得劳动报酬的自然人。但不包括:国家公务员、事业单位中经批准参照《公务员法》进行管理的工作人员、社会团体中经批准参照《公务员法》进行管理的工作人员、事业单位中按照法律、行政法规或者国务院特别规定实行聘用制的工作人员,以及农村劳动者、现役军人、家庭保姆、自然人的雇工等劳动者。其成立条件主要有:(1)劳动者是被用人单位依法雇佣(录用)的公民;(2)劳动者是在用人单位(雇主)管理下从事劳动的公民;(3)劳动者是以工资收入为主要生活来源的公民;(4)劳动者是依法享受社会保险待遇的公民。[2]

聘任制,又称专业技术职务聘任制,指根据实际工作需要设置的有明确职责、任职条件和任期,并需要具备专门的业务知识和技术水平才能担负的工作岗位。是我国人事制度改革的主要努力方向,其基本特点有:(1)评聘分开。这实际上是指专业技术人员的专业技术资格评定与专业技术职务聘

---

[1] 王丽娟.论教师权利的要素和性质[J].教学与管理,2001(11):43-45.
[2] 范占江.劳动法精要与依据指引[M].北京:人民出版社,2005:1-2.

任相分开,其工资福利待遇按所聘任的职务(岗位)来确定。评聘分开后,单位可以根据岗位需要,可高职低聘,也可低职高聘,有技术资格而未受聘相应职务的人员不享受有关工资待遇,但仍可以使用该专业技术资格参加有关竞聘专业技术职务和技术、学术交流等活动。这种评与聘分开的方式,导致资格和职务的分离,也从根本上能克服论资排辈、能上不能下的弊端,有利于打破专业技术职务终身制。这样一来,资格实行社会化评价,聘任也不把资格看成唯一条件,还得看真才实学、平时业绩、水平和能力。(2)按需设岗。(3)要求专业技术人员须具备任职条件和履行岗位职责。(4)先由专家评审任职条件或参加全国专业技术资格考试,再由行政领导聘任。(5)实行任期职务制,不搞终身制。(6)不搞通用制,只在本单位有效。(7)聘期要考核,能上能下。① 其一般的做法是由用人单位采取招聘或竞聘的方法,经过资格审查和全面考核后,由用人单位与确定的聘任人选签订聘书,明确双方的权利义务关系和受聘人员职责、待遇、聘任期等。

与聘任制相类似的另一个概念是聘用制。聘用制是以合同的形式确定事业单位与职工基本人事关系的一种用人制度,即事业单位工作人员在本单位的身份属性通过与单位签订聘用合同确定。事业单位传统的用人制度是职工一旦被调入或分配到其单位,就终身成为该单位的职工。聘用制就是要将传统的用人制度改革成为合同契约式的用人制度;聘任制是事业单位内部具体工作岗位的管理制度,是相对委任制而言的。受聘人拟任工作岗位或职务一般通过竞争取得,确定的形式可以签订聘任合同,也可以签订聘约,或颁发聘书,也可以签订目标责任书。在事业单位人事制度改革中,对某一职工既要通过聘用制确定基本人事关系,又要通过聘任明确具体岗位职务。如果用人单位采用合同形式聘用工作人员的方式,又称聘用合同制。按合同规定,用人单位有聘用和解聘的权力,个人有应聘和辞聘的权力。合同规定双方的责、权、利及有效期限,合同期满,经双方同意,可以续聘。聘任制可广泛应用于选拔科学技术人才,也可用于企事业领导班子的选拔,即只聘请主要负责人,然后由他聘请建立一个齐心协力的班子。我国于1985年开始试点实行专业技术人才聘任制度,这是对专业技术人才管理

---

① 王莹.聘用制环境下我国事业单位专业技术职务管理方式浅析[J].社会科学管理与评论,2005(4):29-34.

工作的一项重大改革。国家机关与工作人员一般采用聘任制;在事业单位人事制度改革中,对某一职工既要通过聘用制确定基本人事关系,又要通过聘任明确具体岗位职务;企业单位与管理人员与专业技术人员往往也以聘任合同来明确其工作岗位。因此,在一定意义上,两个概念是一致的。本书主要使用聘任制一词,其概念等同于聘用制。

法人,是一种享有民事主体资格的组织,它和自然人一样,同属于民事主体的范围,而且是民事主体中的重要组成部分,民法通则第 36 条规定:"法人是具有民事权利能力和民事行为能力,依法独立享有民事权利和承担民事义务的组织。"一般来讲法人具有以下基本特征:(1)法人是一种社会组织。法人是一种客观存在,但它和自然人不同的是,它不是作为有血有肉的生物存在,而是作为组织体存在。(2)法人是依法成立的社会组织。依法成立,是一定的社会组织能够成为民事主体的基本前提。(3)法人是具有民事权利能力和民事行为能力的社会组织。法律对法人的承认,其目的在于使其能够作为民事主体参与民事法律关系,因此,法人具有民事权利能力和民事行为能力。(4)法人是能够独立承担民事责任的社会组织。独立承担民事责任是否应当为法人的特征,各国法律有不同的规定。我国《民法通则》第 37 条明确规定法人应当能够独立承担民事责任,法人的独立责任是指法人在违反义务而对外承担责任时,其责任范围应当以其所拥有或经营管理的财产为限,法人的成员和其他人不对此承担责任。

建立大学法人制度的目的在于保障大学独立办学的地位。但大学独立法人地位并不等于政府的不干涉,而只是将大学的权力、地位和责任以法律的形式规定下来,既能获得法人的权力,但也必须作为独立主体争取资源、满足国家利益、履行法人的义务。1993 年,《中国教育改革和发展纲要》就提出,"在政府与学校的关系上,要按照政事分开的原则,通过立法,明确高等学校的权利和义务,使高等学校成为面向社会自主办学的法人实体"。《高等教育法》明确规定"高等学校自批准设立之日起取得法人资格,高等学校的校长为高等学校的法定代表人"。

第一章　我国公立高校人事制度改革的历史发展

第一节　我国事业单位人事制度的变迁

一、事业单位的概念与特点

事业单位是我国传统计划经济管理体制下形成的一种特有的社会组织。事业单位的概念首次出现在1955年第一届全国人大第二次会议《关于1954年国家决算和1955年国家预算的报告》[①]，在该报告中事业单位包括邮电部门、学校、医疗机构、科学、图书、出版等多个方面。1963年7月《国务院关于编制管理的暂行办法（草案）》中指出："凡是为国家创造或改善生产条件，促进社会福利，满足人民文化、教育、卫生等需要，其经费由国家开支的单位为事业单位。"《辞海》中对事业单位的定义则为"指受国家行政机关领导，没有生产收入，由国家经费开支，不实行经济核算，提供非物质生产和劳动服务的社会组织"。国家事业单位登记管理局等单位主编的《事业单位登记管理须知》一书认为，事业单位主要是指为社会公益目的，由国家机关举办或者其他组织利用国有资产举办的，从事教育、科技、文化、卫生等活动的社会服务组织。1999年版的《辞海》则将其定义为："受国家机关领导，所需经费由国库支出，不实行经济核算的部门或单位，如学校、医院、科研机构等。"因此，一般认识上，事业单位指由国家机关或其他组织利用国有资产举办的，分布在科教文卫、基础设施、社会管理等基本的公共产品和公共服务领域，辅助政府机关履行公共服务职能的社会组织。从这些表述中可以看出，事业单位具有如下特点：第一，事业单位运行的目的是为了社会公益事

[①] 徐颂陶.神圣和天职：中国现代人事管理[M].北京：中国人事出版社，1996：209.

业发展;第二,事业单位经费主要有国家提供。

之所以能够形成我国特有的事业单位管理体制,具有一定的历史原因。首先,从社会发展来看,随着商品生产和社会分工的不断发展,社会活动主体也日益分化,私人活动与社会资源的市场配置难以满足整个社会自下而上的发展的需要,这就需要政府出面开展公共活动,将一部分具有社会共同需要性质的科学、教育、文化、体育、卫生等社会活动便转化为社会公共活动,成为政府进行公共资源配置的对象,这样原来主要由各种民间组织资助的学校、医院等社会公益性组织,逐步转向接受政府资助,甚至转变为官办机构。其次,中华人民共和国成立初始,由于缺乏管理经验,在既不能保留旧体制也不能模仿西方国家,又没有更多的时间去探索和积累管理经验的情况下,唯一可行的就是在总结解放区管理经验的基础上,借鉴苏联的管理模式。因此,长期以来各项事业均被视为"社会"活动,而不是经济活动。这种对于事业活动性质与功能的片面认识,导致事业发展严重地脱离于经济发展,并造成事业功能的政治化与事业单位的行政化。另外,中华人民共和国成立初期的国内外政治军事和社会经济形势,以及后来所进行的一系列政治运动,更进一步强化了人们的上述认识,从而为中国传统事业管理体制提供了理论依据。其三,中华人民共和国成立后,先后对旧政府、外国教会、商人和私人基金会在中国兴办的学校和医院采取了一系列公有化措施,迅速建立起高度集中统一的经济管理体制,并逐步形成了一整套与之相适应的事业管理体制,中央政府成为一切社会经济活动的唯一主体,直接配置社会资源,直接组织和管理社会生产活动,直接控制整个社会活动的运行[1],逐步形成国家所有,国家经营,国家管理,政府、企业、事业一体化,并充分表现出性质模糊[2]、举办主体单一化、"管""办"职能一体化、资源配置计划化、事

---

[1] 玉以超.事业单位法定代表人知识读本[M].南宁:广西人民出版社,2003.
[2] 1963年7月22日《国务院关于编制管理的暂行办法(草案)》的界定:"为国家创造或者改善生产条件,促进社会福利,满足人民文化、教育、卫生等需要,共经费由国家事业费开支的单位。"1965年5月4日《国家编制委员会关于划分国家机关、事业、企业编制界限的意见(草案)》的界定:"凡是直接从事为工农业生产和人民文化生活等服务活动,产生的价值不能用货币表现,属于全民所有制单位的编制,列为国家事业单位编制。"

业单位行政化、事业人才干部化、事业消费福利化、事业活动扩大化等特点。① 这些特点虽然在特殊的历史时期为我国社会发展同样做出过重要贡献,但与传统的计划经济体制一样,它也越来越不能适应社会发展的需要,在一定程度上制约了社会事业的发展。

事业单位人事制度就是事业单位在运用特殊的手段和方式的基础上,计划、组织、指挥、协调和监控人事活动,促进和保障人与事的最佳联结,以便人适其事、事得其人、人尽其才,为实现组织目标提供有效的人力保障的制度总和。

我国事业单位的建设和管理长期采取政府主导、高度集中的模式,每一个事业单位都有着相应的行政级别,都有着相应的上级行政主管部门,而且这个事业单位的设置、任务、目标、经费、考核均由其固定的上级行政主管部门全权负责。我国传统事业单位人事管理制度,经过几十年的发展历程,逐渐形成了非常完整的条条框框。总的来看,包括六大方面:第一,在干部的任用方面,采用委任制的形式,由上级行政主管部门向事业单位委派领导班子成员,并审批事业单位内部的干部任用。第二,在人员的录用方面,长期采用"调入""分配"办法,由政府的人事主管部门或事业单位上级行政主管部门调配。第三,在专业技术人员的职称方面,长期采用评审制,由行政上级分配职称指标,事业单位再根据详细细则选拔人选,由各个级别的评审委员会评议批复。第四,在分配制度上,长期坚持全国统一的等级工资制,根据工作年限、职务职称确定工资标准。尽管工资形式名称叫"等级工资制",但级差很小,平均主义色彩十分鲜明。第五,在考核上,参照党政干部的办法,以群众评议、领导鉴定为主要形式,在政治、业务、品德三方面进行年度考核。第六,在退休制度上,基本采用年龄划杠的办法,男性以 60 岁为限,女性以 55 岁为限。由于功能的特殊性,以及同行政机关之间的传统附属关系,事业单位人事制度主要具有以下几方面特点。

第一,国家是事业单位的直接用人主体。国家规定统一的人事制度,确定事业单位人员编制,统一制定工资制度和工资标准,经费由国家财政供给。第二,事业单位工作人员与国家的关系属于任用关系。我国法律规定

---

① 赵立波.事业单位改革:公共事业发展新机制探析[M].济南:山东人民出版社,2003:44-55.

所有事业单位都不属于国家机关,事业单位没有被赋予行政主体的法律地位,其人员不具有国家机关工作人员身份,不适用国家公务员制度,因而事业单位人事制度是一种不同于国家公务员制度的特殊公职制度。第三,事业单位人事制度不尽规范。传统的事业单位与国家机关实行一体化的人事制度,其管理人员与专业技术人员同属于国家干部,执行与国家机关相同的干部人事制度;事业单位工作人员与国家机关工作人员在任用关系、奖惩考核、工资分配、福利保障等方面基本没有区别。虽然随着改革进程的深入,人事制度在某些方面也发生了很大的变化,但总体而言,我国事业单位人事制度相对滞后。

二、我国事业单位人事制度的发展历程[①]

随着社会的发展,干部队伍的不断壮大,干部人事管理制度在主导思想上虽然基本一致,但是在不同的历史时期,干部管理的权限、范围也有所差别。

1949年至1956年间的人事工作的方针、政策和措施总的精神是,适应国家建设和发展需要,做到人尽其才,把社会上所有人才都发现出来,组织起来,并分配以适当的工作,使他们能各得其所,充分发挥其应有的才能,把全部能力贡献给国家的建设和发展事业。

1949年11月政务院设立人事局,各部门设立人事机构。在20世纪50年代初建立了"干部职务名单制"的管理办法,即按照各级领导干部所任职务的重要程度开列职务名单,分别确定由某一级党委主管,下级党委协助管理;这些干部的调动、提拔、任免、奖惩都要经主管的党委审查批准,协管的党委则应了解和反映情况,并可提出建议,但决定权属于主管的党委。同时,逐步建立一些单项的人事法规和制度,如在吸收录用方面,规定主要来源于军队专业干部、地方调配干部、大学毕业生、直接从工农大众中选拔的积极分子;任免方面有《中央人民政府政务院关于任免工作人员的暂行办法》;保险福利制度有产假、公费医疗、伤亡抚恤制度,病假、事假、节假;工资制度实行供给制和工资制;还有干部年终鉴定制,干部奖惩制、调配制、培训

[①] 郭鹏,万杭.我国事业单位人事制度发展历程与改革展望[J].武汉冶金管理干部学院学报,2008(3):9-15.

制、档案管理制和年终统计制。1953年11月中共中央发布《中央关于加强干部管理工作的决定》指出,组织部门忙于日常事务,不能集中精力对干部进行系统、深入地了解,不能有计划、有系统地培养、训练各种专业干部,为此,中央决定逐步建立在中央及各级党委统一领导下,在中央及各级党委组织部统一管理下的分部分级管理干部的制度,即干部工作统一由中共中央和各级党委领导,各级党委负责贯彻执行中共中央确定的统一的干部路线、方针、制度、办法,并负责综合协调各部门的干部管理工作。

1957年,国务院颁布《关于工资改革方案》,将事业单位工资提高了14.5%,并向重点单位、高级知识分子、教师等倾斜。1971年后,事业单位的用人制度统一为固定工制度。

1976年11月至1979年,是事业单位人事制度拨乱反正与改革完善阶段。该阶段适应政治、经济体制改革的需要,对人事制度进行了多方面改革;1977年9月《中共中央关于召开全国科学大会的通知》明确指出,"应该恢复技术职称,建立考核制度,实行岗位责任制"。我国的职称制度重新提上议程。十一届三中全会提出:落实干部政策,平反冤假错案;按照干部队伍"四化"方针建设领导班子;尊重知识,尊重人才,充分发挥知识分子和专业技术干部的作用;建立和改进了专业技术干部的职称评定和职务聘任制度;改革工资制度,采取多种办法提高他们的生活待遇;大力开展干部教育培训工作,提高干部的政治、文化和业务水平,建立了省部级干部的学习制度和培训登记制度。

从20世纪80年代开始,党中央、国务院及中央有关部委相继做出了一系列决定,以1996年中央机构编制委员会出台《关于事业单位机构改革若干问题的意见》为标志,开始全面推进事业单位改革。

三、事业单位人事制度改革的提出与发展

人是生产力中最活跃、最积极的因素,经济的发展水平和社会的文明程度最终取决于人的精神力量和整体素质。科学技术转化为生产力的动力机制取决于人,人的素质直接影响到科学技术向生产力的转化。首先,就科技队伍来看,科技队伍素质的高低既影响到科学技术本身的发展,也影响到科技成果的转化问题;其次,就生产第一线的劳动者的素质来看,他们的科学

技术水平高低,直接制约着科学技术向生产力转化的规模、速度、程度等等。① 因此,改革开放以后,对如何激活人的活力,是国家重点考虑的问题之一。1982年,万里同志在劳动人事部成立大会上的讲话中就指出:"从人事制度到教育制度都要改,从教育制度改起。现行的制度,限制了人才的培养和使用……人事制度和教育制度的改革,必须有利于培养人才,发现人才。"他对劳动人事部提出的"三大改革任务"其中之一就是人事制度改革。② 1983年7月,劳动人事部政策研究室在北京召开人事制度改革学术讨论会,与会专家一致认为,我国现行的人事制度,反映了过去一定历史阶段的国情,对于建设和发展干部队伍,完成革命和建设任务,起了积极、重要的作用。但是,随着党的工作重点的转移和新时期总任务的确定,现行人事制度中的缺陷日益明显地暴露出来,主要有管事和管人脱节、管理制度单一、管理方法过死、管理法规不健全等等。现行人事制度中的这些缺陷,是造成干部"部门、单位所有",难进难出、能上难下以及干部伍素质不高、不能人尽其才等弊端的重要原因。与会代表还提出要大力搞好科技人员的管理工作,认真贯彻按劳分配的原则,做好人事立法工作以明确人事管理中的干部条件、权利、义务、干部来源、考核、晋升、培训等重大环节。③

基于此,有学者认为应建立正常的奖惩、升降制度,在指导思想上破除人才的"部门所有制"和"单位所有制",在生活待遇上采取一系列科学合理的鼓励合理流动的措施,逐步改变那种干部工资福利多年不变的状况,实行按劳分配,国家、单位、职工三者利益相结合的、工资与职工劳动成果、企事业社会经济效益相联系的分配体制。④ 1985年1月,时任劳动人事部部长的赵守一同志在全国劳动人事厅(局)长会议上指出,对科技和企业管理人员要逐步实行招聘制,科技人员在完成本职任务的前提下,允许兼职、兼课,促

---

① 赵德生,王楠毓.论生产力中"人的因素第一"与"科技第一"[J].河南师范大学学报(哲学社会科学版),1992(4):116-118.

② 万里.争取劳动、工资、人事制度改革的胜利:万里同志在劳动人事部成立大会上的讲话(一九八二年五月六日)(摘要)[J].劳动工作,1986(2):3.

③ 谢树自.努力建立起具有中国特色的人事制度:人事制度改革学术讨论会侧记[J].中国劳动,1983(10):18-20.

④ 金志敏.论人事制度改革的目标[J].科学管理研究,1983(6):68-73.

进智力流动。①

在这一潮流下,实施的合同制、聘任制等更为灵活的劳动人事制度,允许用人单位解雇解聘,也允许劳动者辞退职务,这不但为人才的合理流动和合理使用创造了条件,也可以使每一个人可以根据个人的意愿、志向、兴趣和专长以及用人单位的需要找到合适的工作岗位,有利于发挥每个劳动者的特长,从而调动每个人的主观能动性和劳动积极性。② 党的十三大报告中也强调指出,干部队伍实行分类管理,无论实行哪种管理制度,都要贯彻和体现注重实绩、鼓励竞争等原则。鼓励人才竞争,就是要把经济改革中被强化的竞争机制引进到干部人事管理工作中,创造一个优秀人才脱颖而出的良性环境,这是当前干部人事制度改革迫切需要解决的问题,也是商品经济竞争的客观要求。③ 这种认识逐渐成为国家人事制度改革的共识,进而成为高校人事制度改革的共识。1993年《国家公务员暂行条例》颁布后,事业单位人事制度改革的紧迫性更加突出。

事业单位人事制度改革在实践中不断积累经验并逐步推进,其改革过程大体可分为以下四阶段④。

(1)初步探索和重建时期。该时期为1979年至1987年。这一阶段的主要工作是:进行了机关后勤社会化的试点,恢复了职称评审工作,开始推行专业技术职务聘任制;适当下放了事业单位人事管理权限。

(2)不断深入改革时期。该时期为1988年至1992年。这一阶段的主要工作是:建立了政府特殊津贴制度,进行工资分配制度改革,开始管理人员和专业技术人员辞退辞职制度的试点,进一步推行专业技术职务聘任制。

(3)持续发展时期。该时期为1992年至1996年。这一阶段的工作是:事业单位人员分类制度初步形成;一些地区和有条件的部门进行了聘用合同制和管理人员职员制的试点;部分科研院所进行了固定岗位与流动岗位

---

① 赵守一.在加快劳动、工资、人事制度的改革:赵守一部长在全国劳动人事厅(局)长会议上的报告(摘要)[J].中国劳动,1985(1):2-9.

② 薛焕玉."人尽其才,才尽其用"浅议:谈我国教学制度、劳动人事制度和工资制度的同步改革[J].辽宁高等教育研究,1986(5):112-114.

③ 李伯文.把竞争机制引入干部人事管理的思考[J].大庆社会科学,1988(1):57-60.

④ 郭鹏,万杭.我国事业单位人事制度发展历程与改革展望[J].武汉冶金管理干部学院学报,2008(3):9-15.

相结合,职务工资和课题工资相结合的人事制度和分配制度改革试点;建立事业单位社会保障体系,社会保障工作也由理论探索进入实施阶段。

(4)取得突破性进展时期。这一阶段的工作是:完善事业单位人事制度的法制建设;全面推行聘用合同制和职员制;按照分类管理原则,对不同类型的事业单位实施不同的人事管理;1997年8月,人事部印发《人事争议处理暂行规定》(人发[1997]71号),对人事争议的处理机构管辖,处理程序、执行与监督、法律责任等做出了规定,为人事争议解决提供了制度化方式,但又将人事争议限定在"因辞退、辞职和履行合同发生的争议"上。2002年人事部颁发《关于在事业单位试行人员聘用制度的意见》后,全国范围内的事业单位人事聘用改革全面启动,[1]开始加强事业单位社会保险制度建设,并鼓励在事业单位内部实行多种形式的分配制度。2006年1月1日,人事部发布的《事业单位公开招聘人员暂行规定》规定,事业单位新进人员,除国家政策性安置、按干部人事管理权限由上级任命及涉密岗位等确需使用其他方法选拔任用人员外,都要实行公开招聘,录用时要面向社会公开。《事业单位公开招聘人员暂行规定》是我国首次对事业单位的招聘行为制定统一规范。

2006年,人事部颁发《事业单位岗位设置管理试行办法》(国人部发[2006]70号)和《〈事业单位岗位设置管理试行办法〉实施意见》(国人部发[2006]87号),要求事业单位开展岗位设置和岗位聘用,明确提出"现有在册的正式工作人员,按照现聘职务或岗位进入相应等级的岗位",其中"现有在册正式工作人员"的表述,对岗位总量管理的对象与实施范围做出了原则性界定,也回避了岗位设置与人员编制的关系,这是促使市场经济条件下事业单位人事管理由身份管理转向岗位管理的重要一步,这是我国事业单位人事管理走向制度化、科学化、规范化的又一重要标志。2007年,中组部、人事部、总政治部联合印发《人事争议处理规定》(国人部发[2007]109号),1997年的《暂行规定》废止。2008年,国务院通过《事业单位工作人员养老保险制度改革试点方案》(国发[2008]10号),并确定在山西、上海、浙江、广东和重庆5省市先期开展试点工作;2010年,中共中央组织部、人力资源和

---

[1] 赵元成.事业单位人事争议解决方式及其适用范围上的协调[J].行政与法,2007(3):92-94.

社会保障部发布《关于进一步规范事业单位公开招聘工作的通知》(人社部发〔2010〕92号),事业单位改革进入全面发展阶段。2011年,中共中央办公厅、国务院办公厅发布《关于进一步深化事业单位人事制度改革的意见》(中办发〔2011〕28号),同时中共中央、国务院出台《关于分类推进事业单位改革的指导意见》(中发〔2011〕5号),国务院办公厅也发布《关于印发分类推进事业单位改革配套文件的通知》(国办发〔2011〕37号)等系列文件,对事业单位分类改革提出指导意见,"对公益一类事业单位,继续实行机构编制审批制度,在审批编制内设岗;对公益二类事业单位在制定和完善相关标准的前提下,逐步实行机构编制备案制度,在备案编制内设岗"。中组部、人力资源和社会保障部、总政治部也根据《中华人民共和国劳动争议调解仲裁法》中关于仲裁案件属地管辖要求,对《人事争议处理规定》中相应条款作了修改。2014年,国务院颁布《事业单位人事管理条例》(国务院令第652号),2015年,国务院发布《关于机关事业单位工作人员养老保险制度改革的决定》(国发〔2015〕2号),国务院办公厅转发《人力资源和社会保障部、财政部关于调整机关事业单位工作人员基本工资标准和增加机关事业单位离退休人员离退休费三个实施方案的通知》(国办发〔2015〕3号),标志着我国事业单位人事制度改革进入深化发展阶段。

通过近20年的持续推进和深化,我国人事制度改革取得的成绩具体表现在:用人制度方面,逐步实行了聘用合同制和多种形式的聘任制度,凡是有条件的事业单位,都引入竞争激励机制,根据工作性质和岗位特点,推行了聘用合同制和聘任合同制;收入分配制度改革方面,逐步改变了过去单一的分配方式,改革事业单位工资制度,提高了工作人员的工资标准;将工资分为固定部分和浮动部分,通过事业单位内部分配制度改革,充分激发了职工工作积极性;社会保障制度方面,社会保障项目更加完整、除传统的养老、医疗、工伤、生育、死亡保险外,失业保险也已建立,部分农村地区开始建立养老、医疗等保险,保险覆盖面进一步扩大,参保人数也不断增加;"统账结合"的保险模式初步形成;管理体制逐步理顺;管理与服务的社会化程度进一步提高;人事监督制度方面,逐步法制化;《人事争议处理规定》的颁布,有力保障了事业单位聘用制的实施与推行,保障了单位和员工的合法权益。

回顾事业单位人事制度改革的发展历程,有四条经验值得借鉴:

第一,事业单位人事制度改革必须以科学发展观为指导思想。事业单位人事制度改革的目的不在于简单地减少人员,减轻财政负担,而在于坚持以人为本,通过创新管理体制,转换用人机制,整合人才资源,凝聚优秀人才,调动广大工作人员的积极性,促进公共服务和社会事业发展。

第二,事业单位人事制度改革必须符合事业单位的特点。事业单位专业化公共服务的特点,决定了其组织形式和管理方式应不同于机关;事业单位公益性公共服务的特点又决定了其组织形式和管理方式应不同于企业。因此,事业单位人事管理制度既要区别于党政机关,也要区别于企业,必须遵循事业单位的规律和特点,建立有别于机关和企业的人事管理制度。

第三,事业单位人事制度改革必须坚持分类指导。我国的事业单位数量大,类型多,涉及的领域广。要根据不同事业单位的性质和职能,根据不同地区、不同层级事业单位的特点,根据事业单位转制情况的不同,分类推进改革。要紧密配合行业体制改革,及时进行人事制度改革,把全面推行与分行业实施结合起来。

第四,事业单位人事制度改革必须做到积极稳妥。我们既要积极推进改革,又不能急于求成、一蹴而就。要遵循社会主义市场经济规律,积极稳妥,逐步深化,正确处理改革、发展、稳定的关系,正确把握改革力度、发展速度、群众承受程度的关系,确保改革平稳有序推进。[①]

第二节 我国公立高校人事制度变革

一、高校人事制度改革的提出

从中华人民共和国成立到党的十一届三中全会之前,为适应当时的经济建设和发展教育事业的需要,我国建立了与其他行政机构和事业单位一样的高度集中统一的高校干部人事管理制度,并为发展我国的教育事业发挥了积极的作用。

但是,随着人事制度改革共识在高校的扩散和中央的部署,高等学校所

---

① 郭鹏,万杭.我国事业单位人事制度发展历程与改革展望[J].武汉冶金管理干部学院学报,2008(3):9-15.

担负着为社会主义现代化建设培养高级专门人才和发展义化科学技术的伟大使命受到人们的瞩目。在这种情况下,原来计划经济体制下的人事管理制度弊端日益为人们所关注:机构臃肿,人浮于事,干部能上不能下,职务能高不能低等现象造成工资开支过高,影响了教育经费正常的合理安排使用;教职工人数超编严重,而且各类人员的比例也不协调;在干部、教职工队伍中,不正常的"近亲"关系日趋严重,出现竞争不争、活力不足和管理水平低下等不良现象;渠道不畅通,人才流不动,有学识的不能获聘,想聘任的人又进不来,使得一些有专业知识的优秀人才难以发挥积极性和创造性。

人们认识到,要增强高校的活力,提高工作效率,调动广大干部和教职工的积极性,办好社会主义大学,更好地为经济建设服务,就必须转变过去在干部人事制度管理体制上吃国家大锅饭、端铁饭碗的平均主义思想,按照商品经济规律,在高等学校的干部人事管理中形成各学校之间、校内系与系之间、干部和教师之间形成优胜劣汰的竞争局面,才能促进高等教育事业的发展。因此,党的十一届三中全会以后,党中央和国务院采取了一些重大措施,对高校的干部人事制度进行了一些改革,以"革命化、年轻化、知识化、专业化"为指导方针,废除了领导干部职务终身制,实行了干部离退休制度,并按照"管少、管好、管活"的原则,下放了一些干部管理权限,用人与治事相脱节的问题初步有所改变。同时,在对干部、教师的选拔、任用、考核、奖惩、升降、聘任、培训和交流等方面,也做了许多改革和探索,并且取得了一些显著的成绩,积累了不少有益的经验。① 例如,上海交大党委认识到只有进行人才流动,在严格定编、建立一整套工作量制度和进行认真考核的基础上,才能准确地测定和反映每个人的水平、能力和实际贡献,从而为实行按劳分配提供定量的依据,于是通过制定《教师工作规范》和《机关岗位责任制》、《教师升职标准》和《职务工资制方案》等,在上级支持下开始自费工资改革试点,通过严格规定了教师工作在质和量上的具体要求,明确把教师完成规范的情况作为能否升职的重要依据,把教师的职称、完成工作规范的好坏直接与晋级相挂钩等办法,把劳动制度与工资制度的改革、人事制度(升职)与工资制度改革紧密联系起来,同时大力抓好考核,根据从事教学工作、科研工

---

① 贺云乾.略论高校干部人事制度改革[J].河南财经学院学报,1988(2):65-68.

作的教师,以及校系干部的不同特点,制订出相应的考核办法,逐级考核,每月回顾检查一次,每学年集中考核一次,实现了教学质量的迅速提升,新兴学科迅猛发展和科研任务实现翻番。[①] 湖北大学调研室也认为,高等学校要完成为国家培养高级专门人才、发展科学技术和运用其成果为社会公众服务的三大职责,就必须有一支结构合理、素质较好的精干的教职工队伍。但当时高校教职工队伍中存在着整体结构失调,员额超编,人员与岗位不适,人浮于事,冗员难以处置,人才"流动"困难等现象,表现为队伍老化与青黄不接的状况并存,人员超编与人才缺乏的状况并存,僧多粥少与窝工浪费的状情并存,冗员闲置与事无人干的状况并存,用非所学、越位代用与人不得其所、才不得其用的状况并存,人才进不来与出不去的状况并存,并指出造成这种现象的主要原因是僵化的管理体制和"铁饭碗"及"大锅饭",因此改善高校教职工队伍现状,增强学校内部活力,出路在于深化人事制度改革。为此,时任总理李鹏在 1988 年的全国高等教育工作会议上讲话指出"要把竞争机制引入高等学校",并强调此举是深化高等教育改革的重要环节。[②] 随后,高等学校在引入竞争机制、实行定编、定岗、定员、定责和干部任期目标责任制、教师职务聘任制,实行优化组合队伍等职称评定改革和教师职务聘任制的实行也取到了一定成效。

改革的实践证明,在高等学校实行教师职务聘任制的方向是正确的,是符合广大教师的要求和愿望的[③],但也需要在合理确定编制的基础上,实行扬长分流,建立以教师为主的教学、科研、社会服务三支队伍,实行聘任制、考核制、劳酬挂钩制"三制"配套,通过对内一律实行聘用合同制,对外实行公开招聘[④],用人单位与个人签订聘用合同书,写明职权、职责、待遇、期限及解聘、续聘等事宜,实现用人单位有聘用和解聘的权力以及教职工有应聘和

---

① 张贻复,易之.上海交大在管理改革中的一条经验劳动、人事、分配制度的改革联系起来有关领导部门对此十分赞赏[N].光明日报,1984-04-10.

② 湖北大学调研室.正确引入竞争机制 深化高校人事制度改革[J].黑龙江高教研究,1989(3):48-53.

③ 石之,晓娅.对高校教师职务聘任工作几个问题的认识[J].中国高等教育,1988(4):23-24.

④ 李文堂,姚传玺,谭人杰.深化高校人事制度改革充分开发科技人力资源[J].高等建筑教育,1991(2):58-61.

辞聘的权力,促使广大教师增强责任感,奋发努力,积极向上,提高业务水平,同时通过考核把劳动的好坏、贡献的大小、成果的多少以及经济效益的高低与个人的分配直接挂钩,实行重奖重罚,拉开档次,并建立以现行工资为主的包括课时工资、兼职工资和奖励工资在内的动态结构工资制,真正体现按劳分配的原则。①

此后,关于高校人事制度改革的讨论日渐增多,讨论的范围也进一步深入,并相继取得一定成绩。如南京大学通过试点"三定一聘",以"调整队伍结构、明确岗位职责、优化劳动组合、提高工作效率"的原则,采取"岗位论证、上下协调、审核验收"的办法,在现有人数4515人,实际聘任4200人,半聘56人、缓聘(不聘)254人(其中出国的195人),机关党政管理干部原有466人,定编418人,压缩编制9%,实际聘任干部406人,缓聘、试聘12人,占3%,从而初步打破了"铁饭碗",动了广大教职工的积极性,绝大多数人的岗位意识、聘任意识增强了,教师的教学积极性有所提高,解决了过去有些课程安排不下去的现象;科研上广大科研人员争取科研项目,承担科研任务的积极性也得到了提高,教师主动积极地与地方加强横向联系,科研经费实现快速增长;各院系为经济建设服务、与地方横向联系的积极性也得以增强,同时对党政管理工作也有较大的促进。② 期间,改革中也发现存在着思想发动不深入、"三定"工作不扎实、聘任把关不严等问题,同时存在着青年教职工得益较少,少数院系负担40%的岗位任务津贴有困难等现象③和工资水平偏低、平均主义严重以及学校统得过死等问题④。天津大学的改革也证明由于历史原因和客观条件的限制师资队伍、干部和职工队伍的优化建设,还是一个较长时期的艰巨的任务,校内分配体制的改革虽然一定程度上增加了教职工的收入提高了知识分子生活待遇,但实际上教职工收入提高的幅度和比例还是较小;改革推动了教学、科研工作,但随之也带来了在工作

---

① 湖北大学调研室.正确引入竞争机制 深化高校人事制度改革[J].黑龙江高教研究,1989(3):48-53.

② 南京大学.坚持正确方向明确指导思想积极稳妥地推行校内管理体制改革[J].中国高教研究,1992(2):3-12.

③ 南京大学.坚持正确方向明确指导思想积极稳妥地推行校内管理体制改革[J].中国高教研究,1992(2):3-12.

④ 张雄杰.关于深化高校工资制度改革的探讨[J].江苏高教,1992(4):49-51.

量计算上的斤斤计较;校内津贴中的奖励津贴、特殊津贴尚未发放,人事制度改革中的各类人员考核、评估办法等内容还没有实现等问题。①

随着讨论日趋全面,高校人事制度改革的内容也日渐清晰起来,学者的观点也趋于一致,即实行定编定岗,建立和健全各种岗位责任制;要重视编制管理的科学化和法规化,以优化人员结构,理顺关系,减少层次,深化调配制度的改革;要加强考核,择优上岗,形成竞争机制;要改革现行工资分配制度,建立符合高校特点的工资等级制度和各种实绩津贴(含岗位津贴、职龄津贴、实绩奖励津贴、特殊贡献津贴等)制度以及正常的工资晋升机制;要建立和健全职称晋升评审和干部晋升考核制度;要允许和鼓励高校合理创收,形成高校自我积累机制;要深化高校劳动人事制度改革,必须实行住房、养老、医疗等制度的配套改革。② 也有学者讨论了因之而来的富余人才流动难的问题,提出应进一步加强人才流动工作,尽快克服高等院校人才过剩与人浮于事的不合理现象,管理和安置好高校富余人员,合理配置部门与部门之间、地区与地区之间的人才资源,消除人才短缺和人才积压并存现象。③

北京大学总结认为,2005 年以来,北京大学引进和聘用了一大批海内外高水平学者,包括"长江学者"特聘教授 62 人,"千人计划"学者 64 人,"青年千人计划"入选者 49 人,为学校学科建设和发展提供了充分的人才保证。在此基础上,进一步完善现有人才的激励机制,为优秀人才设置特别岗位,以固定聘期合同为基础,充分调动和激发人才的积极性,比如人文讲席教授、人文特聘教授、人文杰出青年学者岗位等。这些多元化的合同聘用制极大地促进了学校人文学科的人才队伍建设。与此同时,随着合同聘用制度的深入贯彻,长期以来形成的事业编制终身制观念已经被合同契约关系取代,事业编制人员流动效应开始逐步显现。仅 2010—2013 年,北京大学已有

---

① 吴咏诗.关于校内管理体制改革情况与进一步深化综合改革的思路[J].中国高教研究,1992(5):12-18.

② 黄晓莉.深化高校劳动人事制度改革之管见[J].湖南师范大学社会科学学报,1993(3):127-128;魏新卿,杨曙林,王孝.院校人事制度改革的重点和力度[J].金融教学与研究,1993(2):46-48;王道仁.高校实行"聘任(用)制"的思考[J].黑龙江高教研究,1993.1:22-24.

③ 张如源.浅论高校富余人员流动现状及安置途径[J].高等工程教育研究,1993(4):45-47.

十余人合同期满终止聘任。这不仅激发了现有人才队伍活力,也为进一步提升人才队伍质量提供了可靠保障。通过近几年的聘任和聘期考核工作,教职员工的契约意识不断提升,合同聘期观念显著增强。通过合同在充分保障教职员工合法权益的同时进一步明确了义务要求。可以说,学校通过实施聘用制,充分调动了各方积极性,促进了人事制度改革,提升了学校人才队伍水平和整体人才效率。①

二、高校人事制度改革的发展阶段

总体上来说,我国高校人事制度改革自党的十一届三中全会以来,大体可分为三个段。1978年至1987年党的十三大,随着高等教育的恢复和发展,高校人事制度改革进入初步探索阶段。这一时期,经过拨乱反正,广大知识分子从"两个估计"中解放出来,大大调动了社会主义建设的积极性,高校教师队伍建设取得了很大成效,教学科研水平和质量明显提高,恢复了高等学校教师职称评审工作,并开始推行专业技术职务聘任制,同时,适当下放了高等学校组织人事管理权限。

1987年到1992年党的十四大,高校人事制度改革进入面上拓展的阶段。通过进一步下放权力,扩大了高校的办学自主权,进行了工资总额包干试点,推行了专业技术职务聘任制,并建立了一系列选拔和鼓励优秀中青年教师的制度。

1992年以来,高校人事制度改革面对新的形势和更高的要求,进入了整体推进和重点突破相结合的新阶段。这期间,随着《教育法》《教师法》《高等教育法》等法律、法规的颁布、实施,进行了全员聘任制的试点,进行了选留、分配、考核等方面的综合人事制度配套改革,在吸引和稳定骨干教师队伍等方面初步形成了制约和激励机制,用人效益和办学效益明显提高。1995年,原国家教委明确提出,高校校内管理体制改革是以全员聘任制为核心的综合改革,改革的思路就是以工资总额动态包干为基础,全面推行内部机制和机构改革,用人制度改革,分配制度和社会保障制度改革。"一包四

---

① 拉丁. 北京大学积极稳妥地推进人事制度改革不断提升师资人才队伍质量[N/OL]. 北京大学新闻中心,2013 - 10 - 22,http://pkunews. pku. edu. cn/xxfz/2013-10/22/content_279244. htm.

改",核心是人事制度改革,人事制度改革的核心又是用人制度改革,而用人制度改革的核心则是实行全员聘任制。

之后,随着市场经济体制的建立和科教兴国战略的实施,社会经济发展和人民群众追求优质教育的需求都向高等教育提出了更高的要求,这为高教体制改革创造了极好的条件,也加强了紧迫性和必要性。人事制度改革的最终目的逐渐演变为建设一支高水平高素质的教师和管理队伍,这在知识经济时代,既是关系到构建国家知识创新体系的基础性工作,是提高高等教育水平和人才培养质量,保证国家经济社会可持续发展后劲之所系,也是关于高校的生存、发展、提高的关键因素。[①]

第三节 我国高校人事制度改革的困境

虽然,高校的人事制度改革已经进入到纵深阶段,但由于长期以来的计划体制对人们的思维与习惯的影响,我国公立高等学校人事制度改革也面临一些困境。

一、思想观念的改变仍是一个漫长的过程

长期以来,我国高校人事管理体制在市场经济制约下,许多方面都没有真正形成竞争和激励机制,教师职业的"身份制",职务聘任的"终身制"。这种"身份制"和职务"终身制"塑造形成了人们较为稳定的生活习惯和思维习惯,各司其职、各安其分,已经成为事业单位中人们既有的习性,从而严重地影响了教职工特别是青年教师的积极性的发挥,也是新一轮高校人事制度改革的巨大障碍。

尽管在整个社会"分流""下岗""聘任""辞退"等措施的压力和社会生活的多元化和经济成分的多样化而出现的纷繁世界的吸引下,教师们开始有了在外部世界的精彩和开阔的刺激下出现的悸动和憧憬,有了对囿于住房、工资待遇等物质条件与社会各界存在的反差而希望冲出围城大展宏图

---

① 马海泉,刘华蓉. 非走不可的一步:推进新一轮高校人事制度改革综述[J]. 中国高等教育(半月刊),1999(5):4-7.

发奋图强的向往,教师的职业理想和职业自尊受到一定程度的影响,开始了对市场经济条件下教师价值的重新审视,并从切身的利益出发重新理解和寻求自己的位置,并出现了热门专业、骨干教师流失严重,部分教师热心于校外兼职,"人在心不在",造成教师队伍的"隐性流失"等现象,但当真正要变成为"来去自由"的从业者时,教师们心中不免有着对"铁饭碗"某些好处的留恋,有对未来不确定性的惶恐。这种阵痛感,使得多数人在人事制度改革中,潜意识地抵制着改革,生产着阻力,进而使改革迟滞。

同时,高等学校教师,是一种要求很高的职业岗位,对国家政治、经济、科技、文化发展有着极大影响,必须由具有较高政治思想素质和科学文化水平的人才担任;而且,在科技高速发展的情况下,作为大学教师,必须不断更新知识,始终处于科技前沿,方能担负起教学任务。"身份制"和"终身制"的观念,阻碍了高校教师队伍的不断更新提高和结构的优化,不利于激励教师不断提高学术水平和教学能力。在社会人事制度改革的情况下,高校仍然固守着陈旧的观念,显然是十分被动的事。也许有人认为,破除"身份制"和"终身制",主要不在思想认识,而在于没有开通"下岗""分流"的渠道,不适合于担任教师工作的人的"出路"问题难于解决。其实,高校教师都属于科学文化水平较高的群体,其转岗再就业能力至少比企业职工要强。社会再就业问题能逐步解决,为什么高校教师反而不能呢?显然还是思想没有解放、观念没有转变。

因此,当人事制度改革每一次出现重大改革举措,影响到教师的切身利益时,都会受到较大的阻力,从而使整个人事制度改革陷入停滞,甚至无功而返。

二、人事制度改革的法律依据仍然不足

由于我国公立高等学校人事制度改革正处于摸索阶段,一方面人事制度改革必须要与其他事业单位的改革保持一致,但另一方面又要根据公立高等学校自身特点制定因校制宜的改革措施,因此目前公立高等学校人事制度改革依然面临着法律依据不充足的困境,尤其对于原来计划体制下的已有员工而言,如何将之纳入人事制度改革之中,既保持队伍的稳定性和政

策的持续性,又能逐步实现"能进能出"的用人灵活性,是公立高等学校绕不过去的一个问题。当前,许多高校一方面人员严重"超编",另一方面教师队伍却严重缺编,教师与职工的比例严重失调,学校教职工队伍中教师比例偏低、结构不合理的问题依然存在。

针对这种情况,2000年中共中央组织部和国家人事部发布《关于加快推进事业单位人事制度改革的意见》,提出"事业单位人事制度改革的指导思想和目标任务是:坚持以邓小平理论为指导,认真贯彻党管干部原则、干部队伍'四化'方针和德才兼备的用人标准,适应事业单位体制改革的要求,建立政事职责分开、单位自主用人、人员自主择业、政府依法管理、配套措施完善的分类管理体制;建立一套适合科、教、文、卫等各类事业单位特点,符合专业技术人员、管理人员和工勤人员各自岗位要求的具体管理制度;形成一个人员能进能出,职务能上能下,待遇能升能降,优秀人才能够脱颖而出,充满生机与活力的用人机制,实现事业单位人事管理的法制化、科学化。""事业单位人事制度改革的基本思路是:按照'脱钩、分类、放权、搞活'的路子,改变用管理党政机关工作人员的办法管理事业单位人员的做法,逐步取消事业单位的行政级别,不再按行政级别确定事业单位人员的待遇;根据社会职能、经费来源的不同和岗位工作性质的不同,建立符合不同类型事业单位特点和不同岗位特点的人事制度,实行分类管理;在合理划分政府和事业单位职责权限的基础上,进一步扩大事业单位的人事管理自主权,建立健全事业单位用人上的自我约束机制;贯彻公开、平等、竞争、择优的原则,引入竞争激励机制,通过建立和推行聘用制度,搞活工资分配制度,建立充满生机活力的用人机制。通过制度创新,配套改革,充分调动各类人员的积极性和创造性,促进优秀人才成长,增强事业单位活力和自我发展能力,减轻国家财政负担,加速高素质、社会化的专业技术人员队伍建设。"文件要求,建立以聘用制为基础的用人制度,全面推行聘用制度,破除干部身份终身制,引入竞争机制,在事业单位全面建立和推行聘用制度,把聘用制度作为事业单位一项基本的用人制度,"所有事业单位与职工都要按照国家有关法律、法规,在平等自愿、协商一致的基础上,通过签订聘用合同,确定单位和个人的人事关系,明确单位和个人的义务和权利。通过建立和推行聘用制度,实现用人上的公开、公平、公正，促进单位自主用人，保障职工自主择业，维护单位和职工双方的合法权益。通过聘用制度转换事业单位的用人机制，实现事业单位人事管理由身份管理向岗位管理转变，由单纯行政管理向法制管理转变，由行政依附关系向平等人事主体转变，由国家用人向单位用人转变"。文件还要求事业单位建立解聘辞聘制度，疏通事业单位人员出口渠道，增加用人制度的灵活性，解决人员能进能出的问题；同时加强聘后管理，保证聘用制度的实际效果，调动各类人员的积极性，把考核结果作为续聘、解聘、增资、晋级、奖惩等的依据；建立符合事业单位性质和工作特点的岗位管理制度，明确不同岗位的职责、权利和任职条件，实行岗位管理；进一步扩大事业单位内部分配自主权。

虽然如前面所述，从2006年到2015年，国家出台了一系列推动事业单位人事制度改革的文件，提出大量措施，在完善和促进事业单位人事制度改革方面取得了显著的成效，有力地推动了包括公立高等学校在内的事业单位人事制度改革，但由于政策只提供一种导向性，对涉及的相应法律依据没有予以明确，只有最高人民法院在2003年出台了《最高人民法院关于人民法院审理事业单位人事争议案件若干问题的规定》（法释〔2003〕13号），指出"为了正确审理事业单位与其工作人员之间的人事争议案件，根据《中华人民共和国劳动法》的规定，现对有关问题规定如下：第一条，事业单位与其工作人员之间因辞职、辞退及履行聘用合同所发生的争议，适用《中华人民共和国劳动法》的规定处理；第二条，当事人对依照国家有关规定设立的人事争议仲裁机构所做的人事争议仲裁裁决不服，自收到仲裁裁决之日起十五日内向人民法院提起诉讼的，人民法院应当依法受理。一方当事人在法定期间内不起诉又不履行仲裁裁决，另一方当事人向人民法院申请执行的，人民法院应当依法执行；第三条，本规定所称人事争议是指事业单位与其工作人员之间因辞职、辞退及履行聘用合同所发生的争议"。然而劳动法适用有着必要的条件，如对劳动者的界定、公立高等学校与教师之间的聘任是否属于劳动法律关系等，这些问题的不清晰，也导致在人事制度改革过程中，如果出现相应纠纷，往往没有相应的法律支持。

三、相应的配套政策仍需要继续完善

"能进能出""能上能下"从而有效激活教师们的积极性,是公立高等学校人事制度改革的最初目的,而各个高校各项制度的不断完善,也推动着这个目的的逐渐实现。但是,随着"能进能出"的退出机制的实施,如何解决好未聘人员的社会保障问题,就被提上了日程。

2000年《关于加快推进事业单位人事制度改革的意见》中指出要"建立多层次、多形式的未聘人员安置制度,坚持以内部消化为主的原则,实行多层次多形式的未聘人员安置制度。深化事业单位人事制度改革,实现精减冗员,鼓励竞争,促进流动,提高素质的要求,就要妥善安置未聘人员,这是事业单位人事制度改革能否顺利进行的关键环节。对改革过程中出现的未聘人员,要以单位、行业或系统为基础,坚持以单位内部消化为主,探索多种形式给予妥善安置,为他们发挥作用创造条件。要注意采取先挖渠、后分流的办法,通过兴办发展新的产业、转岗培训等方式安置未聘人员;有条件的城市可以在行业内或行业间调剂安置,或通过人才流动服务中心对未聘人员进行托管"。2008年的《事业单位工作人员养老保险制度改革试点方案》中也提出五条事业单位养老保险制度改革措施,即实行社会统筹与个人账户相结合的基本养老保险制度、改革基本养老金的计发办法、建立基本养老金正常调整机制、建立职业年金制度、逐步实行省级统筹,同时进一步明确了省、市、县各级人民政府的责任,建立健全省级基金调剂制度。虽然这次改革受到存在"双轨制"的诟病,但开启了事业单位人事制度改革配置制度的建立过程。之后,住房公积金制度、社会医疗保险制度等相继引入事业单位,有效地解决了高校教师的社会保障后顾之忧,为人事制度改革的进一步深化奠定了基础。

但是,由于一方面对人事管理制度内部各个环节的配套改革问题缺乏认知,在推进分配、聘用、岗位管理等改革项目过程中,考核、工资等级、奖惩等其他环节及单项制度的配套改革没有随后跟进,一些陈旧的单项人事政策或制度仍在执行,由此产生了改革中的"木桶现象",明显影响了人事管理制度整体改革的效果;另一方面,国家党政人事管理部门制定出宏观层面的

改革大政方针后，事业单位却没有足够的自主权在大政方针框架内设计本单位中观层面各项制度，由此出现中观层面制度缺失的状况，如缺乏新的考核制度、奖惩制度等，加上国家统一出台的改革项目没有配套，再加上事业单位一味等待上级改革政策的传统惰性、某些改革政策对微观领域规定得过死等原因，就会出现人事制度改革过程中观层面单项制度空挡，最终形成了一种新大政方针与旧单项制度同时运作的现象。① 例如，由于目前的养老保险制度、住房公积金制度、医疗保险制度等相关制度，都与工资制度挂钩，而高校分配制度改革的最重要的突破点就是突破长期存在的"平均主义""大锅饭"的影响，拉开分配差距，充分体现优质优酬，做到责权利相统一。各高等学校纷纷在体制改革所能及的范围内尽其所能、千方百计聚集人才，解决优秀人才的吸引、选拔和培养问题，必然在分配制度上有大突破，实行优劳优酬，高薪聘任，使他们先"富"起来，从而使高校对优秀人才更具吸引力，有利于扭转高校人才严重流失的局面。但随着分配制度改革的深化，国家在分配上给予了高校更多的自主权，国家对高校的整个分配，可以只定最低的工资水平，剩余部分应由学校自主决定。这样，国家在规定最低工资标准的前提下，一些学校不断缩小"静态"部分，加大学校自主分配的"动态"部分。这种方式使学校在保基础、保重点、保管理的前提下，通过实行分级负担，充分发挥高校和院系的自主权、积极性，使各个院系能够更好地按照自己的情况，根据自己的条件来进行分配，从而促进整个学校的工作，但是由于住房公积金、养老保险、医疗保险等社会保障性资金的交存比例一般都是建立在"静态"部分基础上，无形中使得所有教师的保障性福利存在交存数额较低的现象，造成教师们对离职后可能面临的社会保障困难而担忧。除此之外，由于高校人事制度改革正处于现在进行时，大部分学校采取了"老人老政策，新人新政策"的过渡性措施，即对老教师按计划体制管理，而对新教师按新政策来管理，比如许多高校现在已经提出，新进教师必须经过2—3年聘任期，经考查合格后才能正式入职，这也使得新教师面临着更多的学术压力和教学压力。而聘任制只对新进教师实施的话，往往由于学校编

---

① 吴志华. 事业单位人事制度改革的问题与路径[J]. 探索与争鸣, 2006(1):31-33.

制缺乏,虽然已经尽其所能提供优惠的政策和优厚的条件,但由于学校竞争力的原因,在相同条件下,学校希望引进的教师不愿意来,已经来的教师留不住,如果仍然按照以前编制计划来进行管理,聘任制又回到原来我们希望改革的那种样子。

四、"身份管理"向"岗位管理"的转换体制还需进一步完善

在计划经济体制下的人事管理体制中,人才按"条块分割",归"部门所有",教师与用人单位之间是一种从属的关系,单位不能自主聘任教师,教师也没有自主择业的权利。通过人事制度改革,这种状况已经有了很大的改观,但是仍然没有解决教师能进能出的问题。在教育内部,学校之间、部门之间,教师仍然受到条块的限制,你是我这个学校的,属于我这个系,归某个教研室管,就一直固定在这里,许多人直到退休才能离开。教师是学校、部门的"私有财产",即使是无事可做,只要没有调动,就得待在这里。这既不利于教师的交流、队伍的精简,也不利于资源的优化配置和合理使用。在"条块分割""部门所有"的影响下,教师管理实行的是身份管理,教师的"职称"决定了他的各种待遇,至于他有没有履行应有的职责并不重要。作为教师身份的标志,不论教师走到哪里,"职称"就会带到哪里,而且只能升不能降。这就导致和加深了教师职称结构的严重失调。一所学校、一个系、一个教研室内各级教师职务的设定是根据教师比例划定,与实际工作需要严重脱节,而且这种比例关系基本上是由现有教师被评上的职称决定的,而不是根据这个单位的实际工作需要决定的。身份管理本身带有很强的"官本位"色彩,如不破除,一是不利于择优、竞争上岗,二是不利于教师队伍的合理流动。破除了教师管理的"条块分割""部门所有",变"身份管理"为教育人力资源共享。

那么如何才能打破"部门所有""身份管理"呢?目前主流的观点仍然是通过定编设岗来实现,即改变我国在计划经济模式下的编制管理只注重编制的法规属性和行政属性而忽视了编制的经济属性的特点,从教育成本核算的角度来看待编制,既强调编制标准的国家立法性和权威性,使学校办学所必需的教育人力资源和必要的经费得以保障,同时要遵循"总量控制,微观放权,规范合理,精简高效"的原则,精简机构、压缩职工比例,从根本上

解决用人制度中的"能上能下""能进能出"的问题,同时辅以分配制度改革、聘后管理改革,建立起科学的考核制度,并将考核的结果与晋职、分配等个人利益挂钩,作为续聘、解聘的重要依据,从而打破原来教师管理制度所造成的习惯性思维和依赖心理,实现逐步建立起精简、统一、高效的行政管理机构;建立起一支结构优化、业务精良、实力雄厚、团结协作、乐于奉献的教师和管理队伍的最终目的。①

---

① 马海泉,刘华蓉.非走不可的一步:推进新一轮高校人事制度改革综述[J].中国高等教育(半月刊),1999(5):4-7.

第二章 公立高等学校的法律地位

人是管理的重要因素，没有人，任何管理都只是一句空话。因此，对公立高等学校的管理来讲，教师这个因素就是构成公立高等学校管理的关键。1931年12月2日，梅贻琦出任清华校长，在就职演讲中提出"所谓大学者，非谓有大楼之谓也，有大师之谓也"的著名论断，指出"大学机构之所以生新民之效者，盖又不出二途。一曰为社会之倡导与表率。其在平时，表率之力为多，及处非常，则倡导之功为大。上文所举之例证，盖属于倡导一方面者也。二曰新文化因素之孕育涵养与简练揣摩。而此二途者又各有其凭借。表率之效之凭借为师生之人格与其言行举止。此为最显而易见者。"[①]可见，他对大学教师之于大学办学质量的认识。

然而，教师聘任权的根本又在于包括用人自主权在内的公立高等学校的自主办学权。一个学校能否聘任到自己想聘的高质量人才，把自己认为不适用或者不能用的人及时清退，是保证教师队伍的质量从而提高学校的办学水平的前提。如果学校不能有效地对自己的教师队伍进行监督和管理，那么要提高学校的办学水平，学校就会显得心有余而力不足。但是，由于公立高校是由政府举办并由公共财政经费维持的高等学校，其办学自主权的获得在很大程度上取决于国家对教育事业的管理体制。当国家把高等教育视为重要国家事务而对其办学自主权进行严格限制甚至取消时，学校自主聘任教师的权力也会相应受到限制甚至取消；而当国家赋予甚至扩大学校办学自主权时，学校也会部分或者全部获得自主聘任教师的权力。

因此，在公立高等学校的法律地位中，影响教师聘任制实施的一个重要因素就在于国家对公立高等学校的法律地位的定位。

---

① 梅贻琦.大学一解[J].清华学报，1941，13(1).

第一节　我国公立高等学校法律地位的现状

所谓法律地位,指法律主体享受权利与承担义务的资格,也用以指法律主体在法律关系中所处的位置,它常用来表示权利和义务的相应程度。法律地位一般由其他社会规范、习俗先行限定,由法律最终确认后生效。法律地位决定着其主体在整个社会关系中的纵向位阶与横向类别,从而决定着主体相应的法律关系类型和内容,进而成为判定法律关系主体权利和义务的基础。

高等学校的法律地位是指高等学校在社会关系系统中的纵向位阶和横向类别,通常都是由法律规定的权利和义务而确立的。高等学校的法律地位决定着高等学校的行为能力和行为方式,并进而决定着高等学校作为一种社会组织的基本面貌。[①]

一、我国法律关于公立高等学校法律地位的规定

中华人民共和国成立以来,我国公立高等学校的法律地位在不同的历史时期有着不同的定位,反映着国家对高等教育不同的认识和要求。

中华人民共和国成立初期,我国公立高等学校一直被视为国家培养干部的主要场所而被列入事业单位,始终被视为国家职能的一部分,形成了独特的高等教育人事制度。这一制度的特点主要有:第一,国家是事业单位的真正用人主体,各事业单位没有用人自主权,只是代为管理;第二,不存在独立的事业单位人事制度,人员的进与出均要经上级管理部门审核同意;第三,事业单位工作人员与国家的任用关系属于公职关系。因此,从法律角度看,这一制度所设计的法律关系属于行政法律关系范畴的行政任用关系。

但如前所述,随着市场经济体制的不断建立和完善,这种人事制度的缺点逐渐暴露出来:人事管理模式不能体现事业单位特点与工作人员的工作性质,并强化了"官本位"意识;缺乏科学的分类,既不能体现其与行政机关的区别,也无法反映不同高校及高校内部管理、技术、工勤等岗位、人员的不

---

① 劳凯声.教育体制改革中的高等学校法律地位变迁[J].北京师范大学学报(社会科学版),2007(2):5-16.

同性质与特点;学校缺乏用人权与自主性,造成了"大锅饭""能进不能出"及部门所有、单位所有等弊端;事业单位人员由国家按计划配给,级别由国家确定,工资由国家统发并执行国家相关标准,福利按规定提取、发放,致使人事管理工作缺乏创新、缺乏活力,管理方式与手段单一、落后,等等。

改革开放后,为了逐步消除这一制度所带来的各种弊端,高校的人事速度改革也随着干部人事制度改革与国家事业管理体制改革的不断深入,迅速得以开展。1985 年颁布的《中共中央关于教育体制改革的决定》中就提出:"改革管理体制,在加强宏观管理的同时,坚决实行简放政权,扩大学校的办学自主权。"1995 年《中华人民共和国教育法》第三十一条规定"学校及其他教育机构具备法人条件的,自批准设立或者登记注册之日起取得法人资格",明确规定了学校的法人地位。1998 年《高等教育法》进一步明确高等学校具有法人地位,规定高等学校具有独立的办学自主权,在人事上可以"自主确定教学、科学研究、行政职能部门等内部组织机构的设置和人员配备;按照国家有关规定,评聘教师和其他专业技术人员的职务,调整津贴及工资分配。"2000 年,中共中央组织部、人事部、教育部关于印发《〈关于深化高等学校人事制度改革的实施意见〉的通知》中则提出:要在国家政策指导下,进一步加大搞活学校内部分配的力度,扩大学校分配自主权,"学校作为具有独立法人资格的事业主体,依法自主、有效地管理学校内部事务,承担相应的义务和责任。各级政府及其职能部门,都不得干预学校自主办学范围内的事务"。从此翻开了我国公立高等学校发展的新篇章,预示着高等学校由政府全权管辖开始向遵循教育教学规律自主办学的方向转变。这种向自主办学方向的转变,表现在人事管理上,本质是希望打破原来在国家统一调控下的人事管理制度,强调单位与职工在人事聘用中的平等主体地位,通过竞争机制的建立,实现人事管理灵活与公平。这必然要求教师管理脱离原有单位体制下的政府控制,改变高校的附庸地位,将聘任、评审、考核、解聘、争议处理的权力赋予高等学校,使之成为高校的自主权力。但由于扩大高校办学自主权从一开始就不是一个"学术自由""学术自治"范畴的概念,政府与高等教育之间长期形成的隶属关系也并未因市场力量的介入而发生本质的变化,导致政府作为当然管理者仍然以所有者的身份对已具有法人地位的学校照常行使经营权、使用权、分配权、处置权等,我国公立高等学校的办学自主权并未完全实现。①

法人制度是世界各国规范经济秩序以及整个社会秩序的一项重要法律制度。各国法人制度具有共同的特征,但其内容不尽相同。不同的法人形成了不同的法人理论,法人制度理论成为世界各国建立和完善法人制度、规范经济秩序以及整个社会秩序的理论基础。根据《中华人民共和国民法总则》的规定,法人是具有民事权利能力和民事行为能力,依法独立享有民事权利和承担民事义务的组织。这种组织既可以是人的结合团体,也可以是依特殊目的所组织的财产。从根本上讲,法人与其他组织一样,是自然人实现自身特定目标的手段,它们是法律技术的产物,它的存在从根本上减轻了自然人在社会交往中的负担。法律确认法人为民事主体,意在为自然人充分实现自我提供有效的法律工具。我国《民法通则》中,将法人分为企业法人、机关法人、事业单位法人和社会团体法人四类。企业法人以从事生产、流通、科技等活动为内容,以获取赢利和增加积累、创造社会财富为目的。机关法人指依法享有国家赋予的公权力,并因行使职权需要而具有相应民事权利能力和民事行为能力的国家机关。事业单位法人指为了社会公益目的,由国家机关举办或者其他组织利用国有资产举办的,从事教育、科技、文化、卫生等活动的社会服务组织。社会团体法人则指中国公民自愿组成,为实现会员共同意愿,按照其章程开展活动的非营利性法人。②

在西方法学中,法人在不同的国家依不同的理论有着不同的分类,一般情况下主要分为以下几类③:

1. 公法人和私法人

这是以划分公法和私法的理论作为根据而对法人所做的分类,但其分类标准仍存在不同观点。主要有:(1)以法人的设立者为标准,凡由国家或公共团体设立的法人为公法人,反之则为私法人;(2)以设立法人的目的为标准,凡由促进和改善公共福利为目的而设立的法人为公法人,反之为私法

---

① 郭丽君. 论高校教师聘任制改革中的若干政策性问题[J]. 现代大学教育,2006(6):94-98.
② 王利明主编. 民法[M]. 6版. 北京:中国人民大学出版社,2015(1):70.
③ 王玫黎. 法人分类比较研究[J]. 西南师范大学学报(人文社会科学版),2003(3):60-64.

人;(3)以法人与国家间的法律关系为标准,凡对国家有特别利害关系并受其特别保护的为公法人,反之则为私法人;(4)以法人是否行使或分担国家权力为标准,凡行使或分担国家权力或政府职能的为公法人,反之为私法人;(4)以一般社会观念为标准,凡依当时的社会观念认为是公法人者即为公法人,反之即为私法人;(6)以设立法人的规则为标准,凡依公法设立的法人即为公法人,反之即为私法人。但由于在两类法人之间存在着各种各样的中间组织,因此这种分类还存在许多问题还需要进一步研究。

公法人和私法人的区别在于:(1)与其他民事主体发生纠纷列为被告时,提起的诉讼不同,如果被告是公法人,提起的多为行政诉讼;如果被告为私法人,提起的多为民事诉讼。(2)公法人的侵权行为多属于特殊侵权行为,适用专门的归责原则,而私法人的侵权行为多属于一般侵权行为,适用一般的归责原则。(3)公法人着眼于公共利益,而私法人着眼于私人利益。(4)设立、变更、撤销的程序不同。公法人完全因国家权力机关或其他机关决定,而非由公民或法人的成员决定,而私法人与此相反。

公私法人划分实质上是资本主义传统法律观念的产物。在私有制社会里,客观上存在生产的社会性和财产的私人占有之间的矛盾,存在着社会公共利益和私人利益的矛盾,作为统治工具的法律,其任务之一就是调整这种矛盾,由此形成了所谓的公法与私法,调整和保护社会生活和社会公共利益的法律构成公法,如宪法、行政法等;调整和保护私人生活和私人利益的法律构成私法,如民法等。公法、私法的划分不仅在于其调整对象的不同,而且也在于其调整方法的不同,公法使用的是权力与服从的强制性手段,而私法所体现的则是平等与自由的个人意志。原联邦德国民法典第1编第2节第3目的标题即是公法人,意大利民法典在第11条和12条对公、私法人进行了界定,就是对这种划分的直接体现,还有大多数国家的立法对私法人和公法人虽未明文使用公法人与私法人的字样,但却规定了国家、地方、机关或公法上的社团、财团和普通社团、财团等公法人与私法人的具体形式。在权利内容上,公法人的权利内容可分为明示的、默示的和固有的权利。明示的权利是由设立法人的特别立法或一般普通立法授予该法人的权利,它因每个法人不同的需要和条件而有所不同。默示的权利指未明确授予该法人,但又是实现其明示权利的必要的或有关的权利。固有的权利是指那些为法人存在所必不可少的权利,如持续存在等。在公法人的权利中,最重要的是行政权力,这些权利是私法人所不能行使的。

2. 社团法人与财团法人

这种划分的标准是法人的成立基础。社团法人是以人的集合为基础而成立的法人,是人的集合体。如公司、合作社、各种协会、学会等。财团法人是以财产的集合为基础的法人,是财产的集合体,如各种基金会、慈善组织等。社团法人和财团法人有许多相似之处,如社团法人有财产,而财团法人有管理人代表其活动。社团法人和财团法人的区别有如下几点:(1)成立的基础不同。社团法人以人为基础,它总有自己的成员或社员,如公司有自己的股东。而财团法人以财产为基础,因而没有社员,代表财团法人进行活动的不是它的社员,而是管理人员,管理人员的变更不影响财团法人的存在。(2)设立人的地位不同。社团法人的设立在法人成立后即取得社员资格,享有参与或决定法人事务的权利及其他权利义务,而财团法人的设立人在法人成立后即与法人脱离关系,既不作为法人成员,也不直接参与或决定法人事务,也享受法人提供的财产利益,甚至有的设立人在法人成立后即死亡或在法人成立前已经死亡。(3)目的不同。社团法人的设立可以为了营利,也可以为了公益,而财团法人的设立则只能为了公益,所以财团法人只能是公益法人。

这类划分的意义在于:(1)把私法人划分为社团法人和财团法人,主要是为了实施不同的法律调整规范。关于社团法人的成立和活动主要由特别法予以调整,如公司法;而财团法人一般只在民事法律中予以简要规定,具体活动和管理则由财团法人的组织结构按其设立的意思自由决定。(2)在具体法律规定上,法律对社团法人和财团法人的设立、管理、变更和解散都有不同的规定。在设立方面,社团法人的设立一般符合法定条件即可,无须行政机关批准。而财团法人的设立行为则一般要经过主管机关的许可。同时,社团法人的设立行为是多数人共同协议行为,包括在此基础上的共同出资行为。而财团法人的设立则是无偿地提供给他人的捐助行为;在管理方面,社团法人的一切重要事务都由其社员共同决定,并由选任的业务机构负责执行。而财团法人的管理机构及管理方法则都由捐助人的章程或遗嘱确定,如有违反,法院可经利害关系人的申请而宣告其行为无效;在变更与解散方面,社团法人,除法定变更和解散原因外,都由其成员决定。而财团法人的变更或解散则更多地受主管机关或法院的干预。为维护财团法人的财产或保证其目的的实现,法院可经利害关系人申请变更财团法人的管理机构。如因客观情况变化,使原定目的无法实现时主管机关可根据捐助人的意思,变更财团法人的目的。如若不成,也可将该法人解散。

3. 营利法人与公益法人

按法人成立活动的目的作为标准,可将私法人划分为营利法人和公益法人。营利法人以取得经济利益并分配给其成员为目的的法人,如公司。而公益法人是指以社会公共利益为目的而成立的法人。如学校、医院等。所谓社会公共利益,是指不特定多数人的利益,并且一般是指非经济的利益,但这并不意味着公益法人不进行任何营利性的经济活动,相反,营利活动有时也是某些公益法人的重要内容,但与营利法人不同的是,这种营利不是该法人的最终目的,所获盈利亦非分配给其成员,而是完成其目的的一种手段或必要途径。

公益法人和营利法人的划分与财团法人和社团法人的划分有密切联系。在大陆法系国家和地区,对公益法人和营利法人的划分多是对社团法人的再划分。如德国民法典第 21 条和 22 条之规定,我国台湾地区"民法典"第 45 条、46 条之规定。日本民法典第 34 条、第 35 条之规定。这种划分实际上并未包容一切社团法人,除这两种法人以外,实际生活中尚有既非为了公益,又非为了成员的经济利益而设立和存在的社团法人。如社交俱乐部,他们的目的是为了其成员的非经济利益,这种法人虽然未在立法上予以规定,但理论上称其为中间法人。

这种划分的意义在于:(1)对二者实行不同的设立原则。营利法人的设立依照特别法之规定,而公益法人的设立除有特别法之外,依民法之规定。(2)二者设立的程序不同。营利法人的设立除有特别规定外,一般不需要得到主管机关的许可,而公益法人则必须在取得许可后才能成立。(3)二者采用的法律形式不同。营利法人一般采取社团法人的形式,而公益法人既可以采用社团法人的形式,也可采用财团法人的形式。(4)二者的权利能力不同。营利法人可以从事各种营利性事业,而公益法人则不可从事营利性事业。

我国《民法通则》中没有按照西方的法人划分标准，而是根据法人设立的宗旨和所从事的活动的性质，直接将法人分为企业法人、机关法人、事业单位法人和社会团体法人等四类，对机关法人、事业单位法人和社会团体法人的法人资格做出了规定，却未对这四类法人的权利与义务进行详细的说明和解释。表现在公立高等学校的法律地位上，即是虽然相关法律法规已经规定公立高等学校具有事业单位法人地位，但这一法律地位定位的内涵、外延界定仍然不够清楚，因而并不能说明公立高等学校的权利（力）边界如何划分，义务到底应承担到什么程度。因此研究者大多认为，我国公立高等学校办学自主权未能完全实现的法理原因，在于公立高等学校的法律地位性质仍不够明确，"事业单位法人"的界定不足以说明公立高等学校办学自主权的法律性质。

二、我国公立高等学校法律地位的法理分析

高等学校的事业单位法人地位对于高等学校的办学自主权来讲意味着什么？表现在法律上高等学校的权利与义务又如何呢？显然，我国《民法通则》及《教育法》《高等教育法》等相关法律法规再不能透出更多的信息。这导致公立高等学校和其他事业单位一样，在人事制度改革上面临着法律制度设计的难题，即公立高等学校到底是什么性质，其改革的目标应该是什么，它在国家、社会事务中应处于一个什么样的地位，等等。在这一点上，理论界提出了关于事业单位法律地位的四种代表性观点："国家事业说""现代事业制度""非营利性机构说""公法人说"。

"国家事业说"的基本观点认为，事业单位是国家举办的从事事业活动的非政府机关、非企业的组织，事业活动的性质是一种非物质产品生产、非营利性的社会服务，其活动领域主要集中在教育、科技、文化、卫生等行业；认为事业单位机构改革强调以政事分开、社会化为原则，主张通过政事分开，合理划分党政机关与事业单位的职责；调整国家事业职能，剥离事业单位非事业职能；落实事业单位的自主权；完善事业单位法人制度，使事业单位真正成为独立法人；促使事业单位面向社会进行服务；鼓励社会力量兴办事业；深化事业单位内部人事制度、分配制度、领导体制、运行方式等改革……希望在延续事业单位传统定位的同时，建立与社会主义市场经济体制

相适应,符合事业单位自身发展规律的一套管理体制、运行机制和自我约束机制。1996年中共中央办公厅、国务院办公厅印发的《中央机构编制委员会关于事业单位机构改革若干问题的意见》可以看作这一观点在改革政策层面的集中体现。1998年国务院发布的《事业单位登记管理暂行条例》对事业单位的界定集中概括了"国家事业说"对事业单位的基本认识,可以看作这一观点在法规层面的集中体现。"国家事业说"对事业单位的界定基本上反映了我国事业单位的现状与长期延续下来的人们对事业单位的认识。但"国家事业说"依然没有能对市场经济条件下事业单位的性质归属、组织定位、发展方向等问题给出答案,在表述和具体内涵规定上存在含混模糊之处。因此"国家事业说"不能从理论与实践两个方面解决事业单位改革与改革的深层次问题。

"现代事业制度说"认为,现代事业制度"是指与中国社会主义市场经济体制和各项事业自身发展规律相适应的一整套事业管理制度,它是有关现代事业组织的事业法人制度、事业领导制度、事业人事制度、事业财务制度、事业运行管理制度、事业评估制度、事业社会保障制度等各项管理制度的总称"。而"所谓现代事业组织,是指在现代市场经济条件下,依法设立,不以营利为目的,拥有独立资产,面向社会自主从事准公共产品生产经营活动的社会基本组织形式"。它既不同于传统的事业单位,也不同于政府组织、现代企业组织。现代事业制度的基本框架与主要特征包括:健全的事业法人制度、多样化的事业组织模式、多元化的事业投资与经营补偿机制、科学民主的事业领导制度、新型的事业人事制度、新型的事业财务制度、多元化的事业监督制度。[①] 从形式上看,现代事业制度的构建源于现代企业制度的启发,但事实上却是企业制度、非营利机构制度结合传统事业单位制度的混合物,在理论上还存在相当大的困难,因而在实践中表现得并不明显。

"非营利组织说"一般是在借鉴国外非营利组织(非政府组织、第三部门)理论及准公共物品理论,借以诠释事业单位的性质与特征的一种观点。认为事业单位应该包含以下六个内容:(1)提供公共产品;(2)组合社会资

[①] 黄恒学.中国事业管理体制改革研究[M].北京:清华大学出版社,1998;黄恒学.我国事业单位管理体制改革研究[M].哈尔滨:黑龙江人民出版社,2000.

源;(3)享受优惠政策;(4)吸收志愿人员;(5)构筑法律支持;(6)实行科学管理。① 这种观点强调事业单位具有非营利或者公益性质是毫无疑问的,但我国的事业单位是否属于非营利组织则是另一个问题。非营利性组织来源于国外的组织划分方法,指不以营利为目的的非政府组织,民间性或非政府性、非营利性是其基本特征。以非营利性组织的概念来概括我国的事业单位,既存在着性质上的根本区别,同时也会因混淆公私领域或涵盖范围过大而失去其意义。

"公务法人说"主要来源于欧洲大陆法系的公法人(公务法人)制度。在大陆法系国家,公务法人有四个特点:首先,公务法人是依照公法设立的法人,是公法人的一种;其次,公务法人是国家行政主体为了特定的目的而设立的服务性机构,与作为机关法人的行政机关不同,它担负特定的行政职能,服务于特定的行政目的,乃是一种适应公共事业发展、技术分权的结果;再次,公务法人享有一定公共权力,具有独立的管理机构与法律人格,能够独立承担法律责任;最后,公务法人与其利用者之间存在丰富而特殊的法律关系,既包括私法关系(民事关系),也包括公法关系即行政法律关系,而后者集中体现了公务法人与其他法人的区别。与这一观点相近的观点还有"准公法人说"②"公务组织说"③等。德国行政法学家穆勒认为,公共营造物(即公务法人)是行政法上特有的,在19世纪才产生的组织形态,其产生是在自由法治国时期,随着国家任务不断扩充,国家负担大量给付行政,有些任务具有特殊性与技术性,为了执行方便,免于法律保留的拘束,就成立公务法人,来执行这些任务,如邮政、铁路、公路、水电事业等构就是在这种背景下产生的。公务法人具有独立性,因而能够避免一般行政上的官僚习气和僵化手续,保持一定程度的精神自由,也容易得到社会上的赞助。④ 这一学说的提出涉及到我国事业单位定性、改革方向等重大问题,基本上说明了事业单位是为了实现社会公益目的、设立主体是国家、设立所依据的法律

---

① 成思危.中国事业单位改革:模式选择与分类引导[M].北京:民主与建设出版社,2000;郑国安.非营利组织与中国事业单位体制改革[M].北京:机械工业出版社,2002.
② 熊文钊.法人·公法人与行政法人[J].东吴法学,2001(2):136-140.
③ 庞小菊.论公立学校在行政法上的定位[J].行政与法,2002(6):41-44.
④ 马怀德.公务法人问题研究[J].中国法学,2000(4):40-47.

规范属公法范畴等特点。因而越来越多的学者趋向于认同这一观点。"我们发现我国的事业单位与大陆法系国家的公务法人在功能方面有很多类似之处,如都是国家依法设立的公益组织,具有特定的行政上的目的,提供专门服务。"①

以上四种观点,由于源于不同的法理理论,因此在诠释事业单位的法人地位方面各有利弊,但对于认识我国的事业单位地位,仍具有一定的借鉴意义。

具体到公立高等学校而言,随着事业单位制度的不断深入和简政放权改革目标在教育体制改革的日益强调,公立高等学校法律地位问题的讨论也逐渐为学者们所重视,并提出了一些新的观点。

高等学校多重法律地位论是由湛中乐、李凤英根据高等学校在社会生活中多重身份提出的观点。他们认为,根据《中华人民共和国教育法》第三十一条的规定,高等学校具有法人资格,是独立的法律主体,但社会生活中角色的多重性决定了高等学校在不同方面具有不同的法律身份,因而各自具有相应的权利(权力)和义务,对其不同性质的行为主体所作出的行为亦要承担相应的法律责任,依此划分,高校存在着作为行政主体、行政相对人、民事主体三种法律地位。但劳凯声先生认为,学校在不同条件下可以具有两种不同的法律关系主体资格,这是两个不同的范畴,不能混为一谈。

公立高等学校公务法人法人地位是马怀德教授对比我国的事业单位与大陆法系国家的在功能方面有很多类似之处后,发现两者在功能方面有很多类似之处,如都是国家依法设立的公益组织,具有特定的行政上的目的,提供专门服务,进而认为公立高等学校作为事业领域的一个组成部分,其性质当然也应该借鉴大陆法系中的公务法人的规定,定位于公务法人。这种定位能够有效地解决我国由于无公私法之分,也无公法人、私法人之别而造成的学校等事业单位实际上处于模糊的法律定位,为我们解决事业单位的定性及救济问题开辟了新的思维空间。②

---

① 王洪亮.论事业单位的民事法律地位:以学校为研究范例[J].法商研究,2007,120(4):67-73.

② 马怀德.公务法人问题研究[J].中国法学,2000(4):40-47.

劳凯声教授认为,以简政放权为目标的教育体制改革已经彻底改变了高等学校管理和办学的局面,我国公立高等学校通过政府的简政放权已经获得了相当大的权利,在诱导性制度变迁的推动下,政府与高等学校的关系开始出现深刻的、在某些方面甚至是根本性的分化与改组,其法律地位发生了根本性的变化,表现在政府与高等学校的关系方面,就是政府在加强宏观调控的前提下向高等学校下放了相当多的办学权力,从而逐渐改变了政府与高等学校之间的主体地位及其权责配置,高等学校的办学权利不仅已经足够大,而且这项权利的性质也开始发生质变,成为包括以隶属性为主要特征的纵向型法律关系和以对等性为主要特征的横向型法律关系在内的一项复合型的权利。从公、私法的划分标准来看,高等学校的权利可以分为公权和私权两类;从权利的实体性内容看,高等学校的权利又可以分为经营管理权利和学术权力;从权利的渊源看,高等学校的公权力主要来源于公务分权以及政府委办事务中所获的权利,而其私权利则主要是作为学校法人依法享有的民事权利,此外还有一些公权力经过简政放权下放给高等学校后发生性质上变化,具有了私权的性质。比如高等学校的教师,由于1993年的《教师法》将其规定为专业人员,并规定实行教师聘任制,由学校和教师遵循双方地位平等的原则签订聘任合同,因此高等学校对其教师的管理就由原先的人事管理逐步向聘任制管理转化,学校的这一管理权的性质也由公权逐步向私权转化。[①]

陈鹏教授认为,我国公立高等学校在与政府、学生、教师的法律关系上存在着三种法律定位。第一,公立高等学校属于公务法人,即公立高等学校相对于政府具有一定的办学自主权,由国家利用国有资产设立,同时承担着为国家培养人才、振兴教育事业的公共责任,具有独立的人格,独立行使办学权利,对外承担相应义务。第二,公立高等学校是法律法规的授权组织。法律法规授权组织是指依具体法律、法规授权而行使特定行政职能的非国家机关组织。其特征为:属非国家机关的组织,不具有国家机关的地位;行使的是特定行政职权,限于法律、法规明确规定的某项具体职权或具体事项;以自己名义行使行政职权,具有行政主体资格,即公立高等学校是国家

---

① 劳凯声.教育体制改革中的高等学校法律地位变迁[J].北京师范大学学报(社会科学版),2007(2):5–16.

通过法律授予招生权、学籍管理、奖励、处分权、颁发学业证书权、聘任教师及奖励处分权,从而行使着国家行政权力或公共权力的事业单位,具有行政主体资格。第三,公立高等学校是特别权力关系的主体,即当教师与公立高等学校签订了聘任合同之后并在公立高等学校开始履行职责时,因为事业单位在很大程度上行使的是国家赋予的权力,体现的是国家的意志,从而构成一种"行政主体为使营造物发挥其效用计,有时依法律科私人以利用之义务。而私人有特定之情事时,即须利用其营造物,否则行政主体得以处罚或行政上之强制方法而强制之"的法律关系。①

本文认为,借鉴劳凯声教授和陈鹏教授以公立高等学校所享有的权利和承担职责的具体内容来对公立高等学校的法律地位作具体分析的思想是可行的。因为我国"事业单位"的概念本就自成一家,如果与西方国家的法学理论相比,在研究上会造成一定的误解和混乱。而根据其所享有的具体权力和承担的职责进行具体分析,可以从多个角度对事业单位进行认识,从而达到全面把握的效果。因此,根据公立高等学校权利与义务的现状,我国公立高等学校的法律地位在当前可以根据其具体职能而分为三种。

第一,事业单位法人。作为民事法律关系的主体,高等学校应具有民法规定的法律地位,从批准设立或注册之日起具有法人资格。法人作为民法概念,其目的在于赋予社会组织为完成自身的任务、参与民事活动所必要的主体资格,以有利于促进它们实现自身的职能和使命。虽然我国的《民法通则》依据法人宗旨、任务的不同,把法人分为企业法人和非企业法人两大类,非企业法人又包括机关法人、事业单位法人和社会团体法人,在这一分类事业单位法人是我国特有的概念,不能与西方的法学思想进行有效对接,但一方面我国目前管理体制的架构在很大程度上依赖于这一概念,并且在长期时间内仍将按照这一分类管理,而且从实践上讲,要把原来建立在"事业单位法人"概念上的管理制度一下子会换过来也没有可行性的,另一方面根据《民法通则》及相关法律法规的条文,我们仍可清晰地得出这一概念所表征的法律关系是建立在平等主体之间的民事法律关系,是解决事业单位在处理与外部民事主体之间形成法律关系时所享有的权利与需要承担的义务问

---

① 陈鹏,祁占勇.教育法学的理论与实践[M].北京:社会科学出版社,2005.

题时所使用的法律概念。而将公立高等学校归属为事业单位法人无疑明确表示公立高等学校具有与平等主体建立民事法律关系的权利和能力,从而有效地行使民事权利、履行民事义务。这使得在高等学校在办学活动中,可以有效地与不具有隶属关系的行政机关、企事业组织、集体经济组织、社会团体及个人之间建立起以平等、有偿为原则的社会关系。这类关系涉及面颇广,例如财产、土地、学校环境、人才培养合同、教师聘任合同和劳动用工合同、智力成果转让、接受捐资、投资、贷款乃至学校创收中所涉及的权益,都会产生民事所有和流转上的必然联系。这类关系伴随近年来高等教育体制改革的发展而日益突出。例如,高等学校在执行国家的政策、法令、计划的前提下,有权与外单位合作,联合办学、建立教学、科研、生产联合体,有权与国外办学机构合作办学,有权向学生收取学费;有义务积极倡导行业部门、地方政府及企业、科研机构与高等学校之问的联合办学;在经费筹措上,除了国家财政拨款外,可以接受捐款、投资、可以向金融机构贷款、提供有偿服务;等等。

第二,法律法规授权组织,即在政府简政放权的背景下,公立高校学校在获得办学自主权的同时,也逐渐通过公务分权以及政府委办事务等形式获得了一系列特定的公权力,成为实际上的行政主体。在其行使这些公权力的过程中,与其学生、教职员工及其他相对方之间也构成了一类具有行政性质的法律关系,比如招生权、学籍管理权、对学生和教职员工的管理、奖励、处分等权力。这些权力都秉承自国家举办教育、管理教育的特有权力,从而使公立高校学校成为法律法规授权组织。如《教育法》中明确地规定高等学校有按照学校章程自主管理、组织实施教学活动、招收学生或者其他受教育者、对受教育者进行学籍管理、对受教育者和教师及其他职工教师实施奖励或者处分、向受教育者颁发相应的学业证书、聘任教师及其他职工等权利。

第三,行政相对人。我国《宪法》第十九条规定"国家发展社会主义的教育事业,提高全国人民的科学文化水平。国家举办各种学校,普及初等义务教育,发展中等教育、职业教育和高等教育,并且发展学前教育"。第89条规定国务院"领导和管理教育、科学、文化、卫生、体育和计划生育工作"。由此可见,举办教育和管理教育,都是国家事务。因此,政府管理高等学校办学活动的行为,就是政府与高等学校之间建立教育行政法律关系的行为,在这一法律关系中,作为主体的政府和高等学校的权利和义务都是由法律预先确定的,政府以国家的名义行使法律规定的职权,学校必须严格履行其法定义务,否则政府可以强制其履行,而政府不履行职责时,学校只能请求履行或通过向有关国家机关提出申述或诉讼等方式解决。

三、公立高等学校法律地位的独立法人化趋势

在过去计划体制下,公立高等学校基本是政府的附属组织。随着事业单位体制改革和政府简政放权的持续推进,公立高校的法人地位逐渐得到社会的广泛承认,并以办学自主权为核心,形成了复合型的权利内容,并表现为事业单位法人、法律法规授权组织、行政相对人等三种法律地位,但这三种法律地位因高校职能的复合性和复杂性,在事实上仍未完全廓清高校学校办学自主权的边界和内容。

首先,在公立高等学校与政府的关系问题,仍存在政府在授权后以管理理由干涉公立高等学校的独立的办学自主权的情况。政府授权仍然是政府意志,因此在公立高等学校的运行过程中,其权利与义务的确定仍然比较多地受到行政权力的制约。这种制约对于公立高等学校确立自主办学的思想、实行自主办学的行动和独立与其他社会团体和法人进行民事行为活动都有着较大的影响,如前些年的高校合并之风在一定程度上都是由于高校的办学自主权受到行政权力的干涉所致。以教师聘任为例,在高校均已经获得办学自主权、财务包干的现在,学校如何用人、用多少人本是学校内部事务,但各级教育行政部门仍以控制编制为由,牢牢地将不同职称教师聘任的比例、数量控制在自己手中,每年通过计划编制影响着各个学校的教师职务的聘任和职称的评审[①],致使本已经完全达到学校或者教育行政部门相应职称条件的教师迟迟不能获得相应职称称号和待遇,而这些评审和聘任条件还有逐步提高的趋势。也有人提出,教师的工

---

① 如教育部制定的《全国普通高校编制治理规程》规定,"学校教学科研人员和教育教学辅助人员应占学校人员总数的80%以上,其他人员不超过学校人员总数的20%"。2006年底,国家人事部又颁布《事业单位岗位设置管理试行办法》,对事业单位岗位设置的类别、等级、结构比例、设置程序与权限、聘用与监督等方面做出规范。

资仍由教育行政部门负责,所以教育行政部门有权在教师聘任方面予以干涉和控制,这也是公立高等学校与政府之间关系的一个重要方面。仔细分析一下,其实这恰是公立高等学校法人地位没有充分保障的一个体现,即公立高等学校由于所有资产皆归国家所有,其经费在很大程度上由国家划拨,其具体功能的实现需要依赖于国家的支持,因此其法人地位实际上缺乏足够的保障,实质上仍是政府及其教育行政部门的一个附属机构而已,何谈办学自主权。

第二,法律法规授权组织的设定,使高校与教师之间在聘任关系上存在着事先设定的不平等关系。由于法律法规授权是享有是承担国家行政职能、履行公共事务权利的行政主体,公立高等学校处于事实的优势地位,使得公立高等学校在教师聘任的一开始即具有一种行政上的优先权:首先,便宜以国家之权力行威逼利诱之事;其次,教师可能面临着国家义务问题,即自己不愿意但又不能被众人视为不爱国;再次,在权利与义务的具体内容上,教师与公立高等学校之间的几乎没有协商余地;最后,容易导致公务法人中的"特殊权力关系"理论盛行,使教师的合法权益受到损害。

第三,从公立高等学校现代大学制度的建立和完善来看,法律法规授权组织不是最佳的选择。我国的公立高等学校脱胎于行政机关的附属机构,作为培养后备干部的基地而一直以来具有强烈的政府干预色彩。但随着市场经济体制的不断深化,政府、社会、市场三种力量的不断分化,公立高等学校从原来强烈的政府干预下逐渐要成长为一种独立的社会团体,实现按照自身规律自主发展、自主成长。因此,如果一味强调公立高等学校所承担的行政职能,对于正在脱离和刚刚脱离政府干预的公立高等学校而言,无异于又使政府找到了一个干预公立高等学校的极好借口,使公立高等学校再次回到原来的发展模式之上。在这里,要澄清的是,我们不是不承认公立高等学校要受到政府的管理,而是强调我国公立高等学校的发展现在正处于"断乳期",其独立自主办学权的确立和独立的管理能力都正形成之中,并不像西方那样已经形成为一种比较稳定和健全的模式,所以应该采取少干预多扶持的政策,而不应该像西方那样强调政府的干涉。

在这种情况下,有学者提出,为了让高等教育的发展更能适应社会发展需求,更有活力,高等学校的法律地位应进一步朝"独立法人化"发展。

"独立法人",指作为法人的主体应该充分享有法人的内部管理权,即基于法人确定的名称、组织机构、场地和经费,法人对其内部的人、财、物、事等管理要素具有独立的决策权和支配权。"独立"一词在这里只是作为对法人独立行使其法人权利、独立承担其法律义务的再次强调,并无更多的意义。这一提法在众多学者们论及法人的独立地位之时多有出现。但此词的出现,也意味着在法人行使独立行使其法人权利和承担相应的法律义务之时,或多或少总有某些因素影响到其权利的行使或者义务的承担。

对于公立高等学校而言,定位为"独立法人"意味着公立高等学校在教师聘任过程中,能够独立自主地根据相关法律法规的要求决定其聘任教师的类型、数量、标准,约定教师聘任的相关待遇与条件,约定聘任期限与内容,与教师签订教师聘任合同,而不受到任何组织和个人的干涉。这对于因为特殊的地位和职能而使得公立高等学校在行使其法人权利与承担法律义务之时,总会遇到由于缺乏相关法律法规而导致的模糊问题得以从法理上顺利解决。因此,确认公立高等学校的"独立法人"地位对于公立高等学校按照其章程独立行使其法人权利、管理其内部事务、独立承担法律责任和义务具有重要的意义。

(一)我国公立高等学校的发展已出现法人化的基本特征

我国的公立高等学校是在原来的行政机关的附属地位被推向了独立自主、自主经营的法人地位,这是我国公立高等学校法律地位的明显转变。但是这种转变是符合公立高等学校发展趋势还是一种行政权力的推动呢,有必要再从社会发展的角度予以考察。

从我国来看,传统的计划经济体制下政府的作用渗透于社会生活的各个方面,各种社会组织都围绕政府权力开展活动。与此相应,划分社会组织的方法也比较简单,政府机关是指行使国家权力以公众利益和福祉为宗旨的单位组织,而企业单位是以营利为直接目的、以生产经营为主要活动方式的社会组织形式,基层自治组织是以自治管理为基础的社会单位。这样的划分简单明了,与当时相对单一的社会关系十分适应。进入20世纪80年代后,随着体制改革的不断深入,政府机关不再大包大揽,整个社会管理逐渐分化为政治、市场、社会三种领域,"政事不分"的局面被改观,事业单位的自主性、独立性日渐增强,法人的独立地位逐渐显现出来。对于高等学校,这种改观也是明显的。

首先,根据法人成立的条件规定,要成为法人必须有独立的财产或者经费。中共中央、国务院早在1980年1月24日就发出过《关于节约非生产性开支,反对浪费的通知》明确规定:"……从1980年起,国家对文教、卫生、科学、体育等事业单位和行政单位试行'预算包干'办法,节余留用,增收归己,以调动努力增收节支、提高资金使用效果的积极性。……一切有条件组织收入的事业单位,都要积极挖掘潜力,从扩大服务项目中,合理组织收入,以解决经费不足问题,促进事业单位的发展。应用科研单位和设计单位要积极创造条件,改为企业经营,不仅不用国家的钱,还要力争上缴利润。"这一规定显示,虽然事业单位(包括公立高等学校)的经费仍由政府划拨,但政府的拨款已经不是唯一来源,经费来源的多元化和自主支配使公立高等学校有了独立承担民事责任的基础。

其次,从《教育法》和《高等教育法》来看,法律已经赋予公立高等学校法人地位以及相应的办学自主权。1985年《中共中央关于教育体制改革的决定》(以下简称《决定》)明确提出:"当前高等教育体制改革的关键,就是改变政府对高等学校统得过多的管理体制,在国家统一的教育方针和计划的指导下,扩大高等学校的办学自主权,加强高等学校同生产、科研和社会其他各方面的联系,使高等学校具有主动适应经济和社会发展需要的积极性和能力。"同时还列举了扩大高等学校办学自主权的具体方面。1995年《教育法》第28条规定,学校及其他教育机构有以下九项权利:按照章程自主管理;组织实施教育教学活动;招收学生或者其他受教育者;对受教育者进行学籍管理,实施奖励或者处分;对教育者颁布相应的学业证书;聘任教师及其他职工,实施奖励与处分;管理、使用本单位的设施和经费;拒绝任何组织和个人对教育活动的非法干涉;法律法规规定的其他权利。其中按照章程自主管理、组织实施教育教学活动、聘任教师及其他职工,实施奖励与处分、管理使用本单位的设施和经费、拒绝任何组织和个人对教育活动的非法干涉等都是高校自主办学权的法律渊源。1998年《高等教育法》更是明确了高等学校的这些自主权利,如第三十条规定:"高等学校自批准设立之日起取得法人资格。高等学校的校长为高等学校的法定代表人。高等学校在民事活动中依法享有民事权力,承担民事责任。"第32至38条则分别规定高等学校可以依照法律及国家的有关规定,"自主调节系科招生比例","自主设置和调整学科、专业","自主制定教学计划、选编教材、组织实施教学活动","自主开展科学研究、技术开发和社会服务","自主开展与境外高等学校之间的科学技术文化交流与合作","自主确定教学、科学研究、行政职能部门等内部组织机构的设置和人员配备","对举办者提供的财产、国家财政性资助、受捐赠财产依法自主管理和使用"。

第三,从公立高等学校的功能看,教育事业越来越具有专业性的特点也要求政府赋予学校更多的办学自主权。学术自治、教授治校是近年来在高校办学自主权问题上呼声较高的声音,虽然本文并不涉及这一问题,但产生这一呼声的原因,却也是公立高等学校独立法人地位提升的动力。在这一争议中,学校独立法人地位的核心在于行政权力与学术权力如何平衡。从学术方面讲,大学"是学科而不是单位把学者们组织在一起"[①],这种特点是高等教育本质规律的体现,也使大学自诞生后的数百年中,还基本是独立活动的"象牙之塔",比社会其他组织保持着更强的独立性和游离性,洪堡在柏林大学所倡导的"科研型大学"即是这种对高等教育功能中学术研究功能的典型表现。在这一理念指导下,认为学校的主导权力应该属于学术权力的呼声成为主流。他们认为,学术权力是"一种自由而又最广泛的权力,它以对知识占有的优势为权力基础"[②],实质上是指学术自治的权力,其主体是高等教育领域的全体学者,因为他们比其他人更清楚知识的价值和内容,最有资格决定应该开设哪些课程、如何讲授、谁有资格成为教授、谁能获得学位、谁更擅长哪方面的研究并获得资助、谁做出的成果更有价值。学术权力运行要遵循知识的内在品性和规律,进行学术的同行评价和管理,它的价值取向是维护学术的自治和权威。

但随着社会发展进入"知识经济"时代,知识的生产、加工、利用、传播已逐渐成为一种社会化的活动,外部系统对大学的影响作用越来越明显。如,大学为获得政府给予的经费要受政府更多的干预;教学活动越来越受社会和学生需要的制约;科研活动更多地瞄准社会经济、国家政府的需要,研究

---

① 宣勇. 论大学学科组织[J]. 科学学与科学技术管理,2002(5):30-33.
② 董宏志. 扁平化管理理论对我国高校组织结构改革的启示与借鉴[J]. 中国电化教育,2012(11):130-134.

与开发逐步向产业延伸,与市场看齐。在这一背景下,现代的大学的有效运作越来越需要一个庞大的专业管理系统,行政权力因而得以强化。这是在大学向社会化发展中形成的,符合伯顿·克拉克"大学本质上是一个围绕学科和行政单位构建的矩阵式组织"的观点[1]。行政权力指称的是一种基于"科层化"而来的制度性权力,在高等教育领域往往表现为组织机构的决策、协调、执行以及分配等职权行为,它运行的目标和价值是效率。如果说学术权力符合知识系统的品性的话,行政权力则更贴近权力的运行逻辑。行政权力对学术权力的支配性影响是中外高校中共有的现象,"无论何时,只要政府承担高等教育的某些责任,某些公共机构必定会变成行政执行的所在地"[2]。从我国高等教育现行运行模式讲,由于在长期以强调政府行为为基础的制度环境中,任命制决定了教师的从属地位,集中管理和强制服从成为我国高等教育管理制度的主要特征,因此导致我国高等教育领域"行政泛化于大学组织",使得行政权力凌驾于学术权力之上,学术自由难于实现,从而失去了大学精神中最本质的东西。

可见,作为一种学术组织,高等学校对用人应该有着更多的自主权,这样才更加符合高校作为知识生产单位的基本特征。

(二)西方公立高等学校也呈现"独立法人化"的趋势

法系是西方法学中一个常见的概念,主要是按照法律的特点和历史传统对各国法律进行分类,一般认为凡是在内容上和形式上具有某些共同特征,形成一种传统或派系的各国法律,就属于同一个法系。由于对法系的划分上存在不同意见,当代世界主要法系也有着不同的划分,但对资本主义法影响最大的是大陆法系和英美法系。大陆法系,又称民法法系、罗马法系、法典法系、罗马-德意志法系,是以罗马法为基础而发展起来的法律的总称。它最先产生于欧洲大陆,以罗马法为历史渊源,以民法为典型,以法典化的成文法为主要形式,又包括法国法系和德国法系两个支系。其中,法国法系是以1804年《法国民法典》为蓝本建立起来的,它以强调个人权利为主

---

[1] 万云波.论大学管理的主要职能与基本原则[J].石油大学学报(社会科学版),2001,17(2):99-101.

[2] 刘琦晖,李霆.从高校与教师之间关系的法律性质看高校内部组织权力机制[J].科技管理研究,2006(6):122-123.

导思想,反映了自由资本主义时期社会经济的特点。德国法系是以1896年《德国民法典》为基础建立起来的,强调国家干预和社会利益,是垄断资本主义时期法的典型。英美法系,又称普通法法系、英国法系,是以英国自中世纪以来的法律,特别是它的普通法为基础而发展起来的法律的总称。它起源于11世纪诺曼人入侵英国后逐步形成的以判例形式出现的普通法,最大的特点就是以公序良俗和最广大的社会大众的公平认知作为判案的基础。

因此,分别考察大陆法系与英美法系中对公立高等学校的法律定位,对于我们理解公立高等学校在整个社会发展中的应有法律地位,也有重要意义。

1. 大陆法系国家公立高校的"独立法人化"趋势

大陆法系的主要代表德国、法国、日本、我国台湾地区等国家和地区。

(1)德国[①]。德国高等教育机构除了教会设置的以外,基本上是州立的,州立大学教师是州的公务员,且多数具有官吏的身份。根据高等教育大纲法,各州制定的本州大学法对大学教师的聘任条件和工作服务地位作出规定。德国的大学教授没有任期规定,经过一定的试用期,通常是作为终身官吏。聘任大学教授的必要条件,一是具有学术业绩或者艺术业绩;二是在从事职业至少5年中能使学术观点和方法得到应用与发展,并取得特殊业绩;三是从事的职业至少有3年是在校外进行。但晋升为教授以后,不再进行业绩审查,若要再晋升,原则上就要转职到其他大学。教授通常是从校外招聘的,原则上不把本校毕业生直接任用为教授,以有利于教师人才在大学之间的流动。一旦被任用为教授以后,其身份就是终身官吏,学术自由身份得到保障。另外还有附加条件或者有试用期的教授聘用。

对教授成为终身官吏的做法,德国国内反对意见强烈。其主要原因是这样再任的教授就会屈从于任命机构的意向,从而影响作为教授的独立性。德国《星期日世界报》就曾刊登的题为《将来会对大学生和教授提出什么要求》的文章指出,联邦和各州政府都希望加强大学的领导,给予大学享有更大的人事决定权;任命和选拔大学领导的权力将从政府部门下放到大学委员会;对于大学教授学术水平的考察不再按部就班,而是在聘任过程中明察详知。

---

① 陈永明. 德国大学教师聘任制的现状与特征[J]. 集美大学学报,2007.8(1):32-36.

(2)法国①。法国的公立高等学校属于公法人,与国家、地方自治团体的性质一样,都是行政主体,其活动受行政法的支配,法律争议由行政法院管辖。但由于高等学校具有不同于国家与地方政府的独特性,因此是公法人中的一类特别法人。高等学校在法国最初属于行政公务法人,其任用的工作人员属于公务员,公务用的财产属于公产,在组织和业务活动上受设立它的行政主体的监督程度较大。后来为了进一步符合高等学校的特点,给予高等学校更大的独立性,1968年和1984年法国相继通过《高等教育方向指导法》和《高等教育法》,创设了科学文化和职业公务法人,将包括大学、高级工科学校、高级师范学校及上述机构的附属机构在内的高等学校重新予以定位,赋予大学区教育行政机关和高等教育机关较大的自主权,并规定大学必须与地方的经济发展密切协作。1982年颁布《地方分权化基本法》,1983年公布新的权限分配法,逐步推进教育行政分权化,2004年政府又提出《大学自治法律草案》,旨在扩大大学校长对财务和人事的支配权限,允许大学与企业加强合作。2004年5月6日的大学校长会议更通过题为"法国公共研究机构的组织及其运营:现状与将来"的提案文书,要求大学人事管理更加富有灵活性,减轻大学年轻副教授的教学负担,能确保更多时间从事研究工作。从此,高等学校成为科学文化和职业公务法人。在此地位下,高等学校是独立的。它在履行法律赋予的使命的过程中,可以在国家规定的范围内、在遵守自由条约义务的前提下,确定自己的教学、科研及文献资料活动的各项政策,对教育、研究、管理、财政享有自主权。可见,法国通过不断地改革逐步淡化其集权的色彩,逐渐增大地方教育行政机关的权限。

在教师聘任方面,大学教师包括教授、副教授、助教,其身份是公务员,且属于终身性质,不能解聘,如有不称职者,惩罚措施是不予升职。大学教授作为国家公务员,是由校方先定候补者,再由国家进行任命,并决定其工资待遇。大学教授和副教授没有聘任制,但有政令规定,正式任命副教授之前,必须具有两年"试用副教授"的经验,试用期结束,经过审查,由国民教育部长做出选择性决定,有的被正式任命,有的需要再延长一年试用期,有的甚至会被解雇。

---

① 陈永明.法国大学教师聘任制的现状与特征[J].集美大学学报,2006.8(2):3-7.

(3)日本①。日本的大学产生之初,"大学=官厅"是当时帝国大学与国家之间关系的最直接表达,大学是政府的一部分,从属于国家。从19世纪90年代开始,日本国立大学的身份从官厅向营造物转变,"大学=营造物"成为战前日本国立大学法律地位的通说。二战后日本对高等教育系统进行了合并和重组,根据设置分为国家、地方公共团体、学校法人和放送大学四种类型。从法律上来看,日本国立大学是国家根据《国立学校设置法》设置的教育研究机关;公立大学是根据《地方自治法》作为"公共设施"由地方公共团体设置的,国立大学和公立大学都不具有法人资格。根据《国立学校设置法》第一条及《国家行政组织法》第八条第二款的规定,国立大学属于"文教研修设施",由文部省设置,属文部科学大臣管辖,法律地位属于营造物中的"非独立营造物"。

根据《国立学校设置法》的规定,文部科学省对国立大学的权力主要包括:设置及所属权、名称权、机构设置权、课程设置权、人事任命权、财产权。同时,国家在享有对国家大学的各种权利的同时,也相应地承担责任。

自2004年开始,日本开始推行国立大学法人化制度,将国立大学设置为独立行政法人。独立行政法人是日本20世纪60年代法学界提出的一个概念。最先提出独立行政法人概念的是东京大学法学院教授田中二郎博士,其目的是通过对组织的决策职能和执行职能的划分将执行部门与决策部门分离,对于那些不能民营化或委托给公共团体的事业,将这样的机构从国家行政机关中分离出去,削减国家职能机构,提高行政组织的效率。国立大学法人是根据《民法》第三十三条的"法人依据本法和其他法律设立"中的"其他法律",即由《国立大学法人法》赋予其法人资格的。

由此,国立大学的身份从非独立营造物向独立行政法人的转变,使国立大学获得了独立的主体资格,不再是国家行政机关的一部分。国立大学这种身份的变化,使国立大学与政府之间的关系从特别权力关系转化成一般权力关系。国立大学法人获得了一定的独立、自主的运营国立大学的权利。国家不再有向国立大学提供财政支持的义务,所涉及的诉讼行为,将全部由国立大学法人来承担其责任。从实施人事管理制度改革措施来看,日本国

---

① 施雨丹.日本国立大学法律地位之变更[J].比较教育研究,2006(8):30-34.

立大学法人化后,大学教职员不再按照公务员模式进行管理,而是通过诸如灵活使用校长掌控的每年新教员编制指标、注重提高各种经费的利用效率、降低平均人头费支出、加强教员队伍的考核和管理、建立高效的事务组织、推进兼职兼任人员管理等方法为大学自主人员聘任提供了更大的自由,也加快了大学人事制度改革的步伐。

日本国立大学独立行政法人化实质上是通过赋予大学在人事、经费、校内行政体制、教学科研等方面的管理经营自主权,使国立大学摆脱文部科学省附属机构的地位,得以根据自身发展需要和社会需求自主管理,并通过参与市场竞争增强大学的活力和效率。

(4)我国台湾地区①。我国台湾地区的公立高等学校也属没有独立人格的营造物,台湾行政法学称其为"营造物机关"。同样由于大学内部组织设立过于僵化、法令消极限制而不能充分发挥组织自主运作功能;校务会议为最高决策会议,形成校长有责无权,校务会议成员众多,议事效率不彰,学术专业责任难以建立;校长由校内教师遴选,结果形成派系对立,影响校园安定;大学内部运作体系失衡下,难以提升教学研究的质量,再加上"司法院"大法官对于大学法与大学法施行细则的相关规定并曾做成重要解释,例如"大学共同必修科目"(释字第三八〇号)、"私立学校学生退学之救济"(释字第三八二号)、"大学内部应否设置军训处"(释字第四五〇号),以及"大学教师升等办法"(释字第四六二号),大学的改革也已经成为教育改革的重要方面。

1994年台湾地区新《大学法》修订颁布,在第一条明确指出:"大学应受学术自由之保障,并在法律规定范围内,享有自治权",并且还对大学校长的产生、师生的法律地位等做了规定,但仍然没有明确规定公立大学是公法人。按照这种思想,中国台湾"国立"大学法人化后也将取得独立法人资格,"教育部"不能再以令、函等方式随便介入大学内部管理,而仅能依据法律及法律授权之命令对大学进行合法性监督。2002年大学法修正草案第五条规定,"国立"大学分为一般"国立"大学及行政法人"国立"大学,第十一条则规定教育部应鼓励一般"国立"大学改制为行政法人"国立"大学,并在征询

---

① 中国台湾地区"教育部".大学教育政策白皮书[M].台北:乙壬广告印刷有限公司,2001:7.

高等教育审议委员会与该"国立"大学之意见后,将适合的一般"国立"大学报请行政院核准改制为行政法人,取得法人资格。在这部法律中,它对行政法人的定义为:"指除国家、地方自治团体外,为履行国家特定公共任务,由政府依法律规定设立具公法性质之法人。它是政府改造的方式之一,是将部分国家任务移转由独立之组织体负责。它在法律上的意义,系指于国家及地方自治团体之外,另设具有独立法律人格之组织体负责,再由该法人替国家分担特定公共任务的履行,可使公共任务之执行更有效率。"可见,虽然台湾地区在公立高等学校的改革中采取了渐进方式,但其意图仍然是使之实现法人化,实现学校办学自主权。2001年,台湾地区政府设立了"政府改造委员会",集合各方学者专家,针对"弹性精简的政府组织""专业绩效的人事制度""分权合作的政府架构""顺应民意的国会改造"等议题进行讨论,认为"去中心化"与"去官僚化"已成为行政组织改造的重点发展方向。

2. 英美法系国家公立高校也有"独立法人化"趋势

从英美法系国家来看,由于这些国家在法律传统和具体制度上与法、德等大陆法系国家有诸多差异,没有严格的公私法划分,而且其行政法的核心是行政程序法而非行政组织法,因此它们没有一个像大陆法系国家那样完善的行政主体理论,也很难看到公法人、私法人的严格区分。

(1) 英国。[①] 传统上,英国大学是一种自治组织。1919 年,英国建立了大学拨款委员会(UGC),作为中介组织,它主要是负责向政府提出大学所需经费的建议,把政府划拨的经费切块分给大学。英国政府则通过这个组织向大学提供经费,但不具体介入大学事务。第二次世界大战后,英国高等教育有了新的发展,学生人数迅速增加,仅仅依靠大学已经不能满足社会对高等教育的需求,由此大学之外的技术学院发展很快。20 世纪 60 年代中期开始,英国政府积极推动多科技术学院的发展,推行高等教育双重制(Dual system),即把高等教育分为两类:大学和大学以外的高等教育机构。大学是自治的、获得特许的机构,称为独立自治部分。它们有学位授予权,经费由政府通过大学拨款委员会拨给。大学以外的高等教育机构,以多科技术学院为主,被称为公共部分。它们由地方教育当局负责管理和提供经费,不具

[①] 陈永明. 英国大学教师聘任制的现状与特征[J]. 集美大学学报,2006.7(4):14-19.

有学位授予权,而是由全国学位授予委员会授予学位。这样,高等教育分成"自治"的大学和"公立"的多科技术学院、教育学院等两大部分。两部分的差别主要是:在管理上,大学享有自主权,而公立高等学校则受到多方控制;在学术上,大学有学位授予权,而公立高等学校则没有;在经费上,大学的经费由政府支付,而公立高校的经费则由地方当局支付;在学制上,大学以全日制为主,公立高校则以部分时间制为主;大学几乎都是综合性的,系科齐全,以学术性教育为主,而公立高校则以技术和师资培训为主,重点在职业培训;大学面向全国,是科研和教学中心,而公立高校则面向本地区,主要是教学单位。

独立自治部分的大学属于独立的法人机构,自主管理,大学采取公开招聘的方式自主聘用员工。大学教师不是公务员,由各大学的理事会负责聘任。大学聘任教师采取公开招聘的方式,要求申请者具有优秀业绩、取得专业学位及其教育研究经验。教授、准教授和高级讲师没有规定任期。由于英国大学历来倡导学术自由、专业自主、教授治校的学术氛围,大学教师一般享有"终身在职权",虽说有些教师要与校方签订定期雇用或雇用试用期的合同,而多数教师只要没有违法行为和不良事端,通常能在大学工作到退休,其身份得到保障。

但随着20世纪80年代以来政府的经济改革力度增大,针对那些由地方政府维持的具有一定规模的高等教育机构即其双重制中的"公共"部分,英国1988年教育改革法确立了这些机构的法人地位,使它们能够根据自身需要,在法定范围内自主提供教育和进行研究,并获得了财政(包括贷款和抵押)、人事等方面相当大的自主权。改革标志着英国高教双重制走向终结。高等学校法人化改革的目的是试图通过体制改革,使公立(国立)大学真正获得法人地位,获得财政、人事、组织设置等方面的自主权,以提高学校办学效率,更好地应对迅速变化的国内外需求,包括通过诸多措施迫使高等真正面向市场办学,如大学拨款委员会大幅削减大学经常性经费,而这些经费以往多被大学用来支付教师工资,迫使大学"解聘多余人员";政府出台的《多余人员补偿方案》,由中央政府向大学拨款委员会追加拨款用于对提早退休或自动解职的教师的资助;规定"高等教育法人团体有权签订合同,尤其包括签订聘任教职人员的合同,以进行教学、研究、发表等活动","由高等教育法人团体管理的任何机构须遵循该法人制定并经国务大臣批准的管理章程进行管理","管理章程可以规定有关教职人员的聘任、晋升、停职和解聘的程序";对原有的大学教师"终身在职权"作出规定。虽然在短时间很难变革大学教师人事的传统根基,但英国已经在法律上告别了传统意义上的大学教师的"终身在职权",现今大学可以"正当理由"甚至"人员多余"为原则解聘贯彻实施《1988年教育改革法》以后聘任的大学教师。

(2)美国。美国的公立高等学校主要分为三种类型:第一种,属于政府机构,依州法律设立,在法律上是政府的一部分,是州政府的延伸机构。这类高等学校需受联邦宪法、州宪法和行政法的拘束,有的有法人地位,有的没有法人地位。在招生和雇用职员时必须遵守州宪法关于平等对待所有公民的条款,对教师、学生做出不利处分时必须遵循正当程序原则,必须保护教师或学生依宪法或行政法享有的权利,以及符合其他法律对它的特别要求。同时,作为州的机构,高等学校还享有一些特权,如土地及财产的征用权,主张州的"主权豁免"作为诉讼上的抗辩,以对抗针对其提起的诉讼。第二种属于公共的信托,又称公益信托,是政府或其他公共基金作为委托人,将财产权转移给受托人——高等学校,受托人依信托文件所定,为受益人或特定目的而管理或处分信托财产的法律关系。以公共信托存在的高等学校,不属于政府机构,不必全面受州行政法的约束,但也不能主张州的"主权豁免"。它作为公共信托中的受托人,具有独立人格,因而具有一定的独立性,但这并不意味着它事实上能够脱离政府的目标控制。高等学校必须依州法和信托文件完成受信托的特别义务或责任,为公众高等教育上的利益妥善管理和经营信托财产。第三种是宪法上自治的大学。美国有些州的宪法对于州立大学的地位和权限做出了明文规定和保障,限制州政府和议会对州立大学事务的干涉,这类大学属于宪法上自治的大学。这类大学的管理机关相对独立于州的机构。其中有的州仅独立于州政府,但受州立法机关控制,而有的州则独立于两者。[①]

总的来说,美国的公立高等学校一般被作为公共机构对待,目前各州宪法或法律原则上皆认为公立大学为法人,仅有少数法院判决认为公立大学

[①] 尧怀荣,方熹.美国高校教师聘任制初探及其启示[J].咸宁学院学报,2006,26(2):113-115;陈永明.美国大学教师聘任制的现状与特征[J].集美大学学报,2006(3):13-17.

是准法人,还有一些大学以外的高等学校没有法人资格。高校教师一般被视为具备一定资格的自由职业者,把教师的任用列入民事法律关系的调节之中,高校教师聘任及解聘程序等都通过立法形式加以明确规定。①

除以上国家和地区外,泰国在1998年通过的新教育法中也曾明确提出"2002年使所有公立大学成为自治法人"的改革目标,马来西亚在1996年也已修订大学章程,重新界定大学的法人地位,韩国也允许大学基于合同雇佣教师②。

从上述国家和地区高等教育法人化的改革情况来看,法人化改革针对的都是那些还不具备法人资格的公立高等教育机构,改革的直接目的是赋予这些机构以独立法人地位,使他们摆脱附属于政府部门的地位,得以"依照法律自主处理办学事务"。改革后,成为独立法人的公立高校将真正获得人事、财政、内部管理等方面的自主权,因而也获得了积极应对市场的动力和权利,有利于高校提高办学效率和办学质量。

(三)西方国家高等学校的法人化改革对我国的启示

高等教育法人化改革的核心是借重市场力量解决各国高教面临的财政和效率问题,改革最终是要实现通过市场来配置高等教育资源,使高校独立面向市场办学,这是世界高等教育改革的共同趋势。我国公立高校虽然名义上是独立法人,但各项法人权利却远没有得到落实,庞大的公立高等教育系统一直没有重视通过市场来配置资源,其内部资源浪费现象与资源不足问题长期并存,办学效率低下已经严重影响到了高等教育的质量和竞争力,因而要真正提高高校办学质量和效率,其关键还在于要真正落实高校办学自主权,即逐步实现公立高等的"法人化",将发展的选择交给高校。

第二节 我国法律关于公立高等学校教师聘任制的规定

人是发展的关键因素,聘任制作为我国公立高等学校人事制度改革的重要内容,解决的是教师的来源问题。但这一问题在实践上却迟迟不能真

---

① UNO consolidation could cut classes[J]. New Orleans City Business, 2006, 26(39):11.
② Dispatch Case[Z]. Chronicle of Higher Education, 1998, 45(13):45.

正解决。长期以来,人作为一种管理要素也遵循着计划经济的模式,由国家来配置。因此在聘任制的实施中,除了前面所说的公立高等学校法律地位不清楚的原因之外,另一个原因在于公立高等学校的"聘任"是到底由谁在"聘任"？围绕这一问题,在目前的教师聘任实践中,我国公立高等学校教师聘任制度也存在着许多亟待解决的问题。

一、我国现行法律法规关于教师聘任制度的规定

我国《教育法》第29条规定,学校及其他教育机构享有"聘任教师及其他职工,实施奖励或者处分"权利；第35条规定"国家实行教师资格、职务、聘任制度,通过考核、奖励、培养和培训,提高教师素质,加强教师队伍建设"。《教师法》第17条也明确规定"学校和其他教育机构应当逐步实行教师聘任制","教师聘任制应当遵循双方地位平等的原则,由学校和教师签订聘任合同,明确规定双方的权力、义务和责任"。《高等教育法》第48条也规定"高等学校实行教师聘任制。教师以评定具备任职条件的,由高等学校按照教师职务的职责、条件和任期聘任。高等学校的教师的聘任,应当遵循双方平等自愿的原则,由高等学校校长与受聘教师签订聘任合同"。第51条规定"高等学校应当为教师参加培训、开展科学研究和进行学术交流提供便利条件。高等学校应当对教师、管理人员和教学辅助人员及其他专业技术人员的思想政治表现、职业道德、业务水平和工作实绩进行考核,考核结果作为聘任或者解聘、晋升、奖励或者处分的依据"。

从这些规定中,我们可以得出以下几个结论：第一,教师聘任制度是一项国家规定的制度,所有学校都应通过教师聘任进行教师队伍建设；第二,学校是拥有教师聘任权的主体,具有教师资格的公民是具有完全选择权的从事教师劳动的主体,两者在权利、义务上是对等的；第三,聘任合同的签订应当遵循公正、公平的民法原则,以共同意愿为前提,在平等互利、共同协商下进行[①]；第四,聘任合同能否延续,取决于学校对教师的思想政治表现、职业道德、业务水平和工作实绩等方面的考核结果,同时学校应为教师提供相应教育教学、科研、进修、交流等条件和机会。可见,教师聘任制度已经成为

---

① 吴开华,覃伟桥.论教师聘任制的法律性质[J].教育评论,2002(5):45-47.

我国教育领域的一项基本制度,公立高等学校与教师在公平协商、平等互利的自愿意思表达基础上,建立聘任法律关系。这种法律关系,依其特点来看,应该属于民事法律关系性质。

二、实施教师聘任制的动因是建立灵活的、充满活力的教师队伍

高等学校作为事业单位的一种,其人事制度改革与事业单位人事制度改革基本存在着相同的理由。

中华人民共和国成立以后一直把高等教育作为培养社会主义事业接班人的重要途径,高等学校的教育活动作为一项国家事业来举办,高等学校从业人员的职业性质就一直带有特定的意识形态色彩,高等学校事实上成为国家教育行政部门进行教育行政管理的延伸机构。在人事管理层面上,将高校教师作为国家工作人员看待,导致高校教师的职业属性和法律地位都比较模糊。虽然《教师法》规定教师是"履行教育教学职责的专业人员",其法律地位仍然由于教师与高校的法律关系、教师与政府的法律关系缺少明确的法律定位而不甚明了。

同时,计划经济管理体制下,高校办学的自主权非常小,高校内部事务基本全由政府规定,高校之间缺乏真正有效率的竞争,缺乏创造知识、追求卓越的竞争,使教师队伍建设的理念相对滞后,对市场经济条件下的新情况、新问题缺乏认真的研究和正确的认识,导致了人事管理在内容、激励手段、管理方式和管理目标方面存在着种种弊端。而在高校与教师的关系方面,学校与教师之间形成典型的身份管理关系,表现为被管理者对管理者的人身依附和不平等,并因此逐渐失去政治上乃至人格上的主体独立性,不能作为一个自由意志的主体存在。教师因为对于高校的这种人身依附决定了教师的教育教学活动附属于高校行政管理者的意志而失去了作为知识创造者和传授者应有的主体独立性和自在性,成为知识的机械灌输者和政治集团的传声筒。同时,作为管理体制中的对象,其与行政管理者处于一种不平等的地位。

从实际效果看,行政化的身份管理虽然在一定程度上强化了管理效能,但同时也消弭了教师在教育教学活动中主动性、创造性的发挥空间;强化了管理者的官本位意识,使高校教师和高校都远离了正当的竞争机制和发展机制。管理双方被强制固定在一个管理关系当中,双方都被一个权利义务僵化的"隐性合同"所约束,教师不能按照自己特点充分发展,高校人事管理由政府统一确定人员编制,缺少起码的用人自主权、经营自主权,无法应对市场竞争和优胜劣汰。所以这种身份管理对双方都是一个枷锁。从发展趋势上看,教师任用和管理进行体制性变革成为必然。[①]

这些问题在一定程度上已经制约了高等教育的发展,越来越不能适应我国改革开放的要求,更与现今世界教育发展的趋势相距甚远。为改变教师队伍的不良状况,结合事业单位人事制度改革,高校的人事制度改革已是不得不为。

实际上,我国高校教师和行政人员的聘任工作很早就开始了。从国家有关文件来看,1993年《中国教育改革和发展纲要》中就提出"高等学校实行聘任制",教育部1999年发布《关于当前深化高等学校人事和分配制度改革的若干意见》规定,"推行高等学校教师聘任制和全员聘用合同制。积极引入竞争机制,破除专业技术职务和干部职务终身制。教授、副教授及其他专业技术人员实行专业技术职务聘任制,党政管理人员实行教育职员聘任制和行政管理职务聘任制,后勤服务人员实行劳动合同制"。2000年中组部、人事部、教育部印发的《关于深化高等学校人事制度改革的实施意见》强调"全面推行聘任制,建立符合高等学校办学规律、充满生机与活力的用人制度",国务院办公厅2002年下发《关于在事业单位试行人员聘用制度的意见》指出,要"通过实行人员聘用制度,转换事业单位用人机制,实现事业单位人事管理由身份管理向岗位管理转变,由行政任用关系向平等协商的聘用关系转变,建立一套符合社会主义市场经济体制要求的事业单位人事管理制度"。中共中央、国务院2004年《关于进一步加强人才工作的决定》又指出,"以推行聘用制和岗位管理制度为重点,深化事业单位人事制度改革……由固定用人向合同用人、由身份管理向岗位管理的转变……做到人员能进能出,职务能上能下,待遇能高能低"。由此可见,无论是教师聘任还是职员聘任,在社会主义市场经济体制条件

---

① 沈晓燕.从身份到契约:高校教师主体地位的错位和复归[J].法学论坛,2006(3):118-120.

下,作为改革的一项措施,其推行都将是大势所趋。①

三、我国公立高等学校教师聘任制实施中的问题与原因分析

(一)我国公立高等学校教师聘任制实施中出现的问题

我国的教师职务聘任制,经过 30 多年的摸索与实践,取得了一定的成绩。但是现行的教师聘任制度并不是真正意义上的教师聘任制,甚至还存在一些突出的问题。

1. 聘任制流于形式

真正意义上的聘任制,必须有明确的岗位设置、岗位职责和聘任期限,确立平等的聘任关系,通过一定的程序实现聘任关系契约化;在聘任过程中,岗位设置与聘任条件等都要向社会化公开,以利于形成竞争和择优。如 2002 年国家人事部在《关于在事业单位试行人员聘用制度的意见》中指出"事业单位除按照国家公务员制度进行人事管理的以及转制为企业的以外,都要逐步试行人员聘用制度。对事业单位领导人员的任用,根据干部人事管理权限和规定的程序,可以采用招聘或者任命等形式。使用事业单位编制的社会团体录用专职工作人员,除按照国家公务员制度进行人事管理的以外,也要参照本意见逐步试行人员聘用制度。……为了规范用人行为,防止用人上的随意性和不正之风,事业单位凡出现空缺岗位,除涉密岗位确需使用其他方法选拔人员的以外,都要试行公开招聘"。并且规定人员聘用的基本程序是:(1)公布空缺岗位及其职责、聘用条件、工资待遇等事项;(2)应聘人员申请应聘;(3)聘用工作组织对应聘人员的资格、条件进行初审;(4)聘用工作组织对通过初审的应聘人员进行考试或者考核,根据结果择优提出拟聘人员名单;(5)聘用单位负责人员集体讨论决定受聘人员;(6)聘用单位法定代表人或者其委托的人与受聘人员签订聘用合同。②

但由于公立高等学校人事制度改革的滞后性以及与高校用人制度相应的配套措施尚不健全,人才流动渠道还不畅通,定岗定编一直难以有效确

---

① 郑玉刚,蔡根女.略论高校聘任制改革:政策、前景及其逻辑思考[J].长春师范学院学报,2005,24(5):135-139.

② 国务院办公厅转发人事部关于在事业单位试行人员聘用制度意见的通知(国办发〔2002〕35 号)[EB/OL].http://www.gov.cn/gongbao/content/2002/content_61651.htm.

定,加之执行过程中的种种偏差,造成聘任制难以落到实处,聘任制的实质无法得以体现。直到2005年人事部下发了《事业单位公开招聘人员暂行规定》和2006年底国家人事部《事业单位岗位设置试行条例》的发布以及《劳动合同法》、人事争议仲裁、各项社会保险制度等相关联制度的建立与完善,才使为高校教师聘任制度的深化创造了更好的政策空间和宽松的舆论氛围。

2. 学校行政权力集中,高校行政化现象严重

目前我国的高校还没有建立起严格有些的权力制衡机制,在我国教育改革"权力下放"过程中,很大程度上权力被简单地从教育行政部门转移到学校行政部门手中,造成了学校行政权力集中现象,必然造成权力的失控,从而使其具有的公共性质遭到扭曲。随着学校行政权力膨胀,又缺乏相应制度约束、法律规范,整个社会的道德失范也使得道德制约力量软弱,因而出现了学校行政部门滥用权力、以权谋私的现象,高校成为腐败的一个重灾区。[①] 同时,由于历史的、社会的、人的甚至"官本位"诸方面因素影响,常常出现编制因人而定、岗位因人而设等现象。这种不科学的设岗不但违背了改革的基本目的,也强化了身份等级意识。[②] 另外,在我国目前的大环境下,大学领导由上级任命,而聘一个人的标准也只能由行政来认定,教师对他们的权力毫无制约权。当实行聘任制后,校方掌握着聘与不聘的全权,但能否谨慎、公正用权,却缺乏必要的制度设计。教师作为被动受聘者对校方的聘用权既没法监督更没法干预,在聘任中能否公正,只取决于掌握大权者的个人因素,即使校方谨慎而公正,也丝毫改变不了教师在实行聘任制的过程中沦为"打工仔"的事实。[③]

3. 教师聘任制存在封闭性

很多学校大刀阔斧实行教师聘任制,但大多是校内"封闭式"聘任。许多学校原有教师结构就不合理,如条件较差的学校,无论是否胜任,全部聘

[①] 马国川. 高校聘任制:不能赶走方鸿渐,留下韩学愈[EB/OL]. http://edu.people.com.cn/GB/8216/37769/37812/4390243.html.

[②] 孟宪乐. 基于法律视点的高校教师聘任制之理性思考[J]. 黑龙江高教研究,2004(11):57-59.

[③] 王阳. 警惕"聘任制"的劣变[N]. 中国青年报,2003-10-17.

任还不够,自然不存在落聘之忧。而那些"超编"学校,由于上级有"以内部消化为主"的规定,再加上社会上尚未形成与之相配套的社会保障制度,因此即便落聘,落聘者也会被学校"分流""转聘",结果仍是自行消化、以内部提升为主。这种"封闭式"的聘任制,不能从根本上调动教师的积极性,也违背了实行教师聘任制的初衷。

4. 教师聘任制的低诉性

2002年大事部颁发的《关于在事业单位试行人员聘用制度的意见》中规定"当受聘人员与聘用单位在公开招聘、聘用程序、聘用合同期限、定期或者聘期考核、解聘辞聘、未聘安置等问题上发生争议的,当事人可以申请当地人事争议仲裁委员会仲裁。仲裁结果对争议双方具有约束力"。《教师法》第39条也规定"教师对学校或者其他教育机构侵犯其合法权益的,或者对学校或者其他教育机构做出的处理不服的,可以向教育行政部门提起申诉,教育行政部门应当在接到申诉的三十日内,做出处理"。但是,由于《教师法》没有对申诉的受理机关做出明确规定,人事部也没有对申诉的受理机关——当地人事争议仲裁委员会做出明确规定,因而这项制度实际上并没有真正在现实生活中发挥作用。即使发生纠纷、提起诉讼,教师也是"弱势群体",故而教师聘任制的可诉性并不高。

5. 教师聘任制激励机制乏力

有关激励理论研究认为,激励是以人为中心的管理思想在具体管理活动中的体现。从心理学意义上看,激励是持续激发行为动机的心理过程。而从管理学意义上说,激励是能够引起管理对象的满意感,能够提高他们的工作效率和积极性的管理措施的职能。美国北卡罗来纳大学行为学教授塔西·亚当斯在研究调查的基础上发现,人们之间常常有意识或潜意识下把自己在工作中所付出的代价与自己所获得报酬与相类似的他人进行比较,当他们发现自己所得报酬与别人相比太低,就会产生不公平、不合理的心理。比如在实行教师聘任制的过程中,没有教授职称的人是不可能被聘到关键岗位的,一个几年都没有科研成果记录的教授领取的岗位津贴比成果颇丰、课时量又多的讲师的津贴要高得多,而对此唯一的解释是该教师是讲师而不是教授。这种制度既增强了高职称教师的惰性,又挫伤了占主体地位的中、低职称教师的积极性,从一定程度上破坏了"效率优先、兼顾公平"

的原则,导致激励机制乏力。①

(二)造成公立高等学校教师聘任制实施中问题的原因分析

从理论上讲,聘任制下的教师与高校的法律关系由过去事实上已形成的一种特别权力关系转变为受法律保护的合同人事关系,双方的这种关系建立在平等自愿的基础上,教师的合法权益应该能得以更好地保障。但为什么在实践中情况却出现以上问题呢?笔者认为在于以下几个方面。

1. 对教师法律地位规定不明

根据教师聘任制的特点,教师聘任应当本着平等互利、共同协商的原则进行。但是直到目前,虽然《教师法》第一章第三条规定"教师是履行教育教学职责的专业人员",但并未对教师的身份做出明确的规定。于是在实际聘任中就产生了这样一个矛盾:按我国现有人事制度将企事业单位职工划分为干部和工人的情况下,在计划体制中一直作为干部身份的教师,其聘任如果从身份上讲,应该由行政人事部门聘任和调配,或者由行政人事部门委托教育行政部门或学校进行聘任。但这样教师聘任从逻辑上就成为行政机关内部的人事工作,教师与公立高等学校之间就成为行政相对关系,而行政相对关系其典型特点就是行政相对关系主体地位的不平等性。地位不平等而要在平等条件下签订聘任合同,这几乎是不可能的。

而要实现平等聘任,教师就不能按干部对待。但如果不将教师定位为国家干部,按我们国家现有的法律规定,那就只能定位于另一编制——工人,即普通劳动者。这样公立学校作为用人单位与教师签订的聘任合同自然就成为劳动合同,可以适用《劳动法》中关于劳动合同的规定,教师的合法权益就应当得到《劳动法》的保护,如出现纠纷也应该按劳动纠纷来处理。《教师法》的规定也体现了这一观点。《教师法》第一章第三条规定:"教师是从事教育教学工作的专业技术人员。"在这里,专业技术人员是不是干部并没有做出解释,但至少回避了"干部"这一名词,显然有其将之区别开的用意。

---

① 孟宪乐.基于法律视点的高校教师聘任制之理性思考[J].黑龙江高教研究,2004(11):57-59.

2. 教师聘任合同性质不明

教师聘任制希图在公立高等学校与教师之间建立一种平等的合同关系,这种关系从教师是劳动者(专业技术人员)这一角度来看,应属于一种劳动合同,是劳动合同就应该适用《劳动法》,最高人民法院审判委员会也在2003年6月17日由第1278次会议通过《最高人民法院关于人民法院审理事业单位人事争议案件若干问题的规定》第一条中指出:"事业单位与其工作人员之间因辞职、辞退及履行聘用合同所发生的争议,适用《中华人民共和国劳动法》的规定处理。"但是对于实行教师聘任制后,教师与公立高等学校之间的法律关系是否可以认定为劳动(雇佣)关系,是否适用《劳动法》调整,理论界和司法实践中却存在着较大的争议。[①]

有学者认为学校与教师之间一种完全的雇佣关系,应该属《劳动法》调整。其理由是:(1)雇佣关系在人身上,有支配与服从关系,雇主按约定为受雇人提供合理的劳动条件和安全保障,同时对受雇人的工作进行管理和监督,受雇人按雇主的意志提供劳务,其工作方式、时间、进程完全由雇主决定;(2)雇佣关系在报酬上,雇主按约定以完全工作的时间或成果支付劳务报酬,报酬一般是固定的,受雇人不问劳务是否产生效益,即受雇人的报酬与雇主是否收益无关;(3)雇佣关系在风险承担上,雇主是受雇人劳动成果的受益者,对在提供劳务过程中受雇人自我损害(工伤事故)或致人损害承担责任。[②] 学校自然包括公立高等学校,那么公立高等学校与教师之间也应该是雇佣关系,自然也应该属《劳动法》调整。

也有学者认为,教师与公立学校的聘任合同无论是就其法律形式还是合同内容及其产生的权利、义务都应属于劳动合同范围。因为只要主体之间存在着劳动关系,就应纳入《劳动法》调整。公立学校教师聘任制是希望在其内部形成一种竞争机制,在用人制度上与劳动力(教师)市场相衔接,同

---

① 查名祥.教师聘任制的法律问题[J].安庆师范学院学报(社会科学版),2002,21(3):92-95.
② 孔祥健,学校对代课教师侵权的转承责任分析[J].教学与管理,2003(3);劳凯声,郑新蓉.规矩方圆:教育管理与法律[M].北京:中国铁道出版社,1997.

时从劳动制度改革的趋势①、教师聘任制的原则等方面来看,公立高等学校教师与学校之间的法律关系都应当纳入《劳动法》这一劳动领域基本法的调整范围。②

还有学者认为,事业单位的性质不同于企业,其工作人员具有专业特点,并提出全国人大法律委员会在《关于〈中华人民共和国劳动法〉(草案)审议结果的报告》(1994年6月23日)中指出:"事业单位(学校、医院、科研机构等)和社会团体的劳动人事制度比较复杂,有些可以实行企业化管理,有些则要依照国家机关的人事制度进行管理,或两者兼而有之,需要进一步研究。教师、医生、科研人员又各有专业特点,许多问题可由专门的法律加以规范和保障其权利。""本法具体规定的内容主要是企业和职工之间的劳动关系,有些虽然适用于事业组织、社会团体,但是在劳动合同、工时和工资、社会保险以及劳动争议处理等基本制度规定上,对事业组织、社会团体难以适用。"即专业技术人员并不一定是工人,并且认为:第一,高等公立学校作为事业单位有一定的公益性,为保证社会公益目的的实现,不能采用企业化管理的具体做法;第二,教师作为承担国家教育教学职责的专业人员,其与国家利益关系密切,也不适合用《劳动法》来调整其与学校之间的关系;第三,从国外经验和实际做法来看,公立学校与教师之间的关系也没有用《劳动法》来调整的先例。可见聘任合同关系是不适用《劳动法》的。③

有的学者认为,根据《中华人民共和国民事诉讼法》和《教师法》规定,教师与学校发生的包括教师聘任在内的法律争议目前不能通过诉讼方式来解决。《教师法》第三十九条规定:"教师对学校或者其他教育机构侵犯其合

---

① 最高人民法院劳动法培训班编写的《劳动法基本理论与实务讲座》中"事业单位与社会团体用人与企业单位相同,但在我国现阶段还有些特殊,即在事业单位和社会团体中仍实行人事制度和劳动制度并存的用人体制。人事制度适用于干部的任用和管理,劳动制度适用于工人的招用和管理。根据《劳动法》规定,事业单位、社会团体以劳动合同与劳动者签订劳动合同确立劳动关系的,适用《劳动法》。随着我国劳动制度改革的逐步深入,事业单位和社会团体以劳动合同与劳动者确立劳动关系的范围将逐渐扩大,适用《劳动法》的范围也越来越宽……"。参见吴开华,覃伟桥:《论教师聘任制的法律性质》,载《教育评论》2002年第5期,第45-47页。

② 李科峰,金洋.浅谈教师聘任的法律保护[J].高等函授学报(哲学社会科学版),2001,14(6):43-47.

③ 转引自吴开华,覃伟桥.论教师聘任制的法律性质[J].教育评论,2002(5):45-47.

法权益的,或者对学校或者其他教育机构做出的处理不服的,可以向教育行政部门申诉。"这一规定采用"申诉"而未规定诉讼形式,就是因为教师与公立学校之间虽然签订了聘任合同,但是公立学校与教师之间的关系是一种内部管理关系,不是一般平等的法人之间、公民之间或者公民与法人之间的民事关系,不能适用《民事诉讼法》和《劳动法》的规定,而只能采用"申诉"方式来解决。在此基础上,有学者提出,教师与公立学校之间的聘任合同实际上是一种行政合同。认为公立高等学校与教师之间聘任合同更多地具有行政合同的特征,教师聘任关系是一种特殊的行政关系,这种关系不是教师与政府之间的普通的行政关系,而是教师与高等学校之间所构成的一种特殊的行政关系,这不仅符合教师聘任合同的特点,而且也与教师申诉及人事仲裁这些特殊的教师权利救济制度相符合。[①] 同时赋予公立高等学校公法人中之特别法人的地位,是包括大陆法系国家与英美法系国家在内的共同特点和趋势。鉴于此有学者提出对公立高等学校的管理应该采用有限司法介入,即在涉入教师基本人权的问题上司法审查应该予以介入,以保证教师的合法权益,而在工作关系上不应该介入,以保证公立高等学校的办学自主权[②]。

3. 教师在聘任过程中必然的弱势地位

我国教师聘任制实行前提是平等互利、共同协商,并对双方地位平等做出了原则性的规定。《中华人民共和国教育法》第二十八条第六款规定学校行使"聘任教师及其他职工,实施奖励或者处分"的权利。这一规定明确了公立高等学校对教师的聘任具有决定权。但现行法律中却对教师能否拒聘并未做出任何说明。这样,我们可以有两种假设,一种假设为对教师不必要设定拒聘权,即凡是获得教师资格参加聘任的教师就一定能够被聘为自己愿意从事的岗位或者只要学校愿意聘任,教师绝对无怨无悔,不会存在拒聘现象。这种假设明显忽视了教师群体需要的差异性,把教师视为与学校相比弱势的地位,不符合人们需求心理,也不符合社会生活实际,更不符合聘

---

① 申素平.论我国公立高等学校与教师的法律关系[J].高等教育研究,2003,24(1):67-71.

② 陈鹏.论高校自主权的司法审查[J].陕西师范大学学报(哲学社会科学版),2004,33(1):106-110.

任制的基本原则——竞争,因而可以排除。那么另一种假设是不允许教师拒聘,这种假设听起来不合理,但有其存在的一定原因,即在我国经济发展不平衡,地区之间差异较大、教师数量从总量上还比较缺乏,教师素质差距较大的情况下,为了保证教师队伍的稳定性,留住优秀教师,保证教育教学质量,以内部规定的方式不允许教师流动,取消教师拒聘的权利。虽然是从实际出发不得已而采取的措施,但从法律角度看,却限制了平等法律主体之一应有的权利,事实上构成了学校与教师在聘任合同签订时地位上的不平等。①

同时,作为法律、法规的授权主体,高等学校拥有法律、法规赋予的管理教师的权限,有国家权力的支持;合同中的教师作为教育劳动的提供者,以个体的身份出现,又是学校法人使用和管理的对象,双方的权力不对等是可想而知的。作为强势一方的高等学校,掌管着"聘谁与不聘谁"的主动权,在我国目前学校内部管理体制不完善、缺乏有效监督与制约机制的情况下,这种权力是绝对的、无条件的。学校不可能把自己摆在与教师平等的地位,与教师进行平等的协商对话。作为弱势一方的教师,在聘任制中处于被动地位,再加上当前"下岗"压力的逼迫,即使有时候权益受到侵害也"不敢主张"。② 在这种条件下,教师聘任在形式上虽然是平等协商的聘任,实质上却变成学校对教师的工作任命。这种事实是和聘任制的法律精神不相一致的。③

另外,我国现有的教育法规对高等学校与教师的权利与义务的规定也不对等。《教师法》赋予高等学校管理教师的权利,而教师要"贯彻国家的教育方针,遵守规章制度,执行学校的教学计划,履行教师聘约,完成教育教学工作任务"。我国《教育法》《教师法》的许多条款更多强调了教师对学校、对社会的义务,权利的赋予是为了教师更好地履行义务。④ 这种不对等的规定,客观上强化了在聘任过程中教师的被动局面。⑤

---

① 吴回生. 理论视域与实践视域中教师聘任制的法律问题[J]. 广东教育学院学报,2001,21(4):70-72,76.
② 刘琳. 论高校聘任教师的权益保护[J]. 时代法学,2006,4(4):77-81.
③ 吴回生. 理论视域与实践视域中教师聘任制的法律问题[J]. 广东教育学院学报,2001,21(4):70-72,76.
④ 柳国辉. 论学校与教师的法律关系[J]. 宁波广播电视大学学报,2004,2(1):47-50.
⑤ 刘琳. 论高校聘任教师的权益保护[J]. 时代法学,2006,4(4):77-81.

还有,教师聘任制的社会保障机制还不完善。实施教师聘任制的目的是要解决教师"能进能出"的问题,但"能进能出"必须以完善的社会保障体制作为后盾,建立健全以失业、养老和医疗保险制度为主要内容的社会保障机制。而目前教师聘任制是在其还没有医疗保障制度、社会养老保险、失业保险制度以及住房制度和户籍制度等在内的社会保障制度尚未全面实施的情况下进行的。这就决定了目前的聘任制还是基于校内的聘任和改革,完全意义上的聘任制有待社会保障制度全面出台实施。①

4. 缺乏教师权利救济的法律保障

根据宪政理论和现代法制观念,为了确保国家权利的正确行使,也为了保障公民的合法权益,在行政机关与公民之间建立起一个有效的调整机制,应该设立司法审查,通过法院的审判活动对公民在国家行政机关的非法侵犯时予以救济。而我国目前对教师与公立高等学校发生权益纠纷时的处理方式仅见《教师法》第三十九条规定的"教师对学校或者其他教育机构侵犯其合法权益的,或者对学校或者其他教育机构做出的处理不服的,可以向教育行政部门提出申诉;教师认为当地人民政府有关行政部门侵犯其根据本法规定享有的权利的,可以向同级人民政府或者上一级人民政府有关部门提出申诉"。关于这一问题可以从以下几个问题来分析。

第一,我国教师申诉制度规定缺乏操作性,虽然《国家教委关于〈中华人民共和国教师法〉中若干问题的意见》就教师申诉制度有一些补充说明,但仍显不足。申诉程序的缺少使得行政机关在处理教师申诉案件时有较大的随意性,申诉案件久拖不决或不能公正解决的现象时有出现。而且《教师法》仅仅规定了申诉的救济途径,而没有规定提起行政复议和行政诉讼的途径。在聘任制实施过程中,教师对教育等行政部门的侵权行为、对行政机关就"申诉"所作处理不服的,是否可以选择行政复议或者行政诉讼等途径来维护其权利,缺乏直接的法律依据。"申诉"成了封闭性的行政救济,在客观上构成了教师进行行政复议和行政诉讼的障碍。②

---

① 孟宪乐. 基于法律视点的高校教师聘任制之理性思考[J]. 黑龙江高教研究,2004(11):57-59.

② 查名祥. 教师聘任制的法律问题[J]. 安庆师范学院学报(社会科学版),2002,21(3):92-95.

第二,高校学校作为事业单位能否成为行政诉讼的被告。《国家教委关于〈中华人民共和国教师法〉中若干问题的意见》第八条"关于教师申诉"第三款和第四款却规定"申诉内容涉及人身权、财产权以及其他属于行政复议、行政诉讼受案范围的,申诉人可以依法提起行政复议或者行政诉讼"。但教师能否提起行政复议和行政诉讼仍存在法律上的障碍。①

根据我国《行政法复议法》和《行政诉讼法》规定,行政复议和行政诉讼的受理范围为公民和法人或者其他组织认为行政机关"侵犯其合法权益"的具体行政行为。而行政主体是指依法享有并行使国家行政权力、履行行政职责,并能独立承担由此产生的相应法律责任的行政机关或法律法规授权的组织。对于公立高等学校,学者们有不同的观点。

有人认为是可以进行司法审查的,其意见认为在现代法治国家,任何公民或者组织,当其权益受到或者可能受到行政权力的侵害时,应有救济渠道或者救济手段,既可以复议,也可以诉讼;根据《教育法》《高等教育法》《教师资格条例》等法律,公立高等学校是法律法规授权的组织,行使对教师进行职称评聘、资格认定等相应的行政权力,是适格的行政主体;对公立学校教师管理内部规则的审查符合世界行政诉讼发展的趋势,符合立法的价值,对于公立高等学校提高管理水平,依法治校有着进步意义。②

但也有学者认为司法审查的依据不足。他们提出,我国《行政法》和《行政诉讼法》并未明确将公立高等学校作为司法审查的对象即行政诉讼的被告,没有明确的法律依据。没有法律依据进行审查,不符合依法治国原则和法治原理。同时如果将公立高等学校与教师之间的纠纷作为司法审查对象,也会妨碍公立高等学校的办学自主权。③

也有学者认为,行政诉讼被称为"民告官"的诉讼,因此,其被告只能为行使行政职权的行政机关,而不可能是其他的国家机关或组织,因此公立高等学校在一般情况下不可能成为行政诉讼的被告。但是,在特殊情况下,法律、法规也可以授权行政机关以外的具有管理公共事务职能的组织,行使一

---

① 刘琳.论高校聘任教师的权益保护[J].时代法学,2006,4(4):77-81.
② 胡锦光.北大博士学位案评析[J].人大法律评论,2000(2):281-313.
③ 陈鹏.论高校自主权的司法审查[J].陕西师范大学学报(哲学社会科学版),2004,33(1):106-110.

定的行政管理职权。在法律、法规授权范围内，该组织的性质已不是原来的性质，而成为法律、法规授权行使职权的组织，其身份为行政主体，其行为的性质为行政行为，法律、法规授权的组织为因行使法律、法规授予的行政职权与相对人发生的纠纷为行政纠纷，因此而形成的诉讼为行政诉讼。《行政诉讼法》第二十五条第四款规定："由法律、法规授权的组织所做的具体行政行为，该组织是被告。"因此，认为高等学校作为事业单位，其具有管理公共事务的职能，是被法律、法规授权的组织，其因行使行政职权而发生的诉讼，为行政诉讼。可见，高等学校在行使法律、法规所授职权时，也可以成为行政诉讼的被告，具备行政诉讼的被告资格。该理由已经为多个司法案例所适用。[1]

第三，公立高等学校教师聘任的内部规则的可诉性。内部规则是指管理机构为了实施有效的管理而设定的内部管理制度和行为准则。它的出现是基于管理机构有着相应的管理自主权。《中华人民共和国教育法》第二十八条第一款即规定："学校及其他教育机构……按照章程自主管理……"

内部规则是学校为实现其目的而制定的，在内部规则面前，公立学校的被管理者负有服从的义务，是一种学校对其内部事务进行处理的"自由裁量权"，学校可以根据自己管理需要，发布规章制度或者指示命令，安排和规范被管理者行为，而不受法律约束。但是，问题在于，这种自主权的量度应该是多少？如果它侵犯了被管理权合法的权益时应该怎么办？高校通过内部规则行使的行政职权是不是"无法可制"？

从众多的教育案件中，我们可以看到高校在进行管理时做出的决定对其管理相对人影响是十分巨大的。如公立高等学校可以决定一个人是否能够晋升为更高一级的职称，可以决定一个教师是否符合教师的资格，可以决定一个教师是否完成其应该完成的教学科研任务从而决定对其的奖罚等。同时由于高校的地位尚不明确，高校行使行政职权实际上很少受到行政法治原则的约束。除了其制定的规章制度有违法现象或因其自由裁量权做出有违于法律法规的决定之外，还可以表现在相关程序上没有严格的程序制约。同时从现实看，我们国家虽然规定各种法律法规不得与宪法相抵触、各

---

[1] 湛中乐，李凤英.高等教育与行政诉讼[M].北京：北京大学出版社，2003.

种行政规章制度不得与法律法规相抵触。但公立高等学校中难免有涉及教师具体利益的具体管理行为，而在行使管理权的同时，也难免没有损害管理相对人权益的时候。因此能不能对内部规则进行诉讼实际上是要讨论能不能对管理相对人进行法律救济的问题。

5. 相关法律法规不健全，教师聘任缺乏可操作性法律依据

我国《教师法》和《高等教育法》对教师聘任应遵循的原则和聘任方式做出了一般性规定，如《高等教育法》第四十八条第二款规定，高等学校的教师的聘任，应当遵循双方平等自愿的原则，由高等学校校长与受聘教师签订聘任合同。但实施聘任制的程序如何、如何操作、聘任合同应包括哪些方面的内容等，法律并无具体规定。我国《教师法》第十七条第二款规定"实施教师聘任制的步骤、办法由国务院教育行政部门规定"。但时至今日，我国尚无法源性的教师聘任制的程序规定。由于没有统一的规范加以限制，我国各地高校的教师聘任过程实际处于一种无序状态，各高校各行其是，制定的相关规定缺少科学论证，无法体现公正、平等、择优原则，导致教师合法权益被侵害。

6. 教代会和教师工会的作用未得到充分发挥

作为个体的教师，其力量是单薄的。教师工会和教职工代表大会是教师集体力量的代表，是教师利益的维护者。在教师聘任中，要合理地维护教师的权益，应充分发挥教师工会和教职工代表大会的作用。《高等学校教职工代表大会暂行条例》指出，"高等学校教职工代表大会是教职工群众行使民主权利，民主管理学校的重要形式"，并对教代会的职权进行了规定。我国《高等教育法》第四十三条规定"高等学校通过以教师为主体的教职工代表大会等组织形式，依法保障教职工参与民主管理和监督，维护教职工合法权益"。我国2001年修订《工会法》第六条也明确规定"维护职工合法权益是工会的基本职责。工会在维护全国人民总体利益的同时，代表和维护职工的合法权益"。

但从目前实际情况来看，教师工会和教代会所发挥的作用极其有限。在高校，教职工代表一般主要以党政系统的管理干部和院系、科研单位的主管领导为主体，没有行政兼职的专职教师所占的比例较低，而且有些学校连教代会议题的拟定也是在校方的授意下进行，教代会的程序要经过严格审

查。对于教代会上所提出的建议或问题,学校领导也并非真正重视,往往是会上"重视",会后依然我行我素、一切照旧。因此现实中的教职工代表大会难以充分代表广大教职工的利益,不可能真正履行维护教职工合法权益的职能。在很多高校,工会往往嬗变成了教职工福利机构,组织一些教职工文体、健康活动,在维权方面更多地也是提一提意见,而不是代表教职工集体利益、作为一方关系主体来发挥作用。从某种意义上说,教师工会和教代会更多的是作为学校行政部门的"附属机构",而不是代表教师合法权益、参与民主管理的主要形式。①

第三节 教师聘任权是公立高等学校的自主权力

分析以上教师聘任制实施中的缺陷产生原因,其核心还在于公立高等学校与教师在聘任中的法律关系问题,其这一关系的根源又在于聘任的权力属于一种什么性质的权力问题,即聘任的权力到底应该归谁所有。公立高等学校的法律地位虽然有"事业单位法人"这一定位,在教师聘任方面公立高等学校享有的教师聘任权,即公立高等学校是作为一个法律法规的授予组织在行使着教育行政部门的行政权力,还是作为事业单位法人的自主权,还存在着争议。大部分学者认为应该将之归属于行政授权,理由是《教师法》和《高等教育法》中都有"学校自主聘任教师"的规定。笔者认为,教师聘任权应该属于公立高等学校的自主办学权。

一、相关教育法律对教师聘任权的规定分析

《教师法》第十七条第一款规定:"学校和其他教育机构应当逐步实行教师聘任制。""教师聘任制应当遵循双方地位平等的原则,由学校和教师签订聘任合同,明确规定双方的权力、义务和责任。"《高等教育法》第三十七条规定:"高等学校根据实际需要和精简、效能的原则,自主确定教学、科学研究、行政职能部门等内部组织机构的设置和人员配备;按照国家有关规定,评聘教师和其他专业技术人员的职务,调整津贴及工资分配。"第四十一条规定

---

① 朱应平.教师权益法律救济研究[J].行政法学研究,2000(4):34-39.

"高等学校的校长全面负责本学校的教学、科学研究和其他行政管理工作，行使下列职权：……聘任与解聘教师以及内部其他工作人员"。

从这些规定中，我们可以得出以下几个结论：第一，学校是拥有充分自主聘任权的主体，具有教师资格的公民是具有完全选择权的从事教师劳动的主体，两者在权利、义务上是对等的，不存在单方面意志强加于对方的行为。第二，聘任合同的签订应当遵循公正、公平的民法原则，以共同意愿为前提，在平等互利、共同协商下进行。第三，聘任合同是维持聘任关系的重要依据，双方应当共同遵守合同内容，教师按合同行使权利，履行义务，完成合同规定的本职工作，学校则按合同为教师提供相应教育教学、科研、进修、交流等条件和机会，并支付报酬。任何一方如违反合同规定，应当承担相应法律后果，并且不存在合同之外的依附关系。第四，教师聘任完全是法律法规赋予高等学校的自主办学权的一种，高等学校聘任教师不受任何其他权力的干预。

二、教师聘任权的性质界定及渊源分析

说聘任权到底是行政授权还是公立高等学校的自主办学权，其实关键还是在于确定谁是教师聘任主体问题。如果聘任教师的主体是政府或者由政府委托公立高等学校聘任，那么教师与公立高等学校之间的关系就属于行政法律关系，而如果政府通过法律的形式将聘任的权力已经交由公立高等学校行使并且学校聘任教师以后不需要经过教育主管部门的批准或同意，那么学校与教师之间实际上构成民事法律关系。

根据我国教师聘任制的意图和国家人事改革的总体趋势来看，我们是要实行一种灵活的用人机制来打破过去学校用人制度的弊端，因此聘任或解聘教师是学校的法定权力而不是教育主管部门的权力。

（1）根据我国目前的实际情况，我国的学校分为具备法人资格的学校和不具备法人资格的学校。根据《高等教育法》，公立高等学校已经具备法人资格，是一个独立的法人组织，因此应独立行使自己的法人权处。而聘任权正是其一项重要的、法定的内部管理权。那种认为聘任或解聘教师是教育行政主管部门的权力或要经县级以上教育行政部门审批的观点是不正确的，是教育行政主管部门对学校的过度干预。

（2）如果说聘任权属于教育主管部门而不是学校,教师要与之签订合同的主体就是教育主管部门而不是学校了,而事实情况是,教师们都是与学校签订合同而不是与教育主管部门签订合同。

（3）我国实施教师聘任制的目的之一是为了将原来的国家用人制度改为单位和部门用人制度,使学校真正成为用人主体。如果说聘任权属于教育主管部门而不是学校的话,实施教师聘任制的目的就无法实现。

（4）《教育法》《教师法》已经对学校的聘任权作了相应的规定,在强调依法治国、依法治教的今天,我们更应尊重法律而不是文件和政策。

（5）从法国、日本等大陆法系国家的公立高等学校发展的现状看,这些国家都有将原来严格控制的公立高校通过法人化实现权力下放进而通过教师聘任合同化达到建立灵活的教师队伍目的的趋势。①

可见,聘任或解聘教师是学校的权力而不是教育主管部门的权力,教育主管部门无权主动干涉学校的内部聘任事务,只有在教师提出申诉时,教育主管部门才能以"裁判员"而不是以"运动员"的身份出现。只有那些不具备法人资格的学校,如村小等,其聘任权才是县级以上教育行政部门而不是学校本身。我们不能把教师聘任制搞成戏称的"任命制下的教师聘任制",或"任聘制"。②

公立高等学校教师聘任制的实施有赖于公立高等学校法人地位的真正落实。而用人自主权则是公立高等学校法人权利的重要内容,没有完全的用人自主权,公立高等学校的法人地位就没有实施,所期望的教师聘任制也就无法实现其最初的目的。

---

① 关于这一问题的论述,详见第三章。
② 林雪卿.制定教师聘任方面法规应研究的三个法律问题[J].上海教育科研,2006(3):34-36.

第三章 我国公立高等学校教师法律地位分析

如同第一章所阐述的一样,教师作为公立高等学校聘任过程的主体之一,其法律地位如何,同样影响着双方在聘任过程中权利与义务的制度设计,也影响着教师的权利保障的内容和途径。许多研究者认为《教师法》第一章第三条所规定的"教师是从事教育教学工作的专业技术人员"的表述是《教师法》对教师的法律地位的定位,为教师作为专业人员所应享有的权利和承担义务奠定了相应的法律基础。但是这一表述实际上只是表达了教师的职业属性,却不能准确界定教师的法律地位,即其享受的权利和必须承担的义务。

第一节 当前教师法律地位的文本分析

一、专业及专业人员的内涵

专业或称"专门职业",是指一群人经过专门教育或训练、具有较高深和独特的专门知识与技术、按照一定专业标准进行专门化的处理活动,从而解决人生和社会问题,促进社会进步并获得相应报酬待遇和社会地位的专门职业。专业作为社会学概念,是社会分工、职业分化的结果,是社会分化的一种表现形式,是人类认识自然和社会达到一定深度的表现。由于那些被社会认可为专业的职业群体一方面对社会有不可或缺的功能,社会赋予从业人员极大的责任并提出了很高要求;另一方面,从业人员在掌握专业知识和技能、履行社会职责过程中要花费更多的社会必要劳动时间,因此专业群体拥有更多的社会地位资源,例如权力、工资、晋升机会、发展前途、工作条件,职业声望等,换言之,能占据社会分层中的较上层。因此,对于一些新兴职业来说,其专业化的过程就是提升职业群体社会地位的过程。

但什么样的人才能被认可为专业人员呢？奥斯汀(1989)认为最重要的专业特征有四点:一套完善的专门知识和技能体系作为专业人员从业的依据;对于证书的颁发标准和从业的条件有完整的管理和控制措施;对于职责范围内的抉择有自主决策的权利;相当高的社会声望以及经济地位。① 也有学者认为,国际上职业的专业化有六大标准:(1)专门知识;(2)有较长时期的专业训练;(3)专门的职业道德;(4)有自主权,能根据自己专业进行判断和决策;(5)有组织,如行会组织、学会组织等,有行业自身实行监督控制的约束;(6)要终身学习。他们认为,对照上述标准,教师专业有以下特征:(1)有较高水平的专门知识和技能,掌握学科领域发展的前沿;(2)经过较长的专业训练,包括所教学科的课堂实习;(3)有较高的职业道德,敬业爱生;(4)有较高自主权,组织教学,创设学习环境,有较强的判断力以评价学生和自身;(5)实行教师资格证书制度管理;(6)终身学习,不断更新专业知识和技能。②

二、强调教师是专业人员其本质在于强调教师的专业成长与发展

教师是不是专业工作者？这个问题在我国一直是受人关注且引起广泛争论。从世界发展史来看,人类在古代长期的历史发展中,并没有把教书视为一种专门化的职业,教师也没有经过专门的训练。直到师范教育理论与实践的产生、丰富和发展,教师职业才逐渐成为专门的科学的职业,20世纪60年代教师专业化运动逐步发展起来。1966年,联合国教科文组织和国际劳工组织召开的"教师地位之政府间特别会议"通过的《关于教师地位的建议》指出"应该把教育工作视为专门的职业,这种职业要求教师经过严格地、持续地学习,获得并保持专门的知识和特别的技术"。20世纪80年代以后,教师专业化运动进一步走向深入。1986年,美国的卡内基工作小组、霍姆斯小组相继发表《国家为培养21世纪的教师作准备》《明天的教师》两个重要报告,同时强调确立教师专业性为教师教育改革和教师职业发展的目标。1989—1992年,经济合作与发展组织(OECD)相继发表一系列有关教师及

---

① 王全林.教师究竟是谁？[J].教师教育研究,2004(9):27-31.
② 杨建华,陈鹏.现代教育学[M].北京:中国社会科学出版社,2003:25.

教师专业化改革的报告;1996年联合国教科文组织召开的第45届国际教育大会上对教师专业化达成一致共识,提出"在提高教师地位的整体政策中,专业化是最有前途的中长期策略"。[①] 教师专业化运动开始在世界众多的国家中蓬勃发展起来,教师成为专业工作者的观念广为人们所接受。1999年首次颁布的《中华人民共和国职业分类大典》参照国际标准职业分类,从我国实际出发,按照工作性质同一性的基本原则,将我国职业归为8个大类,66个中类,413个小类,1838个职业,人民教师归为第二大类"专业技术人员"之列,定义为"从事各级各类教育教学工作的专业人员",下分高等教育教师、中等职业教育教师、中学教师、小学教师、幼儿教师、特殊教育教师、其他教学人员等9个小类,从而确定了我国对教师作为专业工作者的地位。

何谓教师专业化呢?一般认为其基本含义均包含以下几点:(1)教师专业既包括学科专业性,也包括教育专业性,国家对教师任职既有规定的学历标准,也有必要的教育知识、教育能力和职业道德的要求;(2)国家有教师教育的专门机构、教育内容和措施;(3)国家有对教师资格和教师教育机构的认定制度和管理制度;(4)教师专业发展是一个持续不断的过程,教师专业化也是一个发展的概念,既是一种状态,又是一个不断深化的过程,教师专业化本质上强调的是成长和发展的一个过程。[②]

因此,教师专业化其实是职业专业化的一种类型,是"个人成为教学专业的成员并且在教学中具有越来越成熟的作用这样一个转变过程"。它要求教师要有自己的理想追求,有自身的理论武装,有自觉的职业规范和高度成熟的技能技巧,具有不可替代的独立特征。教师不仅是知识的传递者,而且是道德的引导者,思想的启迪者,心灵世界的开拓者,情感、意志、信念的塑造者;教师不仅需要知道传授什么知识,而且需要知道怎样传授知识,知道针对不同的学生采取不同的教学策略。其本质上是教师个体专业不断发展的过程,是教师不断接受新知识,增长专业能力的过程。而这一过程又使教师社会地位得以提升,使之更能得到社会的认可和尊重。因此肖川教授把教师专业化不仅看成是一个形成教师必备素质的过程,更是一个专业成

---

① 栗洪武,等.学校教育学[M].西安:陕西师范大学出版社,2007:42.
② 邓涛.教师发展综述[M]//邓涛.新课程与教师素质发展.北京:北京出版社,2005:1.

熟的过程:能够自主地、理智地热爱,意味着智力的和谐发展、有效的自我表达以及对自己的行为负责。①

三、"专业人员"不是教师法律地位的合理定位

由于专业化的过程中社会赋予从业人员极大的责任并提出了很高要求同时也使专业群体拥有更多的社会地位资源,因此将教师定位为专业人员将有利于提高教师的社会地位,为教师职业群体赢得社会的尊重,使社会理解教师所承载的教育的根本意义和价值,使教师真正确立主体意识和首创精神,自觉、自主地为自身发展开创广阔空间,同时使教师以专业人员自我期许,并不断向这个目标努力,才能真正向专业化迈进,切实提高自己的专业地位。②

但这种"专业人员"的表述并没有能从法律的角度说明教师在法律上所应享有的所有权利以及承担的义务,为教师的行为提供法律的依据,而只能表明教师的职业属性和获得这种职业身份的资格要求。这在国外的教师地位的相关研究中,也是常见的。在研究中,他们往往将教师作为专业人员和教师作为雇员区别研究。③ 因而只用"专业人员"的表述并不能作为现行法律法规对教师法律地位的合理定位。

首先,无论是哪种法律关系,主体本身都可以是专业人员。比如,法院的法官,按照我国《公务员法》《法官法》等法律规定来看,法官的法律地位无疑属于公务员,但是同样不排除法官是"专业技术类"公务员。由此可见,专业人员的职业属性与法律地位并不是同一个概念,更不能相互混淆。

其次,法律地位强调的是主体在法律关系中的权利与义务,是对主体能做什么、不能做什么的强制性规定,而专业人员强调的是任职资格与能力的规定,强调其知识、能力与品德等自身素养方面的内容。两者并不属

---

① 肖川.教师:与新课程共成长[M].上海:上海教育出版社,2004:242-243.
② 赵建.教师专业化发展的含义、特征[EB/OL]. http://blog.eduol.cn/user1/32610/archives/2007/263757.html.
③ Bezeau, Lawrence M. Educational Administration for Canadian Teachers[M]. 2nd ed. Toronto: Copp Clark Ltd., 1995;Activities S. ILO/UNESCO Recommendation concerning the Status of Teachers[M]// Standard-Setting at UNESCO. Brill, 2011:382-401.

于并一概念域,不能因为两者在含义上有交叉重合的部分,就将两者杂合在一起。

第三,法律地位不仅强调权利、义务,更强调主体权利在受到侵害之后的法律救济形式,而专业人员并不具有这一属性,因为专业人员可能处在不同的法律关系之中。简而言之,如果其处于民事法律关系之中,救济方式应该是按民事法律进行;如果其处于行政法律关系中,救济方式则应按行政法律进行,而专业人员这一界定并不会给予其特殊的救济方式。

第二节 我国目前对教师法律地位的规定及相关研究

一、《教师法》中关于教师法律地位规定的分析

法律关系主体法律地位的确定,必须根据该主体在法律关系中所享有的权利和承担的义务来确定。根据我国《教师法》第七条规定,教师享有下列权利:(1)进行教育教学活动,开展教育教学改革和实验;(2)从事科学研究、学术交流,参加专业的学术团体,在学术活动中充分发表意见;(3)指导学生的学习和发展,评定学生的品行和学业成绩;(4)按时获取工资报酬,享受国家规定的福利待遇以及寒暑假期的带薪休假;(5)对学校教育教学、管理工作和教育行政部门的工作提出意见和建议,通过教职工代表大会或者其他形式,参与学校的民主管理;(6)参加进修或者其他方式的培训。第八条规定教师应当履行下列义务:(1)遵守宪法、法律和职业道德,为人师表;(2)贯彻国家的教育方针,遵守规章制度,执行学校的教学计划,履行教师聘约,完成教育教学工作任务;(3)对学生进行宪法所确定的基本原则的教育和爱国主义、民族团结的教育,法制教育以及思想品德、文化、科学技术教育,组织、带领学生开展有益的社会活动;(4)关心、爱护全体学生,尊重学生人格,促进学生在品德、智力、体质等方面全面发展;(5)制止有害于学生的行为或者其他侵犯学生合法权益的行为,批评和抵制有害于学生健康成长的现象;(6)不断提高思想政治觉悟和教育教学业务水平。

从这些权利义务中,可以看出《教师法》对教师的权利和义务进行了明

确的规定,因此可以在一定程度上认为反映着法律对教师法律地位的规定。但是仔细研究这些规定,很快会发现在这一唯一对教师法律地位即其在法律上所享有的权利和所承担义务的规定中却存在着许多问题:(1)作为教师权利,除了工资报酬权和民主参与管理权之外,其他四条权利都是教师作为专业人员所应该享有的专业权利,教师作为公民的其他社会权利没有任何体现;(2)作为教师义务,主要也是体现了教师作为专业人员所应该完成的专业上的职责。那么教师作为一名普通公民,他的其他合法权利在聘任过程中应当不应当受到保护?

对于法律规范的适用,依照相关法理学理论,可以按照法律规范内容确定性程度的不同,法律规范可以分为确定性规范、委托性规范和准用性规范。确定性规范,是指明确规定行为规则内容的法律规范,绝大多数法律规范都属于确定性规范。委托性规范,又称非确定性规范,是指规范中没有明确规定行为规则的内容,而委托某一机关加以确定的规范。这类规范的特点是不直接规定所要求或禁止的行为规范的内容,则是指出应由某一机关加以具体规定。准用性规范,是指没有直接转述行为规则的内容,而是规定在某个问题上须参照、引用其他条文或其他法律、法规的法律规范。

再根据宪法与《教育法》《教师法》的关系来看,宪法是国家的根本大法,任何法律法规都不得与之冲突,教师的一般公民权利与义务在《教师法》中没有再出现是符合法律的。

但根据我国司法现实,《宪法》并不作为司法的依据,也就是说在司法中并不对法律行为合不合《宪法》进行审查。这样就会导致一个矛盾,即如果学校侵犯了教师的一般公民权,教师却找不到相应的维权依据,《宪法》不能作为依据,《教师法》中也没有规定任何确定性规范、委托性规范或者准用性规范,从而为教师维权造成了一定的困难。

除了这一对教师在法律法规上的明确规定之外,还有一条与教师法律地位有关系的规定就是《教师法》中关于教师考核、待遇、法律责任等方面的规定,如下表。

表 3.1 教师法中关于教师相关待遇的规定

第五章第二十四条	教师考核结果是受聘任教、晋升工资、实施奖惩的依据
第六章第二十五条	教师的平均工资水平应当不低于或者高于国家公务员的平均工资水平,并逐步提高。建立正常晋级增薪制度,具体办法由国务院规定
第六章第二十九条	教师的医疗同当地国家公务员享受同等的待遇;定期对教师进行身体健康检查,并因地制宜安排教师进行休养。医疗机构应当对当地教师的医疗提供方便
第六章第三十条	教师退休或者退职后,享受国家规定的退休或者退职待遇。县级以上地方人民政府可以适当提高长期从事教育教学工作的中小学退休教师教的退休金比例
第八章第三十七条	教师有下列情形之一的,由所在学校、其他教育机构或者教育行政部门给予行政处分或者解聘。 (一)故意不完成教育教学任务给教育教学工作造成损失的; (二)体罚学生,经教育不改的; (三)品行不良、侮辱学生,影响恶劣的
第八章第三十九条	教师对学校或者其他教育机构侵犯其合法权益的,或者对学校或者其他教育机构做出的处理不服的,可以向教育行政部门提出申诉,教育行政部门应当在接到申诉的三十日内,做出处理。教师认为当地人民政府有关行政部门侵犯其根据本法规定享有的权利的,可以向同级人民政府或者上一级人民政府有关部门提出申诉,同级人民政府或者上一级人民政府有关部门应当做出处理

由表中内容来看,《教师法》中对教师的部分权利与义务、纠纷的处理方式甚至救济方式,基本采用横向类比的方法进行规定,而这些规定又都是沿用以前干部人事管理制度的相关规定,如"应当不低于或者高于国家公务员的平均工资水平""教师的医疗同当地国家公务员享受同等的待遇""教师对学校或者其他教育机构侵犯其合法权益的,或者对学校或者其他教育机构做出的处理不服的,可以向教育行政部门提出申诉"等,这些规定在一定程度上也反映了《教师法》对教师法律地位的定位。

另外,根据劳动部办公厅关于调入合同有关问题的复函,判断一书面协议是否是劳动合同,应根据《劳动法》第十六条、第十八条和第十九条规定,

"只要是劳动者与用人单位为确立劳动关系而订立的以劳动权利与义务为主体内容的书面协议,则应视为劳动合同",即该书面协议大部分内容是劳动权利与义务方面的内容,不管其名称如何,都应认定为劳动合同。因此聘任书不是聘用合同,更不是劳动合同,至于聘用合同是否是劳动合同,则应以上述规定加以判断。

《最高人民法院关于事业单位人事争议案件适用法律等问题的答复(法函〔2004〕30号)》中也提出:"《最高人民法院关于人民法院审理事业单位人事争议案件若干问题的规定》(法释〔2003〕13号)第一条规定:'事业单位与其工作人员之间因辞职、辞退及履行聘用合同所发生的争议,适用《中华人民共和国劳动法》的规定处理。'这里'适用《中华人民共和国劳动法》的规定处理'是指人民法院审理事业单位人事争议案件的程序运用《中华人民共和国劳动法》的相关规定。人民法院对事业单位人事争议案件的实体处理应当适用人事方面的法律规定,但涉及事业单位工作人员劳动权利的内容在人事法律中没有规定的,适用《中华人民共和国劳动法》的有关规定。"

对照这些规定会发现,我国目前的法律法规对教师的法律地位的规定实际上处于一种比较混乱的状态,对教师的法律地位的认识仍然处于空白状态。

二、不同国家和地区对教师聘任时的法律地位有着不同的认识

虽然教师任用在世界各国由于文化理念不同,有着不同的作法,反映着不同的法理追求,但人类追求真、善、美的理念却是完全相同的。因此,其他国家和地区对教师聘任的法律设计,对于研究我国的教师聘任制的研究具有一定借鉴意义。

陈鹏教授提出,综观世界范围,对于教师"身份"定位,主要有公务员、雇员、公务员兼雇员三种类型:

在日本、法国、德国和我国台湾地区,其公立学校的教师均由政府任用,教师的身份基本上与一般公务员无异,属国家公务员。根据日本《教育公务员特例法》第三条规定,国立学校的校长、教员及部局长为国家公务员,公立学校的校长、教员及部局长、教育长和专门性教育职员具有地方公务员身份,因为其身份受到国家公务员法(国立学校)或地方公务员法(公立学校)

的约束及保障。只是基于教育工作的特殊性,又特别制定了《教育公务员特例法》,对教育人员的特殊事项加以特别的规定,指明"教育公务员"包括国立及公立学校的校长(含园长)、教员及部局长,以及教育委员会的教育长和专门性教育职员,同时对上述教育人员的任命、惩戒、服务、进修等事项作了明确规定。总之,日本国立、公立学校的教师均属于公务员,其教师的任免均属于教育委员会的权利。非因法定事由,不得违背教师本意予以降职或免职,不受惩戒处分。当然,教师须履行因公务员身份而产生的义务,诸如,教师的争议权(罢课等)受到禁止,团结权、集体交涉权等劳动基本权受到特别限制。

德国和法国亦然,其公立学校教师均为公务员,与其他公务员一样由政府任用,一经任用即无任期之限制。享有公务员法规定的各项权利,并履行公务员的各项义务。

另一种情况,在几乎所有的私立学校和某些国家的公立学校中,教师是由校长聘任,教师与校长间完全属于私法上的契约关系。因此,学校与教师的关系是一种雇佣关系,教师都是雇员。这种雇佣关系,决定了学校在其权限内,可以决定教师的雇佣和解雇,向教师布置任务、监督和评价教师的工作;教师在任用期内享有教育自由权以及作为公民应享有的其他权利;对于校方侵害教师权利的行为,教师可通过法律诉讼程序向法院申诉。由于法院裁决和立法的影响,学校与教师关系的法律调节已有了很大的发展,无论是教师雇用、解雇、降级、晋升,还是对教师工作的评估及其结果的公布,都必须依法进行。

属雇员身份的教师因受雇主体的不同而分为公立学校雇员教师和私立学校雇员教师两种。前者除大学外一般由教育当局雇用,而后者由私立学校以学校法人身份雇用。学校和受雇教师之间须订立劳动契约,且该契约一般经教育监督机关认可,其法律关系由民法的一般原则和劳动法调节,而不受公务员法的制约。正因为如此,雇员教师在某些方面享有公务员教师所不具有的权利。如美国私立学校教师可以依据1935年《国家劳动关系法》及1947年的《劳资关系法》等联邦劳动法规定,可以组织工会与资方(学校)订立团体协约,以及必要时可以罢课来争取或确保其权利,而公务员身份的教师则不具备此项权利。同样,雇员教师也不能享有公务员教师特有的听证权、行政救济等权利。但雇员教师的权益是受法律保护的,因为学校的公益性质决定了它与一般私人企业有所不同,使私立学校设置者的解雇权限受到一定限制,不可以随便解约。如德国规定:被雇用教师工作15年后,是不可解约的;因工作健康原因严重受损的教师享有特别的解约保护;不定期限雇员教师,只有在继续工作已不可能的情况下,方可解雇。解约及其他劳动关系的争执由劳动法院管辖。再如,日本私立学校教师身份由《雇佣劳动法》和《劳动基准法》调节,同时也受《教育基本法》规范。为避免私立学校设置者经常借由人事权的行使,间接地侵害教育的自主性,《教育基本法》严格限制以"教育活动不当"(如不符合私立学校订的校训等)为由解雇教师。美国私立学校教师虽然不适用各州有关"长期聘任"的法律规定,但可通过个别协商或团体交涉的方式,将类似的长聘制度订在聘任条款中,成为契约的一部分,并由劳动法院裁决有关私立学校教师劳动契约中的争执。

雇员教师与公务员教师相比,其职业稳定性差,但废除了终身制,引入竞争机制,有利于鼓励教师努力工作。

第三种是公务雇员,即公务员兼雇员身份。比较典型的是英、美两国,其公立学校的教师一般由地方政府任用,即教师的任用权在地方教育当局。但任用时,教师需与地方教育当局签订合约,以采取签订合约的方式雇用,由此,英国、美国公立学校的教师通常被称为公务雇员,兼有公务员和雇员双重身份,也决定了教师兼有双重法律关系。雇佣关系是在教师与聘任机关之间签订契约。以美国为例,教师受雇于教育董事会。一般来说,公立学校教师的聘用,是各州地方教育委员会的职权,地方教育委员会具有决定是否聘用一名合格教师的裁量权。在多数州中,教师与教育委员会间的有效契约必须经过合法召集的委员会会议通过。公务员关系是指教师在法律上仍为公务员,并非单纯的雇佣契约的当事人,还须受有关公务员法律的限制,享有公务员的某些特权。这样,美国、英国公立学校教师基于雇佣契约关系,享有并履行契约中规定的各种权利和义务;基于公务员关系,适用公务员法律的各项规定。当公立学校教师的权利受到侵害时,可以以"违反契约"为由,向法院起诉,请求损害赔偿。若其宪法上所保障的权利受到侵害时,美国教师还可依1871年《民权法案》的规定,对地区教育委员会、委员以及学校行政人员提起诉讼,请求救济。①

研究这几种法律地位定位的法理追求,我们会发现,大陆法系国家一般遵循着教育属于国家事务的理念,将教育事务的主要参与者——教师视为承担国家责任的重要人员,因而无论是从聘任还是从聘任后的待遇上,基本上等同于国家公务员对待,以保证教育的发展方向和社会责任的实现。而英美法系中,英国一直以来将教育视为私人事务,因此在教师聘用上完全等同于普通劳工雇佣方法;而美国由于在联邦宪法上将教育事务的管理权赋予了各州,因此各州对教育事业的认识不同,就出现了不同的聘用方式。因此,对于我国而言,将教师的法律地位如何确定,不能生搬照抄其他国家和地区的相应规定,而应该结合我国社会主义现代化建设的具体要求,针对不同的社会发展形势做出设计。

第三节 劳动者:我国公立高等学校教师法律地位的合理定位

在我国社会主义法治环境下,对教师在聘任制下的法律地位分析,笔者认为应该从以下方面来考虑。

一、我国教师聘任制有着深刻的历史渊源

我国教师聘任制,虽然是适应市场经济需求和国家人事制度改革而提出的,但对于聘任制本身,则不应该截然将我国教师聘任制度与历史传统截断,而应该从历史传统中获取有益的成分。

从历史上看,教育事业并非必须由国家举办、国家供养的事业,但国家总在一定程度、一定范围承担教育发展职能。在相当长的历史时期是"私学"为主,"官学"和"私学"并存,只是到了资本主义兴起之后,教育在经济社会发展中越来越具有举足轻重的作用,教育的公共性日益突出,教育事业规模不断扩大,仅凭社会力量难以满足教育事业的发展,国家开始大量举办教育事业。

---

① 陈鹏,祁占勇.教育法学的理论与实践[M].北京:中国社会科学出版社,2006:302.

而从功能上看,教育大致分为三类:以满足个体及家庭需要,提高个体及家庭未来收为目的的教育;以满足企业需要,提高资本经济效益为目的的教育;以提高全民族文化素质及扶持社会弱者获得教育机会为目的的教育。前两类教育的效益可以分割,消费上具有排他性和竞争性,因此具有私人物品的性质。后一类教育的直接结果虽然也是使受教育者受益,使受教育者知识和技能得到提高,但可提高全民族文化素质具有明显的公共性。但从教育的特点来看:其一,任何教育的直接收益总是由受教育者获得,体现为受教育文化素质、劳动技能的提高、个体收入的增加,因此教育不完全是纯公共物品;但教育收益具有溢出性、正的外部性,任何个体文化素质、劳动技能的提高一般会导致社会文明程度与文化水平的提高,即对个体的教育投入会将收益溢出到社会,因此,教育事业在整体上具有正的外部性,教育事业在整体上一般而言不完全属于私人物品。其二,满足社会公共需求、提高全民族文化素质的教育就总体而言属于公共物品,但提高全民族文化素质是一个系统、动态的要求,没有一个固定的尺度。随着经济发展水平不断提高,在财力可能范围内,不断增加教育投入总会导致全民族文化素质的提高,因此人们对全民族文化素质要求总体上是不断提高的,对教育的要求也是越来越高的。教育事业的发展对国家长远的发展意义重大,因而我国长期以来把教育,尤其是公立高等教育作为国家发展的重要一环,投入了大量的人力、物力和财力。在教师管理上,人事管理所采用的劳动和人事双轨并存的体系,这一体系使得立法时对普通工勤人员与干部做出了区别对待,实是出于社会主义建设的实质需要。

可以看出,教师的任用从其价值追求来看,有着两种要求:一是出于个人目的的要求,一是出于国家教育权的要求。而哪一个方面是矛盾的主要方面呢,这还得结合具体的社会发展情况具体分析。

从我国现阶段的具体情况看,随着事业单位改革的不断深入,一方面人民群众的教育要求内容越来越丰富,层次要求也越来越多,仅靠国家提供的高等教育已经不能完全适应人民群众的教育需求;另一方面国家也想要努力改变穷国办大教育的局面,争取下放权力,扩大公立高等学校办学自主权,抽出更多的资金进行经济建设和其他建设。因此,对公立高等学校的改革也如箭在弦上。劳动和人事双轨并存这种立法所依赖的社会背景已经完全发生了改变,我国企业劳动制度的改革已经初步完成,相当的企业已经推行了全员劳动合同制,实现了职工身份的融合,干部与工人的身份标志界限已经被淡化和取消;在事业单位的人事制度改革上虽然仍然滞后于企业单位,但各个事业单位也已经初步建立并实行了聘任制,逐渐通过人事代理、全员招聘等形式实现了人事管理的合同化。2002年,我国普通高校增加教师112739人,其中,调入方式所占比重为42.7%。① 在这种以聘用合同建立起来的关系从1994年9月5日劳动部办公厅颁发的《关于＜劳动法＞若干条文的说明》(劳办发〔1994〕289号)的规定上来看,是适用于《劳动法》的。从这一意义上讲,公立高等学校的教师已经初步满足了《劳动法》对"劳动者"这一劳动法律关系主体的要求。

二、公立高等学校教师作为劳动者是人事制度改革的本初目的

分析我国公立高等学校的教师聘任制,不能只从理论上进行探讨。马克思在《费尔巴哈提纲》中指出"人是一切社会关系的总和",其意图在于批评费尔马哈认为人是把人视为一种抽象的、孤立的个体。因此,从马克思主义的视角来看,分析任何一个社会现象都不能脱离当时社会的现实规定。因此,分析公立高等学校教师聘任制,还必须回归实行教师聘任制的基本意图来分析。

事业单位改革是我国劳动制度改革的重要方面,中共中央组织部、国家人事部《关于加快推进事业单位人事制度改革的意见》指出:"把聘用制作为事业单位一项基本制度。……通过建立和推行聘用制度,实现用人上的公开、公平、公正,促进单位自主用人,保障职工自主择业,维护单位和职工双方的合法权益。通过聘用制度转换事业单位的用人机制,实现事业单位人事管理由身份管理向岗位管理转变,由单纯行政管理向法制管理转变,由行政依附关系向平等人事主体转变,由国家用人向单位用人转变。"另外,国家人事部《关于在事业单位试行人员聘用制度的意见》阐述试行聘用制意义作用时指出:"通过实行人员聘用制度,转换事业单位用人机制,实现事业单位人事管理由身份管理向岗位管理转变,由行政任用关系向平等协商的聘用

---

① 郭丽君.论大学教师聘任制改革的制度环境建设[J].改革与战略,2006(11):108 - 110.

关系转变。"既然由国家用人向单位用人转变,意味用人主体由国家变为单位,由行政依附关系向平等人事主体转变意味着用人单位(事业单位)与工作人员的关系成为平等主体之间的关系,由行政任用关系向平等协商的聘用关系转变,也就是说,聘用制就是要使事业单位人事关系由行政法律关系向民事法律关系转变,要建立一种在一定程度上是以雇佣关系为基础的人事关系。

  作为事业单位重要组成的学校自然也是人事制度改革的重要组成。因此从 20 世纪 80 年代以来,教师聘任制经过迅速的试点、推广:1993 年国家颁布《教师法》以法令形式规定实现教师聘任制;1999 年第三次全国教育工作会议颁发《中共中央、国务院关于深化教育体制改革全面推进素质教育的决定》中要求引入竞争机制,完善教师职务聘任制;1999 年 11 月教育部下发《关于当前高校人事分配制度改革的若干意见》要求高校加大人事分配制度改革力度,用 2—3 年时间全面推行教师聘任制;2000 年 6 月,中共中央组织部、人事部、教育部又联合下发《关于深化高等学校人事制度改革的实施意见》明确要求加快高等学校人事、分配制度改革步伐,全面推行教师聘任制度。其目的就在于打破了教师终身制,改变了教师队伍的平均主义和人才分布、结构不合理的现状,希图建立起公立高等学校灵活的用人机制,实现教师与岗位的有机结合,使公立高等学校能根据自己教育教学的实际需要聘用到符合资格要求的教师,使成千上万愿意从事教师职业、也有资格从事教师职业的人能够加入教师队伍,使不愿意从事教师职业和不适合从事教师职业的人能够顺利分流到其他行业,实现教师队伍合理的人才流动,调动教师工作的积极性,从而提高教师素质,提高教育教学质量,同时也能使国家做好教师队伍的监督与管理,抓好教师队伍建设。因此,1993 年,通过的《教师法》第十七条第一款明确规定:"学校和其他教育机构应当逐步实行教师聘任制。""教师聘任制应当遵循双方地位平等的原则,由学校和教师签订聘任合同,明确规定双方的权力、义务和责任。"

  从这立法意图上看,教师与高等学校之间的聘任关系应该是一种平等、自愿的民事关系,而绝不同于行政法律关系中的不平等地位,同时也不应该是平等形式掩盖下的不平等关系,教师作为劳动者是立法的最终目的。

三、公立高等学校教师符合《劳动法》所规定的劳动法律关系主体规定

从劳动法律关系主体的界定来看,大陆法系国家一般认为,劳动契约关系存在应以同时具有从属关系存在和当事人意思表示合致为标准。即从以下几个方面来判断:(1)雇主可单方决定劳动提供者的工作时间、地点、工作任务的具体种类等劳动条件。在此情形下,劳动提供者处于雇主广泛的单方决定劳动条件权限下,为适当地保障其人格、身心健康及经济利益,当然应将其纳入劳动者范围。(2)雇主拥有对劳动提供者的惩戒权。在此情形下,劳动提供者更具有或者具有和前者相同的人格从属性,原则上应将其纳入劳动者范围。(3)劳动提供者提供的劳动具有专属性。即劳动者须自行提供劳动,原则上不得由他人代服劳务。(4)雇主对劳动提供者的劳动报酬具有相当程度的自主权,并且从劳动提供者的角度观察,该劳动报酬与其提供的劳动具有一定的"对价性"。[①]

比照高等学校的法律定位,高等学校作为事业单位是法律确定的、享有权利、承担义务的法人实体,用人权是其享有的基本权利之一,完全可以作为劳动法律关系的雇佣方。

而比照教师的工作,也可以发现:首先,教师的劳动时间、地点、任务等劳动条件一般情况下是由学校自行决定的,教师有服从的义务且不得随意更改;其次,学校对教师的劳动具有管理和惩戒权,学校可以按照校纪校规对不服从学校管理或者不符合教育教学要求的教师进行相应处分;再次,教师的劳动具有专属性,即教师的劳动过程必须由教师本人来实施,不得由他人代劳;最后,在实行财务包干以后,各高等学校对财务收支具有独立自主的支配权,因而对教师的劳动报酬具有较高的自主权。由这些条件和劳动者主体的界定标准相对照,公立高等学校教师基本符合界定标准的要求,因此从法理上讲可以定位为劳动者。

而在聘任关系中,将教师定位为公务法人法律关系的主体之一存在着理论上的缺陷。在法学理论上,有许多学者认为,高等学校是从事教育公务的机构,是作为特别公法人执行教育公务,必须通过其法人成员的活动得以

---

① 吕琳.论"劳动者"主体界定之标准[J].法商研究,2005(3):30-36.

实现,而教师是高等学校法人成员的重要组成部分,教师通过参与高等学校的管理、进行具体的教育教学活动,使高等学校的教育公务得以顺利实施。而高等学校作为公法人中的特别法人,可以根据情况运用公法或私法的方式管理其工作人员,其聘用应该纳入到行政合同或者政府雇佣之中。[①] 这一观点主要来源于大陆法系法学理论,尤其以德国、日本及我国台湾地区的法学理论为主。我国许多法学学者也认为,我国采用了与大陆法系体系相类似的民事、行政二分法司法体系,从司法实践上与大陆法系法学理论具有相当程度的相似,因而在教育领域中,也主要应该借鉴大陆法系的法学理论,而不是向英美法系学习。

这种观点有其合理的地方,充分显示了高等教育中国家教育权的存在。但是也应看到,我国法学理论由于受苏联理论的影响,特别是由于我国商品(市场)经济严重滞后,以及相应的民商法和私法精神不发达,在一个相当长的时期内,我国法学一直拒绝接受公法与私法的划分方法。从思想认识的角度看,这是与列宁关于国家干预"私法关系"的理论是分不开的。虽然这一观点在后来被认为是对列宁思想的误解,但却导致了我国在所有的部门法体系中都贯彻有一种行政干涉的思想——大多奉行"管理主义"思想,将整个学校内部的所有人和物都视为管理的要素,因而更多地表现为对其中人(教师和学生)的主体性重视不足,甚至出现暴力干涉、侵害其成员合法权益的情况。而如果将教师定位为劳动者,教师通过基于平等自愿的劳动合同与学校产生法律关系,明确教师在教育教学工作中的权利义务,这将对教师的合法权益保护产生积极影响。

根据以上分析,笔者认为,在我国高等学校人事制度改革过程中,将教师的法律地位定位确定为劳动者更能符合我国社会发展和教育事业发展的需要。

四、劳动者法律地位有利于公立高等学校教师的法律救济

从目前公立高等学校教师的法律救济来讲,《教师法》中"法律责任"一章第三十五、三十六条规定:"侮辱、殴打教师的,根据不同情况,分别给予行

---

① 申素平.论我国公立高等学校与教师的法律关系[J].高等教育研究,2003,24(1):67-71.

政处分或者行政处罚;造成损害的,责令赔偿损失;情节严重,构成犯罪的,依法追究刑事责任。""对依法提出申诉、控告、检举的教师进行打击报复的,由其所在单位或者上级机关责令改正;情节严重的,可以根据具体情况给予行政处分。国家工作人员对教师打击报复构成犯罪的,依照刑法有关规定追究刑事责任①。"第三十八、三十九条规定"地方人民政府对违反本法规定,拖欠教师工资或者侵犯教师其他合法权益的,应当责令其限期改正。违反国家财政制度、财务制度,挪用国家财政用于教育的经费,严重妨碍教育教学工作,拖欠教师工资,损害教师合法权益的,由上级机关责令限期归还被挪用的经费,并对直接责任人员给予行政处分;情节严重,构成犯罪的,依法追究刑事责任。""教师对学校或者其他教育机构侵犯其合法权益的,或者对学校或者其他教育机构做出的处理不服的,可以向教育行政部门提出申诉,教育行政部门应当在接到申诉的三十日内,做出处理。教师认为当地人民政府有关行政部门侵犯其根据本法规定享有的权利的,可以向同级人民政府或者上一级人民政府有关部门提出申诉,同级人民政府或者上一级人民政府有关部门应当做出处理。"

在这四条规定中,第三十六条对侵权主体没有做出限定,这意味着在这一法律责任情形下,侵权主体并不明确,只要"侮辱、殴打"了教师,都应承担相应的法律责任。从性质上看,"侮辱、殴打"也明显属于民事甚至刑事法律关系,因此权利救济的性质是清晰的。

第三十七条对是教师行使申诉、控告、检举权等进行打击报复的法律责任的规定。我国《宪法》第四十一条规定:"中华人民共和国公民对于任何国家机关和国家工作人员,有提出批评和建议的权利;对于任何国家机关和国家工作人员的违法失职行为,有向有关国家机关提出申诉、控告或者检举的权利,但是不得捏造或者歪曲事实进行诬告陷害。"公民通过这项权利的行使,既可对国家机关和工作人员实行监督,又可以维护自己的合法权益,免遭国家机关和国家工作人员的不法侵犯。所谓申诉权,就是指公民的合法权益因行政机关或司法机关做出的错误的、违法的决定或裁决,或者因国家

---

① 《刑法》第二百五十四条规定:"国家机关工作人员滥用职权、假公济私,对控告人、申诉人、批评人、举报人实行报复陷害的,处二年以下有期徒刑或者拘役;情节严重的,处二年以上七年以下有期徒刑"。

工作人员的违法失职行为而受到侵害时,受害公民有向有关机关申诉理由,要求重新处理的权利。申诉权又分为诉讼上的申诉权和非诉讼上的申诉权。前者主要是指当事人及其他公民对人民法院已经发生法律效力的判决或裁定不服,认为处理有误,依法向人民法院或者人民检察院提出申请,要求重新处理的行为;后者主要是指公民对行政机关做出的决定不服,向有关部门提出申请,要求重新处理的行为。所谓控告权,就是指公民对任何国家机关和国家工作人员,有向有关机关进行揭发事实,请求依法处理的权利。所谓检举权,就是指公民对于违法失职的国家机关和国家机关工作人员,有向有关机关揭发事实、请求依法处理的权利。根据2016年4月最高人民检察院、公安部、财政部联合下发了《关于保护、奖励职务犯罪举报人的若干规定》,"打击报复"有十种情形,包括以暴力、威胁或者非法限制人身自由等方法侵犯举报人及其近亲属的人身安全的;非法占有或者损毁举报人及其近亲属财产的;栽赃陷害举报人及其近亲属的;侮辱、诽谤举报人及其近亲属的;违反规定解聘、辞退或者开除举报人及其近亲属的;克扣或者变相克扣举报人及其近亲属的工资、奖金或者其他福利待遇的;对举报人及其近亲属无故给予党纪、政纪处分或者故意违反规定加重处分的;在职务晋升、岗位安排、评级考核等方面对举报人及其近亲属进行刁难、压制的;对举报人及其近亲属提出的合理申请应当批准而不予批准或者拖延的;其他侵害举报人及其近亲属合法权益的行为。可见,这一项法律责任的规定主要适用于行政领域,其权利救济的性质也是清晰的。

第三十八条是对地方人民政府拖欠教师工资或侵犯教师其他合法权益法律责任的规定,并明确了相应的行政责任。第三十九条是对教师对学校或者其他教育机构侵犯其合法权益的,或者对学校或者其他教育机构做出的处理不服,以及认为当地人民政府有关行政部门侵犯其根据本法规定享有的权利的两种情形的法律责任规定,但由于只提出了申诉的救济形式,没有规定其他救济形式,而成为教师法律救济目前讨论较多的问题。其中包括:(1)教师在这两种情形下,是只享有申诉的救济权利,还是可以有其他形式?(2)如果有其他形式,那么应该是什么形式?由于《教师法》没有做出规定,因此还得求助于其它法律法规。

针对事业单位人事争议,处理的依据主要有:最高人民法院《关于人民法院审理事业单位人事争议案件若干问题的规定》（法释〔2003〕13 号）；中组部、人事部、解放军总政治部联合印发的《人事争议处理规定》（国人部发〔2007〕109 号）（人发〔1997〕71 号《人事争议处理程序暂行规定》同时废止）；人力资源和社会保障部、司法部、中华全国总工会等联合发布的《关于加强劳动人事争议调解工作的通知》（人社部发〔2009〕124 号）；2009 年人力资源和社会保障部第 2 号令《劳动人事争议仲裁办案规则》等。这些法规虽然将人事争议与劳动争议一样纳入了司法救济的范畴，但是上述效力层次较低的部门规章难以担负人事制度改革的重任，现行带有浓厚行政色彩的人事争议解决机制本身的合法性危机凸现出来，人事争议仲裁与人事争议诉讼的衔接陷入困境。[①]

而将公立高等学校的教师法律地位定位为劳动者，首先可以明确两者之间的法律关系为劳动法律关系，从而适用劳动法领域一系列法律法规，为两者之间的争议指明解决的方向；第二，可以突破现行带有浓厚行政色彩的人事争议解决机制，更好地保护教师合法权益；第三，有利于学校人事制度改革的进一步深化和推行。

总体上看，对于教师的法律地位的认识具有不同的意见。而这种分歧主要在于对教育乃至教师在教育地位认识不同，强调国家对教育的干预以保持教育公共性的学者们一般认为教师应该被纳入公务员管理体系。而从我国公立高等学校人事制度改革的角度看，高等学校实行教师聘任制的目的却是将教师从原来的人事（身份）管理中解放出来，试图形成一种建立在平等协商、公平、自愿基础上的灵活的教师聘任制度；从"劳动者"的主体条件来看，教师也已经基本劳动者的法定要求；我国教师聘任制的实践也正在朝这一方向发展。因此，本章认为，"劳动者"应该是公立高等学校教师法律地位的合理定位。

[①] 宋治礼.事业单位人事争议法律救济研究[J].西部法学评论，2010(3):56-62.

第四章 落实教师聘任制的关键在于完善教师聘任合同

第一节 教师聘任合同的价值

一、合同概述

合同(Contract),又称为契约、协议,是平等的当事人之间设立、变更、终止民事权利义务关系的协议。我国《民法通则》中规定,合同是当事人之间设立、变更、终止民事关系的协议。我国《合同法》第二条也明确规定,合同是平等主体的自然人、法人、其他组织之间设立、变更、终止民事权利义务关系意思表示一致的协议。国外法律理论中,《法国民法典》第1101条规定,合同为一种合意,依此合意,一人或数人对于其他一人或数人负担给付某物、作为或不作为的债务;《德国民法典》第305条则规定,以法律行为发生债的关系或改变债的关系的内容者除法律另有规定者,必须有当事人双方之间的合同。美国则认为,合同是一个允诺或一系列允诺,违反该允诺将由法律给予救济;履行该允诺是法律所确认的义务。但无论如何定义,合同一般具有三个区别于协议、合意的特点:(1)合同是两个以上法律地位平等的当事人意思表示一致的协议;(2)合同以产生、变更或终止债权债务关系为目的;(3)合同是一种民事法律行为。

根据合同的定义,合同要成立,必须符合四个条件:(1)双方当事人应具有实施法律行为的资格和能力;(2)当事人应是在自愿的基础上达成的意思表示一致;(3)合同的标准的和内容必须合法;(4)合同必须符合法律规定的形式。

合同一旦成立,依法就有了约束力。所谓合同的法律约束力,应是法律赋予合同对当事人的强制力,即当事人如违反合同约定的内容,即产生相应的法律后果,包括承担相应的法律责任。约束力是当事人必须为之或不得为之的强制状态。约束力或来源于法律,或来源于道德规范,或来源于人们的自觉意识,当然,源于法律的法律约束力,是对人们的行为具有最强迫约束力。合同的约束力主要表现为:(1)当事人不得擅自变更或者解除合同;(2)当事人应按合同约定履行其合同义务;(3)当事人应按诚实信用原则履行一定的合同外义务,如完成合同的报批、登记手续以使合同生效;(4)不得恶意影响附条件法律行为的条件的成就或不成就,不得损害附期限法律行为的期限利益等。合同约束力具备以下特点:(1)依法成立的合同,受法律的保护,成立起,合同当事人都要接受合同的约束;(2)如果情况发生变化,需要变更或解除合同时,应协商解决,任何一方不得擅自变更或解除合同;(3)除不可抗力等法律规定的情况以外,当事人不履行合同义务或履行合同义务不符合约定的,应承担违约责任;(4)合同书是一种法律文书,当事人发生合同纠纷时,合同书就是解决纠纷的根据。

二、教师聘任合同的特点与意义

依据合同的特点分析,教师聘任合同是教师与公立高等学校之间通过协商,本着自愿、公平原则而达成的从事教育教学工作的契约或协议的外在体现。教师通过与公立高等学校签订聘任合同,可以对双方的权利与义务进行明确的约定,不仅可以保证双方在聘任过程中的权利,而且是保证公立高等学校法人地位和教师劳动者法律地位的基本形式。

(一)合同的签订过程反映和保障着公立高等学校的法人地位和教师的劳动者法律地位

合同是平等主体的自然人、法人、其他组织之间设立、变更、终止民事权利义务关系的协议。根据《教师法》和《高等教育法》对教师聘任的相关规定,教师聘任合同的签订必须遵循平等、自愿、公平协调的原则。在这一签订过程中,公立高等学校作为劳动关系的主体之一,可以根据自己本身的教育教学需要对教师提出自己的要求,教师作为劳动者也根据自己的要求和条件选择学校,双方经过平等的协商将协商结果以合同的形式予以确认,作为以后的管理依据。这样既保证了公立高等学校用人自主权,也保证了教师的岗位选择和权利利益的最大化。

(二)合同的内容是双方法律地位的根本表现

经过双方协商而达成的合同,是双方意思表示的直接体现,对双方在聘任过程的权、责、利有着直接的描述和规定,构成了双方在管理过程权利与义务的直接依据。对于学校来讲,不仅实现了依法治教,建立起"人员能进能出,职务能上能下,工资能高能低"的用人机制,而且能够促进了师资队伍建设从封闭性管理向开放性管理的转变,建立适应人才市场发展趋势的"进得来,出得去,稳得住"的动态平衡机制,充分保证学校用人自主权,最终达到师资队伍在合理流动中优化结构,在优化结构中提高质量,在提高质量中增强活力的目的。对于教师来讲,所从事的教育教学工作内容和标准有了明确的依据,对于学校的管理权无限扩张有较好的制约,从而有利于维护自己的合法权益,同时在完成合同的情况可以自由选择续聘还是拒聘,保证劳动的自由选择权。

(三)合同中约定的争议解决方法也反映着公立高等学校和教师的法律地位

合同中对于双方产生争议或者纠纷时解决途径的设定也有助于保证公立高等学校和教师劳动者法律地位。从学校来讲,要实现用人自主权,其关键在于排除教育行政机关对教师聘任与否的介入与干涉。当公立高等学校与教师产生聘任纠纷时,公立高等学校可以通过合同所设定的纠纷处理机制自主处理纠纷,承担各项法律责任而无须行政机关的介入。从教师来讲,明确的救济途径对于保障教师作为劳动者的各项合法权益也有着重要的作用。

第二节 公立高等学校教师聘任合同性质分析

一、关于公立高等学校教师聘任合同性质的争议

计划经济体制下,我国高等学校一直实行行政事业一体化的人事制度,即国家以行政方式建立用人制度。这一制度有三个特点:第一,国家是真正用人主体,各高校没有用人自主权,只是代为管理;第二,不存在独立的高校人事制度;第三,教师与国家的任用关系属于公职关系,以法律观点看,属于

行政法律关系范畴的行政任用关系,而非平等主体之间的劳动雇佣关系。

改革开放后,聘任制成为我国事业单位人事制度切入点,并成为事业单位人事改革的基本制度。《教师法》第十七条规定"学校和其他教育机构应当逐步实行教师聘任制。教师的聘任应当遵循双方地位平等的原则,由学校和教师签订聘任合同,明确规定双方的权利、义务和责任。"《高等教育法》第四十八条规定高等学校实行教师聘任制。教师以评定具备任职条件的,由高等学校按照教师职务的职责、条件和任期聘任。高等学校的教师的聘任,应当遵循双方平等自愿的原则,由高等学校校长与受聘教师签订聘任合同。2000年人事部《关于加快推进事业单位人事制度改革的意见》指出:"通过建立和推行聘用制度,实现用人上的公开、公平、公正,促进单位自主用人,保障职工自主择业,维护单位和职工双方的合法权益。通过聘用制度转换事业单位的用人机制,实现事业单位人事管理由身份管理向岗位管理转变,由单纯行政管理向法制管理转变,由行政依附关系向平等人事主体转变,由国家用人向单位用人转变。"2002年人事部《关于在事业单位试行人员聘用制度的意见》指出:"通过实行人员聘用制度,转换事业单位用人机制,实现事业单位人事管理由身份管理向岗位管理转变,由行政任用关系向平等协商的聘用关系转变。"在这种背景下,高校作为我国事业单位的重要成员,全面实施教师聘任制已是大势所趋,人们的共识是教师的聘任关系应该通过合同加以确认,即学校与教师之间的聘任关系属于合同关系。

根据以上意图的规定,一般认为国家事业单位的改革方向是建立起与市场经济体制相适应的人才配置机制,是要改变我国过去人事管理的种种弊端,形成一套既利于劳动者积极性的充分发挥又利于权利分明的、基于双方共同协商、平等互利的劳动关系,因此从趋势上来看应该属于劳动合同。

但近年来,随着行政法学界提出"行政合同"的概念,也有不少学者认为教师聘任合同应该定位于行政合同。他们认为,行政合同就是指行政主体为了行使行政职能,实现某一行政管理目的,与公民、法人或者其他组织通过协商的方式,在意思表示一致的基础上所达成的协议,是一种非常普遍的行政现象,是现代行政法中合意、协商等行政民主精神的具体体现。作为一种新型的行政方式,能够越来越为人们所接受,是因为行政合同既不象行政命令那样强硬,又不象民事合同那样自由随便,是一种富有弹性和灵活性的新型管理形式,具有化解矛盾纠纷、补充法律不足、变革管理观念、平衡公私权益、减少行政阻力、明晰权利义务和扩大行政参与等功能。而从事业单位的性质相关研究中会发现,事业单位与政府的关系在许多方面是与之相吻合的,具体来说可归纳为以下几点:

第一,相关法律法规规定。如《劳动法》第二条:"中华人民共和国境内的企业、个体经济组织、民办非企业单位等组织(以下称用人单位)与劳动者建立劳动关系,订立、履行、变更、解除或者终止劳动合同,适用本法。""国家机关、事业单位、社会团体和与其建立劳动关系的劳动者,订立、履行、变更、解除或者终止劳动合同,依照本法执行。"第九十六条:"事业单位与实行聘用制的工作人员订立、履行、变更、解除或者终止劳动合同,法律、行政法规或者国务院另有规定的,依照其规定;未作规定的,依照本法有关规定执行。"可见,必须是签订了劳动合同建立劳动关系的情况下,才可以适用《劳动合同法》,事业单位中原实行编制管理的工作人员由于不具备这一条件,因此不适用《劳动合同法》,仅限于"法律、行政法规或者国务院另有规定"。

第二,从国家与事业单位的关系来看,由于事业单位是为实现国家公共职能而由国家举办、并获得国家财政支持的组织,其在事实上与国家之间存在公法关系,这种公法关系也影响事业单位与工作人员职务关系的性质,常常使得在实际聘任过程中学校的行为代表着国家的意志,教师和学校的地位是不对等的,教师的拒聘权是受到严格限制的。

第三,从公法角度看,我国现有法律规定行政主体虽然是指能以自己的名义实施国家行政权并对行为效果承担责任的组织,即只有行政机关才可能成为行政主体。但由于我国一系列规章制度、政策、法规规定着国家、事业单位与事业单位工作人员的关系,规范着事业单位的编制、录用、培训、考核、奖惩、工资福利到退休退职、辞职辞退等一系列环节,从这些管理过程来看,事业单位虽然成为法律法规授权组织,真正的用人主体还是国家,事业单位工作人员与事业单位形成的职务关系实质是事业单位工作人员与国家之间的关系。

第四,从聘用制的内容角度来看,聘用制与劳动合同制、聘用合同与劳动合同虽然基本一致,但团体交涉权的限制、回避要求、劳动争议与人事争议二元分立,使聘用制保留了公职人员人事制度的一些重要特征。这意味着聘用关系尚未从行政任用关系完全转为以平等协商为基础的劳动关系。最明显的区别有三点：一是团体交涉权或集体谈判权的限制。劳动合同包括集体劳动合同，而聘用合同没有有关集体合同的规定；劳动法规定职工有参加工会的权利，工会可以代表职工参与民主管理或就保护劳动者合法权益与用人单位进行平等协商，与企业签订集体合同；但聘用制（聘用合同制）有关办法没有对工会参与聘用合同的订立作任何规定。这实质排除了事业单位工作人员在订立、变更聘用合同时行使团体交涉权或集体谈判权，而限制团体交涉权是很长时间一直是国家对公职人员的规定。二是聘用制对人员聘用提出了回避要求，在回避要求中对应回避的情况、应回避的具体职位与《国家公务员暂行条例》对公务员的要求基本一样，《劳动法》对任用回避并未提出要求，可见回避是公职任用的要求。三是劳动争议由劳动仲裁部门仲裁，聘用合同争议由人事争议仲裁机构仲裁。劳动争议适用的范围即劳动法适用的范围。依据《人事争议处理暂行规定》，人事争议适用的范围主要是行政机关、事业单位及企业中在传统上属于"干部"的那部分人员。上述人员特别是行政机关、事业单位工作人员在计划经济时代属于公职人员。1995年，劳动部《关于贯彻执行〈中华人民共和国劳动法〉若干问题的意见》中规定"国家机关、事业组织、社会团体实行劳动合同制度的以及按规定应实行劳动合同制度的工勤人员；实行企业化管理的事业组织的人员；其他通过劳动合同与国家机关、事业组织、社会团体建立劳动关系的劳动者，适用劳动法。公务员和比照实行公务员制度的事业组织和社会团体的工作人员，以及农村劳动者（乡镇企业职工和进城务工、经商的农民除外）、现役军人和家庭保姆等不适用劳动法"。这种劳动争议与人事争议二元分立强烈暗示聘用合同适用人员保留着浓厚的公职人员色彩。公立高等学校与教师的关系完全符合以上特征，因此也有不少学者认可教师聘任合同应定位于行政合同的观点。

还有学者认为，教师与公立学校之间在关系属于聘任条件下的人事聘任关系，教师的身份很难确定，既不是国家公务员，也不是国家工作人员，应该是事业单位工作人员，因而教师聘任合同既不同劳动合同也不是行政合同，而是一种特殊的合同。《中华人民共和国教师法》（以下简称《教师法》）第三条规定："教师是履行教育教学职责的专业人员"，第二十五条在规定教师的工资待遇时,将教师与公务员作了一个比较,即"教师的平均工资水平应当不低于或高于国家公务员的工资水平,并逐步提高"。这些都说明,教师的身份是专业人员,是学校聘任的工资劳动者,而不是公务员。根据《中华人民共和国劳动法》(以下简称《劳动法》)第二条的规定:《劳动法》不适用于公务员和比照实行公务员制度的事业组织和社会团体的工作人员,以及与事业组织、社会团体签订劳动合同的劳动者。而按现行规定,教师也不是国家工作人员。这些规定使得教师聘任合同既不能适用《劳动合同法》,也不能适用《公务员法》,因而属于一种特殊的合同形式。①

二、劳动合同:公立高等学校教师聘任合同的必然趋势

到底对教师聘任合同的性质如何认识?笔者认为,在聘任合同的性质定位上,劳动合同将是公立高等学校教师聘任合同的必然趋势。

1. 劳动合同是适应市场经济体制发展需要的用人方式

事业单位是在计划经济体制下形成、发展起来并至今依然保留着浓厚计划经济色彩的社会组织,是我国特有的组织类型。历史上,为适应高度集中统一的计划经济体制,我国的事业单位也建立起高度集中统一的发展模式与管理体制,并在经济落后的情况下为社会提供教育、科学、文化、卫生等基本事业服务与产品,其典型的特征是:性质模糊,举办主体单一,"管""办"职能一体化,事业单位行政化。在计划经济体制下,国家控制了各类事业资源,成为事实上的社会事业的唯一举办者、事业组织的唯一所有者,造成政府以政权力量、行政方式行使对事业单位的所有权与内部经营权,事业单位对行政机关的绝对依附,没有自主权,同时将其他社会力量排斥在事业领域之外,并通过各种权力,运用多种方式(计划、命令、财务控制、人事任免等)领导事业单位,事业单位并不是独立的社会实体、没有独立的法人地位,只能依附于政府及政府各个部门,并模仿政府机关的特点运行。

改革开放以后,我国事业单位随着市场经济体制的逐步建设也相应进行了改革,扩大事业单位的自主权,提高事业单位的经营意识与能力;调整了事业单位与政府的财政关系,允许部分事业单位实行企业化管理;通过立

---

① 杨挺. 论公立学校教师聘任合同的法律性质[J]. 中国教育学刊,2007(4):1-4.

法,明确事业单位的法人地位;强化事业单位的机构编制管理;下放事业单位组织人事管理权限;恢复职称评审,推行专业技术职务聘任制,明确了事业单位自主经营、自主管理的原则;提出干部人事制度改革的总体构想,要建立科学的分类管理体制,开始探讨符合事业单位特点的人事管理制度;进一步推行了专业技术职务聘任制;等等。其中以1996年中央机构编制委员会出台《关于事业单位机构改革若干问题的意见》为标志,事业单位改革进入全面推进阶段。

同样,作为事业单位的公立高等学校其法律地位的变化也经历了这样一个过程。在计划经济时代,学校被理所当然地看成是一种国家机构,看成行政机关的附属物,国家包揽了从举办到办学、管理的一系列权力,学校的办学权力实际上很有限,一些本该由学校决策的事务被集中到政府,学校的举办经营、经费投入、专业设置、招生计划、教师管理、毕业生分配等都由政府统一下达指令性计划,学校没有任何自主权。但随着国家政治体制改革和经济体制改革的不断深化,学校的自主权逐步扩大,法人地位逐渐明确,政府和学校的关系发生了前所未有的变化,学校的法律地位由原来的附属机构变成了一个法律实体。法律实体(法人)概念的提出,意味着承认学校具有独立的法律人格,能够独立进行法律行为并承担相应法律义务,从而有利于学校自主经营、自主管理,这里面自然包含有独立的用人自主权。可以看出,进行这一改革的目的就是希望能够建立起一个与市场经济体制相适应的人才配置机制。

2. 高校教师可以作为劳动合同的适用主体

(1)中华人民共和国成立以后人事管理所采用的劳动和人事双轨并存的体系,这一体系使得立法时对普通工勤人员与干部做出了区别对待。但随着改革的不断深化,这种立法所依赖的社会背景已经完全发生了改变,我国企业劳动制度的改革已经初步完成,企业已经推行了全员劳动合同制,实现了职工身份的融合,干部与工人的身份标志界限已经被淡化和取消;在事业单位的人事制度改革上虽然仍然滞后于企业单位,但各个事业单位也已经初步建立并实行了聘任制,逐渐通过人事代理、全员招聘等形式实现了人事管理的合同化。这种以聘用合同建立起来的关系从1994年9月5日劳动部办公厅颁发的《关于〈劳动法〉若干条文的说明》(劳办发〔1994〕289号)

的规定上来看,是适用于《劳动法》的。从这一意义上讲,公立高等学校的教师已经初步满足了《劳动法》对"劳动者"这一劳动法律关系主体的要求。

(2)从关于"劳动者"主体界定的标准的理论发展来看,大陆法系国家一般认为,劳动契约关系存在应以同时具有从属关系存在和当事人意思表示合致为标准。即从以下几个方面来判断:第一,雇主可单方决定劳动提供者的工作时间、地点、工作任务的具体种类等劳动条件。在此情形下,劳动提供者处于雇主广泛的单方决定劳动条件权限下,为适当地保障其人格、身心健康及经济利益,当然应将其纳入劳动者范围。第二,雇主拥有对劳动提供者的惩戒权。在此情形下,劳动提供者更具有或者具有和前者相同的人格从属性,原则上应将其纳入劳动者范围。第三,劳动提供者提供的劳动具有专属性。即劳动者须自行提供劳动,原则上不得由他人代服劳务。第四,雇主对劳动提供者的劳动报酬具有相当程度的自主权,并且从劳动提供者的角度观察,该劳动报酬与其提供的劳动具有一定的"对价性"。

比照教师的工作,可以发现:第一,教师的劳动时间、地点、任务等劳动条件一般情况下是由学校自行决定的,教师有服从的义务且不得随意更改;第二,学校对教师的劳动具有管理和惩戒权,学校可以按照校纪校规对不服从学校管理或者不符合教育教学要求的教师进行相应处分;第三,教师的劳动具有专属性,即教师的劳动过程必须由教师本人来实施,不得由他人代劳;第四,在实行财务包干以后,各高等学校对财务收支具有独立自主的支配权,因而对教师的劳动报酬具有较高的自主权。由这些条件和劳动者主体的界定标准相对照,公立高等学校教师基本符合界定标准的要求,因此从法理上讲可以定位为劳动者。

(3)从我国公立高等学校实行教师聘任制的基本意图来看,教师作为劳动者是其最终的目的。其目的就在于打破了教师终身制,改变了教师队伍的平均主义和人才分布、结构不合理的现状。因此,1993年,通过的《教师法》第十七条第一款明确规定:"学校和其他教育机构应当逐步实行教师聘任制。""教师聘任制应当遵循双方地位平等的原则,由学校和教师签订聘任合同,明确规定双方的权力、义务和责任。"

从这立法意图上看,教师与高等学校之间的聘任关系应该是一种平等、自愿的民事关系,而绝不同于行政法律关系中的不平等地位,同时也不应该是平等形式掩盖下的不平等关系。

3. 劳动合同是提高高校教师地位、维护教师合法权益的重要保障

民事主体有权在法定的范围内根据自己的意志从事民事活动,通过法律行为构建其法律关系。这种私法自治的理念不仅体现着包括公民的基本人权在内的私权神圣不可侵犯,而且意味着国家应当充分尊重和保障公民权利不可分割。可以说,民法就是为了对抗公权力的干预,保障公民权利不受侵害产生的。因此通过带有私法性质的劳动合同,国家可以将自己管不好的事情交由社会各基础单位,扩大单位用人自主权,激励用人单位的积极性,同时也可以使个人人格重新得以彰显,使个人意志在社会生活中得以体现。而如果将教师定位为劳动者,教师通过基于平等自愿的劳动合同与学校产生法律关系,对教师在教育教学工作中的权利义务明确化,将对教师的合法权益保护产生积极影响。

4. 我国教师聘用制实践证明,劳动合同是比较适合公立高等学校教师聘任现状和需要的

从实践来看,教师聘任制度虽然存在着许多法理上的难题,产生了许多矛盾和问题,但各个高等学校的教师聘任实践仍然在积极探索。通过不断努力,许多高校也已经初步建立并实行了聘任制,逐渐通过人事代理、全员招聘等形式实现了人事管理的合同化,为建立符合各学校需要的教师队伍打下了坚实的基础。如许多学校出台了"兼职教授""客座教授"等政策,以丰厚的待遇或者完备的研究条件等条件以吸引名师,增强研究实力,带动学校的发展;在普通教师或者职员方面,则通过人才市场机制,面向社会公开招聘。这些政策和做法的出现,极大地激励了教师的积极性,也扩大了高等学校在教师管理上的灵活性与主动权,基本上在各个高等学校成为通用做法,进而掀起了教师流动的新一轮热潮。① 实践也证明,劳动合同关系是比较适合公立高等学校教师聘任现状与需要的。

5. 从大陆法系国家教师任用来看,大多数国家也都有将教师聘任劳动合同化的趋势

在日本、德国、法国等原来将教师视为公务员或者类似于公务员进行管

---

① 胡林龙.高校教师聘用合同纠纷法律适用的制度与理念:以教师流失纠纷法律救济为视角[J].中国教育法律评论,2006(4):175-190.

理的大陆法系国家,也出现了将教师聘任劳动合同化的一些趋势。如1999年初德国联邦教育和科学部长于2000年4月就高等学校的人事和工资改革方案正式提交了高等学校公职法改革报告,要求引入具有竞争性和业绩定向的工资制度和增强教授在高等学校、校外研究机构和企业间的职业自由流动成为此次改革的重要内容,其中有"改革教授的职位和工资制度,实行业绩弹性收入,赋予高等学校在相应财政条件下自主决定工资发放标准以及平衡办法的权利;任职前的谈判成为工资标准的条件"等内容[①],以更加有利于个人学校和学术的发展。[②] 日本国立大学法人化后,为大学自主人员聘任提供了更大的自由,也出现了通过谈判或者集体合同等方式促进教师队伍建设的趋势。[③]

第三节 教师聘任劳动合同的完善与制度配套

教师聘任制是一个系统工程,其实施需要众多制度安排的配合,因而要落实教师聘任合同还需要从多个法律法规和相关配套制度上进行协调和完善。

一、教师聘任合同的立法完善

从劳动主体的条件方面,应该尽快通过立法明确教师及高等学校在聘任过程中的平等主体,即通过法律规定明确授予高等学校人事聘用权以及明确教师作为劳动者的地位,通过将以主体确定法律适用范围的方法改为以内容确定法律适用的方法,即将《劳动法》中关于劳动者的表述改为"用人单位聘用以工资收入为主要生活来源的劳动者,并与之建立劳动关系的适

---

① 李国强.布尔曼部长的"高校革命":德国高校人事工资制度改革动态[J].德国研究,2000,15(3):29-33;62.

② 胡劲松.德国联邦政府高等学校人事和工资改革政策评述[J].比较教育研究,2001(2):12-17.

③ Worthington C. Combatting Discrimination at a Japanese University[J]. Asian Perspective, 2000, 24(4):131-157; David C Aldwinckle. The Information Necessary for an Informed Decision: About a Japanese University Employment Position[J/OL]. (1999-04-04). http://http://www.debito.org/univquestions.html.

用劳动法(公务员、军人、武装警察及国家法律另有规定的除外)"。这样,就将教师明确地纳入到了劳动者的范围之中,为其权利、义务的框定与实现、法律救济的途径与程序等奠定理论基础。

从劳动合同法的立法上,将教师聘任聘用合同包含进劳动合同;同时修改《教师法》,在教师的法律定位上,明确教师的劳动者法律定位,并根据其《劳动法》及《劳动合同法》等相关精神,设置准用性或者授权性、委托性规范,为教师维护奠定法理基础。

进一步,在《高等教育法》中明确公立高等学校在聘任教师方面的用人自主权,摆脱单位制的局限,落实大学的用人自主权,同时通过恰当的制度设计来约束用人单位的人事行为,保障建立劳动关系的双方的权利和义务的平衡,实现单位自主用人、个人自主择业、学校自主办学、政府依法监督,真正建立起人员能进能出、职务能上能下、待遇能高能低、人才合理流动、充满生机与活力的用人机制,同时为教师聘任制的顺利实施配套相关教师资格认定和职称评审制度,彻底解决高校对教育行政机关的人事依附地位。①

二、教师聘任合同签订和实施过程中的具体要求

(一)教师聘任合同内容的协商与形式

合同是基于双方平等协商、自愿达到的一种契约,因此在合同的内容上,合同双方必须对合同的内容进行平等的磋商,以达成共识,在此基础上,形成对双方均具有约束力的权利与义务安排。按照《教师法》《教育法》《高等教育法》的精神,教师聘任合同自然也必须遵循着这一原则要求,根据劳动合同的所必备的劳动合同期限、工作内容、劳动保护和劳动条件、劳动报酬、劳动纪律、劳动合同终止的条件、违反劳动合同的责任等内容进行协商。

结合我国法律法规规定以及国外经验,协商和签订教师聘任合同时的方式主要有两种形式:一种为集体合同,另一种为个人合同。集体合同又称

---

① 赵恒平,廖红梅.论聘用制下高校教师的权益保障[J].武汉理工大学学报(社会科学版),2005,18(1):100-103.

集体契约,是雇员组织即工会与雇主或其团体之间以规范劳动关系,明确权利义务为目的,就雇用的主要条件进行平等协调后订立的一种协议或合同。对于教师而言,就是由教师工会与学校管理方就教师雇用的主要条件,如薪水或工资、保险金、争议解决程序、工作条件、假期、罢工等签订集体合同。发生争议时,工会就可以作为一方主体,与学校直接交涉,通过各种法律途径为教师争取权利,从而有效防止学校与教师签订任意降低团体合同所规定的标准的合同而侵犯其合法权益的行为,使教师可以用团体合同来进一步维护自身的合法权益。如在美国由教师工会与学校董事会签订的集体合同,就教师雇佣的主要条件如薪水、保险金、争议解决程序、工作条件、假期等进行谈判与交涉,形成了教师工会与学校之间的合同法律关系。在集体合同的基础上,作为个体的教师再与学校签订个体合同。[①]

由于集体合同是教师工会依靠教师集体力量,作为一方利益主体与学校在平等协商基础上签订的,能更好地维护教师共同的合法利益,因此有必要实行集体合同与个体合同并用,使教师的合法权益得到有效保障。[②] 我国《劳动法》明确指出"国家机关、事业组织、社会团体和与之建立劳动合同关系的劳动者,依照本法执行"。聘用制实施后,教师和学校之间签订了平等的劳动合同,其权益理应受《劳动法》保护。劳动法在教育领域中,我国尚未实行教师集体合同制,但在聘用制实施后,集体合同作为一种有效保障教师权益的手段,有可能也有必要得以推行。[③] 2001年修改的《工会法》也提出:"工会代表职工与企业以及实行企业化管理的事业单位进行平等协商,签订集体合同。"[④]

这些规定都为我国高校工会组织的建设提出了相应法律依据和要求,即由工会与学校签订教师集体合同,实现集体合同与个体合同并用,充分发挥工会组织的维权职能。

---

① Capochino A. Investigation centers on university firings[J]. New Orleans Citybusiness, 2006, 26(46):1.
② Fliegler C M. A Storm of Dismissals[J]. University Business, 2006, 9(5):16.
③ 赵恒平,廖红梅. 论聘用制下高校教师的权益保障[J]. 武汉理工大学学报(社会科学版),2005,18(1):100-103.
④ 刘琳. 论高校聘任教师的权益保护[J]. 时代法学,2006(4):77-81.

(二)教师聘任合同的签订原则与程序

要使聘任合同充分保证公立高等学校和教师的法律地位和相应权利,聘任合同的签订还必须遵循一定的原则和严格的程序。

(1)聘任合同签订中应遵循的原则。根据《劳动合同法》法的规定,劳动合同的签订应该遵循以下原则:

第一,合法原则。高校与教师订立聘任合同时应根据《教师法》《高等教育法》《劳动法》等相关法律的规定,明确合同双方的权利与义务,合同中有关教师岗位职责、聘期、聘任报酬、生活福利待遇、社会保险、职业培训、民主管理等内容不得与国家政策、法律相违背。签订合同的程序要合法,避免合同签订的随意性。

第二,平等自愿原则。在聘任合同签订中,学校不能凌驾于教师之上,必须尊重教师的选择,不得以威吓、胁迫等手段强迫教师接受自己的条件。

第三,协商一致原则。在聘任合同签订中,高等学校应与教师平等协商,充分征求教师的意见,对教师提出的意见,应作出答复和说明,在协商达成一致意见后才能签订合同。

第四,书面原则。高校教师聘任合同应该采取书面形式,这样更有利于当事人双方充分表达自己的意愿,同时也有利于聘任纠纷的预防和处理。[①]

(2)聘任合同签订的规范,这时的规范又包括签订合同时的规范和解聘程序的规范。高校在聘任制合同签订前,应通过一定的方式公布有关聘任制的法律、法规、政策及相关的信息,以便拟聘教师了解相关的信息,如聘任的条件、聘任教师享有的权利与应承担的义务以及聘任的程序等,增加招聘的公开性和透明度,避免暗箱操作。

教师聘任制的目标是建设"能进能出"的灵活的教师队伍,因此随着高校教师任用制度改革的深入和教师聘任制度的完善,教师被解聘的现象会越来越多。因此为了维护教师的合法权益,还必须规范教师解聘程序,以防恶意解聘或错误解聘。在这一方面,我们可以借鉴国外的管理经验进行。如许多美国大学对解聘和不予续聘的情形作了十分具体的规定,如确认教

---

① 骆腾,陈发美.教师职务聘任制下的聘用合同管理[J].现代教育科学,2006(3):72-74.

学效果太差、确认研究水平太低、伪造科研成果、经常旷职或拒绝承担应尽义务、身体或心理健康不佳、有不道德行为、犯罪①等;做出不予续聘的决定必须先经教师人事委员会讨论后,呈报校长签署意见,再报董事会复审,才能最后做出决定;在教师被解聘之前必须提前通知,让教师明白被解聘的原因和做好找新工作的准备;在正式下达辞退通知之前,学校会给教师提供必要的培训机会,还会给教师提供听证程序保护,让教师有自我辩护的机会。

借鉴美国高校有关聘任教师解聘的合理做法,为维护高校教师聘任制下教师的合法权益,对教师的解聘制度应从如下几方面来完善:①解聘的原因要合法。各高校制定的教师解聘的各种情况要符合国家有关法律的规定。②解聘的程序要规范。各高校对教师的解聘要谨慎行事,严格遵循解聘的程序进行。③要建立和完善解聘的预警机制和听证制度。② 从程序上讲,学校在解聘教师前要书面通知教师本人,并说明解聘的理由和依据;教师在接到书面解聘警告之后,正式解聘之前,可以要求法律程序的保护,包括:拟被解聘的教师有权要求组织听证,使教师真正享有陈述权和自我辩护权,学校有义务在听证会上阐述解聘教师的合法理由;学校应允许教师查阅书面证据材料;学校应在解聘教师后启动告知程序,履行告知义务,告知教师可以申诉、复议或诉讼的途径。③

(3)教师聘任合同的期限与要求。根据我国《劳动合同法》的规定,按照不同的标准按照合同期限的长短,劳动合同可分为三种:①有固定期限的劳动合同,它是指企业等用人单位与劳动者订立的有一定期限的劳动协议。合同期限届满,双方当事人的劳动法律关系即行终止。如果双方同意,还可以续订合同,延长期限。②无固定期限的劳动合同,它是指企业等用人单位与劳动者订阅的,没有期限规定的劳动协议。劳动者在参加工作后,长期在一个企业等用人单位内从事生产或工作,不得无故离职,用人单位也不得无故辞退。这种合同一般适用于技术性较强,需要持续进行的工作岗位。

---

① Fisher, Karin Wis. Regent Fire Convicted Professor[J]. Chronicle of Higher Education, 2006.

② 林雪卿. 制定教师聘任方面法规应研究的三个法律问题[J]. 上海教育科研, 2006(3):34-36.

③ 骆腾,陈发美. 教师职务聘任制下的聘用合同管理[J]. 现代教育科学, 2006(3):72-74.

③以完成一定工作为期限的劳动合同,它是指以劳动者所担负的工作任务来确定合同期限的劳动合同。如以完成某项科研,以及带有临时性、季节性的劳动合同。合同双方当事人在合同存续期间建立的是劳动法律关系,劳动者要加入劳动单位集体,遵守劳动单位内部规则,享受某种劳动保险待遇。

根据这一规定,我国公立高等学校的教师聘任合同也应该分为三种:第一种是有固定期间的劳动合同,第二种是无固定期限的合同,第三种是任务性合同。针对不同的岗位和工作,应该签订不同的聘任合同。

对于一般的教育教学工作人员,一般实行有固定期限的劳动合同。这在大部分公立高等学校是主要的聘任合同形式。一般要求,对于普通教师在一定期限以后进行考核,并根据考核的结果决定续聘与否。但在这种聘任中有一点需要注意,即为了充分保护劳动者的合法权益,劳动法特别规定"劳动者在同一用人单位连续工作满十年以上,当事人双方同意续延劳动合同的,如果劳动者提出订立无固定期限的劳动合同,应当订立无固定期限的劳动合同",避免用人单位只使用劳动者的"黄金年龄",而对其以后的各种社会保障逃避责任。

第二种聘任合同形式即为无固定期限的劳动合同。根据《劳动合同法》的要求,无固定期限劳动合同是指用人单位与劳动者约定无确定终止时间的劳动合同。这里所说的无确定终止时间,是指劳动合同没有一个确切的终止时间,劳动合同的期限长短不能确定,但并不是没有终止时间。只要没有出现法律规定的条件或者双方约定的条件,双方当事人就要继续履行劳动合同规定的义务。一旦出现了法律规定的情形,无固定期限劳动合同也同样能够解除,双方当事人还可以就工作内容、劳动报酬、劳动条件和违反劳动合同的赔偿责任等方面协商,进行变更。

这种合同对于用人单位来说,有利于维护其经济利益,减少频繁更换关键岗位的关键人员而带来的损失。对于劳动者来说,也有利于实现长期稳定职业,钻研业务技术,但并不等于"铁饭碗""终身制"。

无固定期限劳动合同的订立有两种情形:一是用人单位与劳动者协商一致,可以订立无固定期限劳动合同;二是在法律规定的情形出现时,劳动者提出或者同意续订劳动合同的,应当订立无固定期限劳动合同。无固定期限合同一经签订,双方就建立了一种相对稳固和长远的劳动关系,只要不出现法律规定的条件或者双方约定的条件,劳动合同就不能解除。因此,法律对无固定期限劳动合同的签订条件作了严格的规定,当事人一方并不能随意的要求签订或者拒绝签订无固定期限劳动合同。同时,用人单位自用工之日起满一年不与劳动者订立书面劳动合同的,视为用人单位与劳动者已订立无固定期限劳动合同。

第三种形式是以完成一定工作任务为期限的劳动合同,指用人单位与劳动者约定以某项工作的完成为合同期限的劳动合同。这种合同主要指以完成某项科研,以及带有临时性、季节性的劳动合同。合同双方当事人在合同存续期间建立的是劳动关系,劳动者要加入用人单位集体,参加用人单位工会,遵守用人单位内部规章制度,享受工资福利、社会保险等待遇。这种劳动合同实际上属于固定期限的劳动合同,只不过表现形式不同。

这三种形式的不同要求,对于保障学校的教育教学工作,提高教师积极性以及提高管理效率有着各自的优势。因此对于学校中不同的教师岗位,可以适用不同的聘任合同,而不能一概而论,使用单一形式。

(4)教师聘任合同的聘后管理。聘任合同签订之后,在聘任合同的实施过程中,还存在着聘后管理问题。

第一,聘任合同的订立与变更。

随着教师聘任成为学校的一项日常行政事务,制订一个行之有效可操作的较为完整的包括选留、晋升、解聘、培训、发展等系列计划作为合同内容,通过评估、教师的表现反馈等方式去评价教师的表现,提高教师对评价系统的接受程度,反映学校要求及教师的工作表现,定期签订聘用合同也成为学校一项常规性工作。

教师聘用合同由高校的法定代表人或其委托的人(一般是院长或系主任)与受聘教师以书面形式订立,其内容包含必备条款、约定条款和专项条款。必备条款包括合同期限、岗位及职责要求、岗位纪律、工作条件、工资待遇、合同变更和终止的条件、违约责任。约定条款和专项条款是双方当事人协商约定的,比如试用期、培训和继续教育、解聘提前通知期限等。

聘用合同签订后,高校和教师必须全面履行合同规定的各项义务,任何一方不得擅自变更合同内容。如果确需对已经签订的内容进行变更,必须经用人单位与劳动者协商一致,可以变更劳动合同约定的内容。变更劳动合同,应当采用书面形式,且经双方签字或盖章后生效。变更后的劳动合同文本应当由用人单位和劳动者各执一份。

第二,聘任合同的解除与续聘。

根据相关法律法规,在高校和教师双方协商一致的情况下,双方可以解除聘用合同。劳动合同解除是指劳动合同生效以后,尚未履行或还没全部履行以前,当事人一方或双方依法提前消灭劳动关系的法律行为。它是劳动合同关系的非自然终止,一般是由于劳动合同订立时所依据的情况发生了变化。这种变化可能是主观方面的,如劳动者违反劳动纪律;也可能是客观方面的,如劳动者患病医期满,不能从事原工作以及用人单位另行安排工作了。这种变化致使劳动关系无法保持,而提前结束。另外,劳动合同解除必须符合法定的条件和程序。根据《劳动法》和《劳动合同法》及现实情况,教师聘任合同的解除一般有:如果教师不符合岗位要求,或实施了严重的违纪违法行为,在试用期内被证明不符合本岗位要求又不同意调整工作岗位,高校有权随时单方面解除聘用合同;如果受聘教师聘期考核不合格者,高校有权减发或停发教师的职位津贴、薪酬,甚至解除聘用关系;如果教师因身体状况不好或不胜任岗位工作,而非主观过错,高校可以单方面解除聘用合同,并提前30日以书面形式通知拟解聘的教师,同时根据教师在本单位的工作年限支付经济补偿金。

同时教师在下列情况下,可以随时单方面解除聘用合同:在试用期内;考入高等院校;被录用或者选调到国家机关工作的;依法服兵役。除此之外,教师提出解除聘用合同未能与高校协商一致的,教师应当坚持正常工作,继续履行聘用合同;6个月后再次提出解除聘用合同仍未能与高校协商一致的,即可单方面解除聘用合同。[①]

三、聘任管理的相关配套制度

从劳动的定义角度看,教师和学术行政人员可以被称为学术劳动力。学术劳动力市场是学术力量和市场力量相互结合和相互作用的产物。虽然各国高等教育系统中学术劳动力市场在选择的程度和范围以及流动的程度

---

① 骆腾,陈发美.教师职务聘任制下的聘用合同管理[J].现代教育科学,2006(3):72-74.

方面有巨大差别,这些差异不仅由高教系统的统一性、行政机构的限制和政权控制的模式来决定,而且由学术巨头控制的程度和在各院校终身就业的文化传统来决定,但学术劳动力市场对学术人力资源配置的巨大效果与声誉决定的院校市场的效果缠绕在一起,对大学的聘任制度安排和政策有着直接的影响。一方面,它使大学在遴选、任用教师和行政人员问题上拥有较大的自由度和自主权;另一方面,学术劳动力市场有助于保护教师和学术行政人才选择大学的权利。

学术人员的流动、人事制度的改革和国家人才工程的不断实施,从不同角度要求政府提供学术劳动力市场的基本制度,为学术人员的有序流动提供基本规则。①

如前所述,聘任制实施过程中教师权益得不到有效保护的原因之一是相对于校方来说,作为个体的教师力单势薄,而在目前学校管理机制还不健全的情况下,校方的行政权力得不到有效的监督与制约。要切实维护聘任制下教师的权益,应从学校内部和外部两方面来完善监督与制约机制。从外部来说,主要是要发挥行政监督和司法监督以及新闻媒体的监督作用;从内部来说,当前应主要加强以下几方面的工作:

(1)充分发挥教代会的作用。教职工代表大会是保障教职工参与民主管理与监督,维护自身合法权利的法定渠道之一。当前应着重解决以下几方面的问题:第一,进一步明确高校教职工代表的权利与义务。第二,规范教职工代表的产生的程序。代表人选必须真正由广大教职员工通过民主、公开的渠道来选定,把那些正直、敢于坦言、有群众威信的人选拔出来,真正代表广大教职工的利益。必须保证普通教师占有一定的比重,以避免教代会成为"校行政扩大会议"。第三,强化教代会监督职能。教代会的民主监督应贯彻于学校系统管理的各个环节,民主监督要经常化、制度化,要避免教代会的作用局限于一年一次的教代大会的情形发生。

(2)加强工会的维权力度。我国《工会法》明确规定维护职工权利是工会的基本职责,因此高校工会应尽快脱离与学校之间的依附关系,建立起一套科学合理的与教师聘任制同步的维权机制,并对学校聘任制管理各环节

---

① 骆腾,陈发美.教师职务聘任制下的聘用合同管理[J].现代教育科学,2006(3):72-74.

的工作进行监督,特别是工会应作为教职工集体的代表,在教师聘任合同的签订、合同的履行等方面发挥应有作用。在进行劳资关系的协调上将工会的维权范围加以扩充,建立必要的机构,帮助教师解决维权的实际问题,从而也能加强劳动调解委员会和劳动仲裁委员会中的工会在执行调解和仲裁时的公正度。[①] 在这一点上,西方国家教师工会的作用就比较突出。[②]

(3)完善高校学术委员会等组织的建设。美国高校的内部管理体制由董事会、评议会以及学校管理系统构成,评议会是学校学术管理机构。我国《高等教育法》规定,高校设立学术委员会。但目前各高校的学术委员会的建设并不完善,学术委员会成员的产生未体现民主集中的原则,行政权力对学术权力的干预多。因此,应尽快完善学术委员会以及教师职称评审委员会等机构的建设,明确其职能,扩大教师对学校管理的参与面,同时对行政权力进行必要的制约,维护教师在教学、科研、职称评定等方面的权益。[③] 2014年,教育部发布《高等学校学术委员会规程》,其中第四条指出"高等学校学术委员会……应当公平、公正、公开地履行职责,保障教师、科研人员和学生在教学、科研和学术事务管理中充分发挥主体作用……"并在第十五条、第十六条中规定了学术委员会在教学科研成果评价标准与办法,教师职务聘任学术标准与办法,学术评价争议处理规则、教学与科研成果推荐奖励、高层次人才选拔等方面的权力,为教师聘任的进一步完善奠定了制度基础。

(4)对内规范学校内部管理,对外完善与社会保障制度接轨。在实施聘用制的过程中,在一些具体法规还不完备的情况下,学校应该采取各种有效的途径来进一步完善学校内部治理结构如完善校长决策程序、明确学校党组织、校长、校董事会、学术委员会等各种机构的职责权限和议事规则等,并对管理行为实施同步监督与制约以减少侵犯教师权益的行为的概率。同时,作为教育变革的主力军,对教师合法权益的有效保障也依赖于整个社会

---

① 赵恒平,廖红梅.论聘用制下高校教师的权益保障[J].武汉理工大学学报(社会科学版),2005,18(1):100-103.

② Wojtas, Olga. Union attacks Glasgow redundancy initiative[N]. Times Higher Education Supplement, 2005-09-16(60).

③ 刘琳.论高校聘任教师的权益保护[J].时代法学,2006,4(4):77-81.

保障体系的进一步的完善。为此,社会要针对教师聘用制中可能会出现的方方面面的问题作好相应的规定,争取与社会保障工作如社会失业保障、医疗保险、养老金制度、住房制度等接轨,使教师的基本权益能够得到有效保障。[1]

(5)创造个性化工作环境,留住人才。高校的人事管理需要基本的规范,但更要个性化。学术自由是高校教师从事学术活动的一种必备权利,要让每个教师都能按自己的学术兴趣来设计自己的学术道路,给学者更多的空间[2]。高校推出任何改革措施,都必须评估其对学术自由的影响。聘用合同管理是刚性的,更要融入柔性的成分,努力为教师学术自由提供更大的空间。[3]

改革劳动报酬、社会保险、医疗、养老制度,为高校实施教师聘任制提供强有力的外部制度支持。一方面疏通教师"走出去"的出口,减少教师对学校的依附心理;另一方面激活劳动力市场,使大学在人力资源的规划上实现自身需要和支付能力的平衡,选择适当的既能体现劳动力价值又能体现大学自身岗位设置的总体思路和人事政策的报酬体系。

给聘任制创造一个公平的制度环境,政府应该主要扮演法律制定者和财政资助者的角色,通过立法和财政的手段来确保学术自由,并在影响全局性的宏观问题上行使规范者的职能。学术归根是学者的事情,政府能干的主要是建立和维护基本的学术秩序,包括设定建立学术机构和选任学术人员的标准,处理有关这方面的纠纷;为公立学术机构安排和筹措资金;制定必要的、宏观的、框架性的发展规划;设立少而精的奖励。至于课题研究、学术评价、岗位设置等,应交给学术机构和民间团体自主处理。[4]

---

[1] 赵恒平,廖红梅.论聘用制下高校教师的权益保障[J].武汉理工大学学报(社会科学版),2005,18(1):100-103.

[2] 王鹏炜,张春梅.学术职业视域下高校教师薪酬管理改革探析[J].研究生教育研究,2012(1):5-8.

[3] 骆腾,陈发美.教师职务聘任制下的聘用合同管理[J].现代教育科学,2006(3):72-74.

[4] 郭丽君.论大学教师聘任制改革的制度环境建设[J].改革与战略,2006(11):108-110.

第五章 教师聘任中教师权益的法律救济

第一节 教师权益救济的含义与意义

一、权利救济的含义

救济权利是和实体权利相对应的一个术语,指通过特定的救济程序对权利纠纷或冲突加以解决,使原权利得以恢复或实现。从性质上看,其属于一种补救性权利(第二性权利),一般以潜在的形式存在,只有当原权利(第一性权利)确实存在而又未得到实现的情况下,它才是真正可要求的权利,其产生必须以原有的实体权利受到损害为基础。救济的目的在于解决权利冲突或纠纷,实现合法权利并保证法定义务的履行,使法定权利转化为现实权利。[①] 因此,罗马法中有一句法谚,"有权利即有救济"(ubi jus ibi remedium),换句话又作"救济先于权利"(Remedy Precedes Rights)或"没有救济的权利不是权利"(A right without remedy is not right)。这一为英美法国家家喻户晓的法律格言所强调的是,救济对于权利实现的重要作用。如果人们关注权利的实现,就必须关注权利的救济。在现代国家,救济总是与司法紧密地联系在一起。公民的某一权利在受到侵犯之后,只有可以诉诸司法裁判机构获得有效的司法救济,该权利的存在才能具有法律上意义。从历史上看,这一观念的形成是人类社会长期探索的结果。

在人类的早期历史中,权利救济的方式主要是复仇式的"私力救济",即所谓"以牙还牙"。但是,尽管人类早期社会的"私力救济"也存在着一定的规则,甚至还存在一定的程序,也尽管"私力救济"在个别情况下也许可以大致获得实体上公正,但是,大量的事实说明"私力救济"是一种缺乏制度保障

[①] 转引自劳凯声.变革社会中的教育权与受教育权:教育法学基本问题研究[M].北京:教育科学出版社,2003:420.

的冲突解决方式。在这种原始的冲突解决方式中,由于冲突当事人基于谋求自身利益最大化的本能,很难站在客观、公正的立场寻求冲突的解决,最终导致决定冲突解决结果的,往往不是案件本身的是非曲直,而是冲突双方参与武力斗争的人数的多寡和气力的大小。原来的被害者可能仅仅因为人数上寡不敌众而再次被害,原来的加害人则可能因为人多势众而再次成为胜利者,陷入"冤冤相报何时了"的问题解决模式之中。

随着社会的发展,"公力救济"取代"私力救济"——以法律程序取代私人武力的方式——解决冲突成为历史的必然。这不仅是因为相对于"私力救济"而言,司法救济由于具有中立、消极、公开等特性,能够使纠纷的解决在一种有序、安全及相对文明的氛围中展开,还因为相对于"私力救济"等其他权利救济和保障手段途径而言,司法救济通常具有终局性和权威性。司法救济所具有的这种内在优越性,使得司法救济相对于其他救济手段而言,具有更为明显抑制违法保障权利实现的功效。

因此,国家不仅应将公民的一系列基本权利确立在宪法和法律之中,也必须同时为各种各样的权利提供相应的救济手段,只有这样权利才能获得法律的强有力的保护。① 美国宪法所确立的"权利法案"之所以具有重要的意义,不仅仅在于它们从普通的被告人权利被"提升"到了宪法权利的高度,而在于这些刑事被告人的公民权利都有相应的救济措施加以保障。②

二、教师权利的救济

教师作为一个法律关系主体,在聘任过程中要与高校发生权利义务关系,也必然会出现权利受损的现象。根据权利救济要求,其在获得法律规定的合法权利的同时,必须依法享有对这种实体权利的保障体系,从而使教师在权利受到侵害时,能够及时维护自己的权益或制止不法侵害。有学者指出,长期以来,我国教师管理制度实行任命制,学校作为教育行政机关的附属物,教师和学校是一种行政法律关系,从而导致学校与教师之间是一种管理与被管理者的关系,学校、教育行政主体或国家行政机关掌握并行使着行

---

① 李奋飞. 从"无救济则无权利"谈起[EB/OL]. http://www.civillaw.com.cn/article/default.asp? id=29263.

② Levinson R B. Court Finds Trustees Overstepped[J]. Academe, 2007(5):14-15.

政权力,以管理者的身份处于较为优越的位置,在教育管理过程中违法或不当行为必将给教师权利带来一定的损害,而教师的权利不足以或者不能直接制止某种侵害行为的发生,这就需要通过法律救济来保障教师权利的实现①;同时,从《行政复议法》和《教育法》以及《教师法》等法律法规的目前的规定看,在公立高校教师权利保障的立法上也存在着相关立法内容模糊不清,缺统一标准,直接影响了相关法律的适用;在司法实践中对教师与高校之间的纠纷是否适用行政复议和行政诉讼存在争议,相应法律规定笼统,缺乏可操作性;立法分散,缺乏系统性等不足,也需要通过不断完善教师权利救济制度的完善,来促进公立高校中的法律治理。②

然而,由于教师身份的特殊性所导致的权利本身的复合性,即教师的专业权利与一般公民权利的复合,我国学界对教师权利救济的认识存在着两种不同的观点。一种观点认为,《教师法》中对教师权利的规定过于狭隘,它规定了教师作为专业人员所享有的专业权利,而对教师作为一个公民所应享有的公民一般权利没有涉及,因此经常导致教师的一般公民权在学校管理过程中受到侵犯而无从救济。另一种观点认为,《教师法》作为一个特殊法律规范,其对教师权利和义务的规定只是限定在其特殊领域之中,而教师作为一个普通公民所应享有的权利在其他相应法律法规尤其是《宪法》《民法》等上位法中已经规定,不必要在《教师法》中专门列出。但这两种观点在现实应用中,似乎都存在着难题。比如,近日有媒体报道,广东某高校教师在单位加班到晚上,回家后继续批改学生论文至凌晨,次日在前往在公交车上因猝死去世。该学院在工伤认定申请中表示,刘老师是教学骨干,高校教师的工作时间和工作地点具有一定的不确定性,工作时间无法简单地用上下班时间来决定,工作地点也不局限于课堂和学校校园内。出事前刘老老师正忙于教学以及科研工作,包括辅导、修改学生毕业论文、准备科研课题的调研等,单位同意申请工伤认定。但当地人社局却表示有证据显示该教师的身体一直很正常,且该教师在事发前段时间以及事发当天,并没有任何异常或反常情况,另外该教师当天所乘的公交车线路并不停靠其工作单

---

① 梁明伟.论教师权利及其法律救济[J].教师教育研究,2006,18(4):48-52.
② 荣利颖,杨娟.我国公立高校教师权利保障的立法现状研究[J].北京教育(高教),2012(9):7-9.

位及附近站点,其乘坐该路公交车并不是其上班的合理路线。同时,也没有证据显示,刘老师乘坐公交车时有处理与工作有关的事宜,因此该教师在公交车上猝死不属于在工作时间和工作岗位的情形,依法不予认定为工伤。[①] 在本案,就涉及工伤认定的标准,其中包括"工作时间和工作岗位"的认定问题。

正是由于对教师工作的特殊性研究还比较缺乏,对教师工作的特殊性认识还没有厘清,因此教师权利救济制度上还存在着许多值得研究的问题。

第二节 当前教师聘任救济中存在的问题

教师聘任救济是与教师实体权利同等重要的问题,对于保障教师的合法权益,促进教育教学和依法治教具有十分重要的意义。但由于目前《教师法》及相关法律法规中对教师的普通公民权利、聘任救济性质及其途径的规定却并不明确,往往使聘任制在落实中出现各种影响聘任制落实的问题。归纳起来,主要表现在以下几个方面。

一、教师权利处于失语状态

教师聘任制的前提是双方地位平等,经充分协商达成聘任合同。但是在聘任制条件下,这种平等体现仍然不够充分,表现在聘任合同中就是教师权利的失语。首先,在聘任过程中,公立高校作为买方,与作为卖方的教师尤其是新入职教师相比,具有较强的信息优势,这种信息不对称使得应聘者必然处于博弈的劣势地位,难以全面了解学校的相应政策与管理措施,也不敢或不愿坚持自己的权利主张,从而造成在聘任之初对权利的表达就比较缺乏。其次,长期以来,我国教师管理制度实行任命制,学校作为教育行政机关的附属物,教师和学校具有行政隶属关系,学校与教师之间的关系是领导与被领导的关系,形成的是行政法律关系。学校有命令教师的权利,但教师却很少能够在自身合法权益受损的情况下与学校相抗衡。[②] 最后,虽然在

[①] 魏丽娜. 副教授改论文至凌晨公交车上猝死工伤认定被否[N]. 广州日报,2018-5-22(4).

[②] 李文江. 高校教师聘任制之法律研究[J]. 高等教育研究,2006,27(4):49-54.

学校中也存在着教师代表大会与教育工会,但由于教育工会的行政化以及教师代表大会自身先天不足,教师的权益基本无从谈起。即如果把教师与高校之间的聘任理解为教师与高校之间的利益博弈过程的话,其实双方都在追求利益的最大化,而双方力量的平衡乃是博弈正常化的基础。作为个体的教师,其力量远不足以与校方抗衡,只有教师集体的力量才可以与之相匹配。根据《工会法》《教育法》及相关法律的规定,教师工会和教职工代表大会是教师利益的维护者,是教师集体力量的代表者。遗憾的是,由于多种复杂的原因,实际生活中的教师工会只不过作为校方的附属机构,代表校方做些福利事务而已,其作用极其有限,而教职工代表大会因其会期组织等也很难及时起到相应作用。因而聘任合同往往由学校单方面制定,且多为格式合同,虽然也可能要经过公示或征求意见,但教师与校方很少能够自由平等协商。如何落实聘任制往往以学校发展为依归,学校在追求利益最大化的过程中,很容易使这种聘任合同变成"责任状",以聘任合同作为一种间接强制管理手段,教师难以主张权益。[①]

二、聘任合同内容不够全面

根据《劳动法》第十九条的规定,劳动合同条款包括:劳动合同期限、工作内容、劳动保护和劳动条件、劳动报酬、劳动纪律、合同终止条件、违反劳动合同的责任等,而从我国目前各高校的聘任合同看,合同内容上并不全面。

(1)合同期限。根据《劳动法》的规定,劳动合同的期限分为固定期限和无固定期限及以完成一定工作为期限三种。事业单位人员的聘任合同有短期和中长期两种。流动性强、技术含量低的岗位,一般签订3年以下的短期合同。岗位特殊、职业需要或工作周期相对较长的岗位,可签订中长期合同。在本单位工作满25年或连续工作满10年,由本人提出,单位应该同意签订无固定期限的劳动合同。劳动合同签订时,可以约定试用期,一般不超过3个月,最长不超过6个月;大中专应届毕业生的试用期可延长至1年。但目前各个高校的聘任中基本采用的是三年或四年一聘,甚至有学校要求

[①] 李牧.高校聘任制实施过程中教师权益保护问题探究[J].学术论坛,2005(1):178-181.

教师一年一签，即使是已经从教几十年的教师，依然不分固定期限和无固定期限。周文霞等经过调查发现，在所收集的47所高校中，有34所高校对教师的聘任期限做出了明确规定，聘期一般都在5年范围内，其中聘期规定为3年的高校最为普遍，有23所（67.65%），聘期1年的3所（8.87%），聘期2年的1所（2.94%），聘期4年的1所（2.94%），聘期5年的2所（5.88%），其中有5所高校（14.7%）采取了有固定期限聘任和无固定期限聘任相结合的方法。①

（2）教师的工作内容没有明确。从高校的聘任合同来看，大多数高校的聘任合同对于教师的工作内容只有一句话"即聘任×××担任教学（或科研）工作"，而对担任何种课程的教学或者什么内容的科研工作等内容基本不提或提及很少，不能明确告诉教师具体应该怎么做才是符合要求的。对于学校而言，学校可以随时更改教学或科研要求，迫使教师满足学校的条件，进而无限制地加重教学科学负担。2015年，武汉大学启动聘任制教师（简称"3+3"）制度，即新选聘教师按"3年+3年"两个聘期的合约聘用，纳入博士后管理。但2018年7月首次转固定教职评审中，正式申报的48人（含聘期制42人），只有6人被直接聘为固定教聘副教授，其部分原因就在于文件中"聘期内达到副教授学术水平或取得本学科突出性成果"这一规定，内容把握很难说清楚。

（3）从劳动保护和劳动条件来看，高校聘任合同在这一方面基本上是空白。就劳动条件而言，由于各学校教学条件和科研条件存在较大差异，教师对教学和科研条件缺乏相应选择权利，大多数教师只能委屈自己，因陋就简。比如，许多学校多媒体设备缺乏，教师只好以教务部门安排的时间授课，晚上、双休日甚至是法定节假日都得正常上课；夏天缺乏空调设备，挥汗如雨；没有扩音设备，教师喊得声嘶力竭……不一而足。就劳动保护而言，许多学校为了提高教学效率，将公共课数班合并成一个班教学，再多的作业、再多的考试只作一个班计算；为教师们安排体检，时有时无，并无规则，即使是查出已经身患某种病症，也并无专门休养计划，从而使高校中教师的过劳死已经成为常见现象。陈秀兰在2007年撰文统计，高校教师"过劳死"

---

① 周文霞，邵懿，王倩.中国高校教师聘任制政策文本研究[J].浙江工商大学学报，2007（6）:81-87.

的事件屡屡发生:2002年的10月5日,年仅48岁的作物遗传育种专家李维明教授病逝;2006年3月2日,水稻育种专家杨仁崔教授又不幸逝世,享年也仅63岁;不到4年时间,福建农林大学就痛失两位专家教授;51岁的大连理工大学教授顾元宪猝死在国际学术会议上;两位年龄不到45岁的清华大学青年教师在4天内相继辞世;厦门大学博士生导师、年仅48岁的靳立人教授猝然辞世;北京大学教授孟二冬享年仅49岁;浙江大学数学系教授何勇,36岁便与世长辞了……据中科院政策所联合心理学专家做的一个调查表明,工作过度是知识分子身体状况较差的主要原因①……在周文霞等的调查中,47所高校的聘任合同中均没有出现对教师体验或休养计划的约定。②近些年来,各高校开始重视教职工健康检查,使体检常规化、休养计划化,从而为及时防范和救治提供了必要条件,但这些措施并没有从劳动保护的根本上缓解教师们的压力源。这对于近年来的高校青年教师们来说,更是说不清的压力,从个人收入、婚恋、住房、职称评定、科研与教学的关系,到学术环境的行政化、市场化、学术不端、人情社会、重理轻文、急功近利,他们受到360度全方位的讨论,汇集成出一幅色彩灰暗的高校青年教师"囧象"。③ 学校希望建立灵活的用人制度意图与教师权利保障之间的利益协调机制还没有建立起来。

(4)从劳动报酬看,高校聘任合同对于劳动报酬的规定一般并无过多涉及,至多言明"按照国家相关工资制度执行"。我国高校的工资体系在中华人民共和国成立至2006年,国家分别于1956、1985、1993年进行了三次工资改革。1956年的第一次工资制度改革,主要完成了各类单位的分配制度从供给制向职务等级工资制的过渡。1985年进行了第二次工资改革,国家教育委员会按照中共中央、国务院下达的《国家机关和事业单位工作人员工资制度改革方案》和国务院工资制度改革小组、劳动人事部《关于实施国家机关和事业单位工作人员工资制度改革方案若干问题的规定》精神制定并实

---

① 陈秀兰.浅析高校教师过劳死现象及保护措施[J].法制与社会,2007(2):583-584.
② 周文霞,邵懿,王倩.中国高校教师聘任制政策文本研究[J].浙江工商大学学报,2007(6):81-87.
③ 周建平,谢若含."青椒"之焦:大学青年教师的现实之困[N].南方人物周刊,2016-01-22.

行的《高等学校教职工工资改革实施方案》明确规定高等学校教职员实行以职务工资为主要内容的结构工资制,建立起了以职务工资为主要内容的结构工资制,主要完成了高校等各类事业单位的分配制度从职务等级工资制走向结构工资制。1993年工资制度改革是在建立社会主义市场经济体制改革大背景下进行的,改革的目的就是要根据改革开放和建立社会主义市场经济体制要求,贯彻按劳分配原则,克服分配中的平均主义,逐步使工作人员的报酬与实际贡献相一致,建立起符合机关、事业单位各自特点的工资制度和正常的工资增长机制。此次工资改革,将高校工资划分为固定和活的两部分,活工资的设置是这次工资制度改革的重要内容,体现了将工资引入竞争机制,符合按劳分配原则。2016年11月,根据国务院统一部署,各中央部委直属高校开始全面实行绩效工资制度改革,这标志着我国一流高校的新一轮收入分配制度改革已经全面拉开序幕。经过这些改革,各校逐步形成了岗位津贴、绩效津贴、岗位绩效津贴等三种分配模式,较好地体现了尊重知识、尊重人才的方针,体现了对高校创新创造性劳动的认可,形成了"岗位管理"的人事制度,极大地鼓励和调动了高校广大教职工的积极性,吸引了大量优秀人才进入高校,为实现高校扩招和高校人才教育模式的转变,发挥了重要的作用。但是工资改革中也仍存在着工资水平偏低、平均主义严重、统得过死等问题[①],同时由于高校现行的工资制度以单一工资制为主体,决定教师工资的主要因素是学历、职称、工龄三大因素,还不能避免分配中的平均化、资历化问题。[②] 相对于世界一流大学主要采用协议工资、以学院为主进行薪酬管理、实现年薪制、薪酬福利多样化和人性化等特点[③]而言,我国高校教师聘任过程以及最后的合同中都缺乏相应的规定,这也为教师们薪酬权利保障埋下一定隐患。

(5)从合同终止条件以及教师的解聘问题看,《教师法》规定学校解聘教师的法定事由有三个,即故意不完成教育教学任务,给教育教学工作造成

[①] 张雄杰.关于深化高校工资制度改革的探讨[J].江苏高教,1992(4):49-51.

[②] 王保平,何萌."双一流"建设背景下的高校教师薪酬体系改革[J].中国高等教育,2017(3):14-17.

[③] 柯文进,姜金秋.世界一流大学的薪酬体系特征及启示:以美国5所一流大学为例[J].中国高教研究,2014(5):30-35.

损失的;体罚学生经教育不改的;品行不良、侮辱学生,影响恶劣的。具有以上情况之一者,用人单位可以解除聘任合同,但必须提前30日以书面形式通知本人。而其中"故意不完成教育教学任务,给学校教育教学工作造成损失","损失"的程度难以衡量;"品行不良、侮辱学生、影响恶劣"的解释也不够明确,这些条款过于"灵活",具有很强的不确定性。同时,可以看出《教师法》对于聘任合同的终止实际上并没有规定相应条件,即如果对教学或科研内容并无严格要求的话,实质上聘任合同的终止就只有时间条件。在周文霞等的调查中发现,解聘的条件主要可以归纳为不能胜任工作要求、学术造假或剽窃、违法乱纪、道德败坏、健康问题,其中只有长春理工大学、辽宁师范大学和沈阳农业大学的政策规定中对学校不得解聘的情况做出了明确规定,主要包括:因工负伤、致残、丧失劳动能力的;妇女在孕期、产期及哺乳期内的;患重症期间等。① 这样的规定,往往给学校解聘教师或者教师终止聘任合同造成不确定原因。

(6)从违反合同所应承担的责任看,聘任合同中并未就相关事宜做出规定。由于聘任合同本身的对工作内容的规定比较模糊,因此公立高校教师的工作内容到底应该如何界定、工作时间以何为标准等都取决于行政管理者的临时解释,因此近年来在高校工作中,临时追加内容的情况也越来越明显。例如,在一些学校,原来的四六级监考、研究生监考以及学校承担的一些社会服务活动,教师参与只是自愿行为,但近年来开始成为必须工作,如果没有教师愿意参加则采用轮流监考的办法强行派加。对此,学校往往都以这是教师应当承担的义务加以解释。但对与此相联系的问题,比如教师临时加班的补偿、学校在聘期内单方面改变教师工作内容与标准等问题,却又往往避而不谈。如果教师因此而与学校发生纠纷,应该通过哪些途径来解决这些纠纷在聘任合同中均没有体现。

三、集体合同缺失

集体合同(Collective contract)又称团体协约、集体协议等,是指企业职工一方与用人单位就劳动报酬、工作时间、休息休假、劳动安全卫生、保险福

---

① 周文霞,邵懿,王倩.中国高校教师聘任制政策文本研究[J].浙江工商大学学报,2007(6):81-87.

利等事项,通过平等协商达成的书面协议。我国《劳动合同法》第五十一条规定:"企业职工一方与用人单位通过平等协商,可以就劳动报酬、工作时间、休息休假、劳动安全卫生、保险福利等事项订立集体合同。集体合同草案应当提交职工代表大会或者全体职工讨论通过。集体合同由工会代表企业职工一方与用人单位订立;尚未建立工会的用人单位,由上级工会指导劳动者推举的代表与用人单位订立。"第五十二条规定:"企业职工一方与用人单位可以订立劳动安全卫生、女职工权益保护、工资调整机制等专项集体合同。"

我国于2003年12月30日经劳动和社会保障部第七次部务会议通过、自2004年5月1日起施行的《集体合同规定》第二条规定"中华人民共和国境内的企业和实行企业化管理的事业单位与本单位职工之间进行集体协商,签订集体合同,适用本规定"。该规定对劳动者的劳动报酬、工作时间、休息休假、劳动安全与卫生、补充保险和福利、女职工和未成年工特殊保护、职业技能培训、劳动合同管理、奖惩、裁员、集体合同期限、变更、解除集体合同的程序、履行集体合同发生争议时的协商处理办法、违反集体合同的责任以及双方认为应当协商的其他内容等内容进行了详细说明。

可见,集体合同是用人单位与代表职工利益的工会或团体就职工工作条件、劳动报酬、保险福利等条件签订的书面合同。集体合同与教师个人合同相结合,能更有力地保护教师的劳动权益。[①] 一般情况下,劳工们通过工会首先与用人单位签订集体合同,然后个人再与用人单位签订个人合同。个人合同中违反集体合同的条款不具有效力,而集体合同中对相关问题的约定对个人合同有效。

戴拥军研究加拿大在渥太华大学与各类教职员工签订的集体合同后认为,作为校方管理和培养教研人员的法律依据,渥太华大学董事会与教授协会之间的集体合同,详细规定了校方和教研人员之间各项权利和义务,构成了对双方都具有约束力的雇佣与被雇佣的关系,尤其值得我国借鉴。其中,在教研人员的权利与义务方面,所有属于集体合同管理并由谈判代理人代表的教研人员都是教授协会成员,其所拥有的权利和应尽的义务都非常明

---

① 李文江.高校教师聘任制之法律研究[J].高等教育研究,2006,27(4):49-54.

确;任何教研人员可以书面或任何明晰的方式提出退出教授协会的意愿,校方根据该意愿不再扣除该教研人员的会费或根据教师意愿将会费汇入指定慈善机构;教研人员享有充分的学术自由,在课堂内外传播其观点,践行其作为教研人员和学者的身份,以合理方式表达和传播其学术活动成果,但不得与校方或其他部门及其校外实体相冲突,不得妨碍他人或与本合同规定的学术自由,不得免于法律责任,不得抵消其作为教研人员身份的其他义务和职责。教研人员的职责包括:教学活动、学术活动、学术服务活动,并详细界定了各项活动的范围,例如,根据评议会所采纳的课程大纲,在相关部门制定的时间、地点教授其被安排的课程;确定常规的在办公室接待学生咨询的时间,将具体时间公布于办公室门外,并让学生和系主任知晓;在每门课开始前,告知学生该门课程相关要求、指导和评估方式、作业、计划和考试性质及时间等。在非学术休假或其他假期内,教研人员须按要求出现在校园内,如承担既定工作量内的教学任务或指导其所担任导师的研究生学业、一定量的办公室工作、所在学术部门的学术服务活动,以及院长/系主任或其个人指导教师出于合理原因并给予适当通知要求其在出现在校园。集体合同也规定,在对学生、同事、其他学者或其他雇员有影响的行为中,教研人员需遵守普遍接受的公平与伦理准则。例如,不容许私人或商业关系渗入对同事的任何决定或评价过程,不允许接受渥太华大学提供给学生以外的包括指导在内的任何服务费用,不可歧视学校其他雇员对学校所做出的贡献等。教研人员在认为收到不公正对待时有投诉的权利,教授协会将代理其与校方寻求解决办法,直至提交仲裁,但当事人需承担相应费用,并提交保证金5000加元。根据工作性质的不同,集体合同中将教研人员的聘用岗位分为专业教师、语言教师、图书馆员和职业指导师四类,并给予不同聘用条件和工作范围,在财政紧急年度,可以根据实际情况对教研人员进行解聘、转岗、转聘等。此外,集体合同还对教研人员从事本职工作以外的学术活动、申请各类学术项目获批后的资金管理、学术不端行为的惩罚、违反合同相关规定的纪律处分等给予详细的条款规定。另外,集体合同还对工作环境、工资待遇、休假制度、专利及智力产权、人身安全、身心健康、有效参与各种行政事务的管理、取得各种成就的奖励、免受各种骚扰、教师子女或家属在渥太华大学的免费培训、购买个人住房提供借款担保、校内停车及交通补贴、评价方式、职称评定等方面，也有详细的条款规定。①

但从我国目前聘任制实施来看，除了在签订聘任合同时学校提供的格式合同之外，每个人都同学校签订的是个人合同，集体合同还是一个空白。这使得学校聘任教师的权力处于一种无所监控的环境之中，而教师个人根本无法与这种法律所授予的权力相抗衡，其结果只能是教师被迫接受学校所提出的各种条件。

四、人事争议处理仍存在法律障碍

根据目前我国教师管理的相关制度，教师仍属于"干部"体系，其人事管理仍然按照国家人事管理的相关规定执行。但人事争议目前解决途径有两个：一是按照教育法的规定内部解决，即由学校或教师向教育行政部门申诉，由教育主管行政部门协调解决；二是通过人事争议仲裁途径解决。

关于申诉，由于其更多地运用于行政关系内部，且我国《教师法》未明确规定当事人不服申诉又应如何，所以一般学者认为其有排除其他救济形式的嫌疑。

而人事争议则存在着法律依据比较模糊的问题。随着人事制度的改革，人事争议也日益增多，为公开及时处理人事争议，强化人事部门的监督、保障职能，人事部陆续下发了《关于成立人事部人事仲裁厅有关问题的通知》《人事争议处理暂行规定》《人事争议处理办案规则》《人事争议仲裁员管理办法》。国办发〔2002〕35号文件规定："为妥善处理人员聘用工作中出现的各种问题，及时化解矛盾，维护聘用单位和受聘人员双方的合法权益，要建立和完善事业单位人事争议仲裁制度，及时公正合理地处理、裁决人员聘用中的争议问题。受聘人员与聘用单位在公开招聘、聘用程度、聘用合同期限、定期或聘期考核、解聘辞聘、未聘安置等问题上发生争议的，当事人可以申请当地人事仲裁委员会仲裁。仲裁结果对争议双方具有约束力。"

仲裁一般是当事人根据他们之间订立的仲裁协议，自愿将其争议提交由非司法机构的仲裁员组成的仲裁庭进行裁判，并受该裁判约束的一种制度。仲裁活动和法院的审判活动一样，关乎当事人的实体权益，是解决民事

---

① 戴拥军.从集体合同看渥太华大学教研人员的管理与培养[J].教育现代化，2016(37)：143-146.

争议的方式之一。我国《仲裁法》的第二条规定:"平等主体的公民,法人和其他组织之间发生的合同纠纷和其他财产权益纠纷,可以仲裁"。这里明确了三条原则:一是发生纠纷的双方当事人必须是民事主体,包括国内外法人、自然人和其他合法的具有独立主体资格的组织;二是仲裁的争议事项应当是当事人有权处分的;三是仲裁范围必须是合同纠纷和其他财产权益纠纷。但是涉及当事人本人不能自由处分的身份关系的婚姻、收养、监护、扶养、继承等争议、行政争议、劳动争议等不能适用仲裁。依此衡量,教师聘任争议无论是行政争议,还是劳动争议,都不太可能适用于仲裁这种方式。

人事争议仲裁按照1997年8月8日《人事争议处理暂行规定》之规定:当事人应在争议发生之日起60日内,以书面形式向仲裁委员会申请仲裁,并按申请人数递交副本。由于人事争议仲裁委员会设在人事行政机构内,所依据的仲裁规则是人事部门的政策性文件,没有任何法律依据,完全是政策指导下的行政行为。2003年9月5日,最高人民法院法释〔2003〕13号文件公布实施了《最高人民法院关于人民法院审理事业单位人事争议案件若干问题的规定》,使人事争议仲裁与司法审判接轨,人事争议案件有法可依。同年9月29日,人事部出台《关于推动人事争议仲裁工作有关问题的通知》(国人部发〔2003〕年30号),指出"该《规定》确定了人事争议仲裁制度与司法制度的关系,表明人事争议仲裁制度进一步走上法制化轨道,同时也对人事争议仲裁工作提出了更高要求,对推动人事争议仲裁制度建设和工作开展将产生重要作用"。

对人事争议解决办法现行"一裁二审制",即出现人事争议先向人事行政管理部门申请仲裁,对仲裁结果不服,可以向当地人民法院起诉。鉴于人事制度政策依据的现状与下级人民法院的反映请示,2004年4月30日最高人民法院出台了《最高人民法院关于事业单位人事争议案件适用法律等问题的答复》(法函〔2004〕30号),规定"事业单位与其工作人员之间因辞职、辞退及履行聘用合同所发生的争议,适用《中华人民共和国劳动法》的规定处理……人民法院对事业单位人事争议案件的实体处理应当适用人事方面的法律规定,但涉及事业单位工作人员劳动权利的内容在人事法律上没有规定的,适用《中华人民共和国劳动法》的有关规定。"实际上,"人事方面的法律规定"是不存在的,因此出现因无法律可以适用、当事人无法律救济途径的现象。① 如某个隶属于中央某国有公司管理、经费来源为财政补助、上级补助、经营收入并由国家事业单位登记管理局登记的事业法人单位,以无视单位劳动纪律,目无组织领导,无故旷工屡教不改,严重违反了某国有公司及某研究所有关规定为由,依据《事业单位管理条例》第二十八、二十九条,经某研究所办公会研究提议,报请某研究所职工代表大会组长会议审议通过,某研究所办公会议决定,开除属研究所编制内人员梁某。梁某以考勤记载不实,规章制度不知为由申请仲裁,请求撤销处分决定,恢复劳动人事关系,补发拖欠的工资,但仲裁机构按《劳动人事争议仲裁办案规则》第三十二条规定,撤销案件,按不予受理处理。其理由就是《事业单位人事管理条例》第三十八条明确规定,事业单位工作人员对涉及本人考核结果、处分决定等不服的,可以按国家有关规定申请复核、提出申诉。该条对事业单位工作人员包括开除处分在内的行政处分不服的,明确告知了法律救济途径,因此不应当纳入人事争议仲裁受案范围。②

五、救济途径的单一而且模糊

一般来讲,教育中的法律救济主要通过三种方式来实现的。一是诉讼方式。凡是侵犯了相对人的合法权利,符合民事诉讼法、刑事诉讼法和行政诉讼法受案范围的,可以通过诉讼渠道来取得司法救济。二是行政方式。我国有关法律规定了行政申诉、行政复议和行政赔偿等形式的行政救济方式。行政申诉包括教师的申诉、行政复议、行政诉讼等法律救济方式。三是仲裁和调解等其他方式。主要指通过教育组织内部组织或机构以及其他民间渠道来实施法律救济。现行《教师法》中只是规定了教师具有申诉的权利,对其他救济途径没有提及③,而且对救济机构规定不够健全、救济制度之间也缺乏衔接④。

诉讼,指纠纷当事人通过向具有管辖权的法院起诉另一方当事人解决

---

① 李文江. 高校教师聘任制之法律研究[J]. 高等教育研究,2006,27(4):49-54.
② 兰朝晖. 事业单位工作人员对开除处分不服之争议不属于人事仲裁受案范围[J]. 中国劳动,2017(1):80-82.
③ 梁明伟. 论教师权利及其法律救济[J]. 教师教育研究,2006,18(4):48-52.
④ 齐春丽. 大学章程视域下教师权利研究[D]. 西安:陕西师范大学,2015.

纠纷的一种法律行动。其目的是在法庭上辩冤、争辩是非曲直,由国家专门机关在诉讼参与人的参加下,依据法定的权限和程序,解决具体案件的活动。我国的诉讼类型分为民事诉讼、刑事诉讼和行政诉讼三种。刑事诉讼的中心内容是解决被追诉者(即犯罪嫌疑人、被告人)的刑事责任问题;行政诉讼是人民法院在当事人双方和其他诉讼参与人参加下,审理和解决公民、法人或者其他组织认为行政机关和行政机关工作人员的具体行政行为侵犯其合法权益的行政案件的活动,即行政诉讼必须有一方是公民、法人或者其他组织与另一方行政机关的行政纠纷的存在为前提;民事诉讼,是指当事人之间因民事权益矛盾或者经济利益冲突,向人民法院提起诉讼,人民法院立案受理,在双方当事人和其他诉讼参与人的参加下,经人民法院审理和解决民事案件、经济纠纷案件和法律规定由人民法院审理的特殊案件的活动,以及这些诉讼活动中所产生的法律关系的总和。由于公立学校聘任主要围绕劳动和财产展开,因此不会涉及刑事诉讼。但是如果公立高校与教师之间产生纠纷,是适用行政诉讼还是适用民事诉讼,由于公立高校聘任教师这一权利的性质目前仍不明确,因此仍然存在争议,这也为教师权利救济埋下了一定隐患。从目前司法实践来看,诉讼这一方式还是缺乏一定的理论依据。首先,法院拒绝为高校教师提供司法救济的理由,因为学校的地位特殊,即学校属于事业单位,不是面向社会、从事管理的行政机关;学校管理权力的性质特殊,该权力具有自治属性,对外界不构成影响,似乎不属于公共权力;教师法律地位特殊,作为高校管理对象的教师与所在学校存在行政隶属关系,不具有一般社会成员的普通身份;司法审查的法律依据不明,法律、法规中尚无教师在高校管理过程中的权益受到侵犯时可以申请司法救济的明确规定。此外,司法机关介入高校教师管理,也存在一个审查能力问题。[①]

包括申诉、行政复议在内容的行政救济方式是目前教师救济的主要规定方式。申诉可以分为诉讼上的申诉和非诉讼上的申诉。前者是指当事人、被害人及其家属或者知道案件情况的其他公民,认为人民法院已经发生法律效力的判决或裁定有错误,向人民法院或者人民检察院提出要求依法处理,予以纠正的行为;后者是指公民或者企业事业等单位,因本身的合法

[①] 闫尔宝. 对高校管理中教师权益的司法保护[J]. 人民司法,2001(5):44-46.

权益问题不服行政部门的处理、处罚或纪律处分,而向该部门或其上级机关提出要求重新处理,予以纠正的行为。申诉制度是《教师法》明确规定的一种救济制度。根据《教师法》的规定,很明显,教师申诉制度属于非诉讼上的申诉,是指教师对学校或其他教育机构及有关政府部门做出的处理不服,或侵犯其合法权利的行为,向有关教育行政部门或有关的其他政府部门提出要求做出重新处理的制度,是一种系统内部的救济制度。这种内部救济往往由于其处于学校内部而公正性受到怀疑,目前来看,无论是教师申诉还是学生申诉,能够充分实现权利保障的案例还不多见。行政复议,则是指公民、法人或者其他组织认为行政主体的具体行政行为违法或不当侵犯其合法权益,依法向主管行政机关提出复查该具体行政行为的申请,行政复议机关依照法定程序对被申请的具体行政行为进行合法性、适当性审查,并做出行政复议决定的一种法律制度。其特征主要有:以行政争议和部分民事争议为处理对象;直接以具体行政行为为审查对象;以合法性和合理性为审查标准;以书面审理为主要方式;以行政相对人为申请人,以行政主体为被申请人;以行政机关为处理机关。行政复议制度的建立,为教师权利救济提供了较为权威的保障方式。但是从其定义也可以看出,行政复议是以行政管理为前提的,只有符合行政管理的要件即存在具体行政行为,才适用于行政复议。而公立高校与教师的聘任是基于合同的平等意思表达,公立高校的要求如果是为了实现其行政管理目的而违反了合同规定,是按照行政复议进行救济,还是按照民事合同进行救济,也是救济的难题。

　　从以上分析可以看出,当前教师权利的可能救济方式途径不但受到现有法律的严格限制,而且对于救济的具体方式和内容都还比较模糊。有学者在2016年通过对教育部已核准的84所高校章程从教师教学权、学术权、评价学生权、取得报酬福利权、参与管理权、职业发展权以及申诉救济权的角度进行文本分析后仍认为,大学章程在保障教师权利方面存在权利内容规定不清、权利保障重视不够、保障措施缺失或缺乏实效等方面的困境。[①]

---

　　① 汤娜,罗昆.大学章程中教师权利保障的困境与实现路径:基于教育部已核准的84所高校章程的文本分析[J].国家教育行政学院学报,2016(7):85–89.

第三节 教师聘任救济问题的原因分析

分析以上诸多问题,可将教师聘任救济缺乏的原因归纳为以下几个方面:

一、教师聘任救济的法律依据缺失

这里的"缺失"主要指在微观层面上我国目前尚缺乏教师聘任操作性的法律文件。教师聘任制的法律依据较为明确的内容只有两方面,即聘用原则和聘用方式,如《高等教育法》第四十八条第二款规定"高等学校的教师的聘任,应当遵循双方平等自愿的原则,由高等学校校长与受聘教师签订聘任合同",即聘任原则为双方平等自愿,聘任方式为由校长与受聘教师签订聘任合同。至于聘任合同应涵盖哪些内容、聘任的程序如何,并无法律的具体规定。对此,法律只是以授权的形式作出规定,如《教师法》第十七条第二款规定:"实施教师聘任制的步骤、办法由国务院教育行政部门规定。"但至今教育部仍未制定出有关教师聘任制的专门规定。由于没有统一的实施教师聘任制的法源性规范性文件,各高校往往根据自己的需要制定相关规定,各行其是,自主地实施聘任制。而这些"相关规定"很少经过科学论证,具有较大的随意性,教师权益不可避免地遭受侵害。1994年6月23日,全国人大法律委员会在《关于〈中华人民共和国劳动法(草案)〉审议结果的报告》中也指出:"事业单位(学校、医院、科研机构等)和社会团体的劳动人事制度比较复杂,有些可以实行企业化管理,有些则要依照国家机关的人事制度进行管理,或两者兼而有之,需要进一步研究。教师、医生、科研人员又各有专业特点,许多问题可由专门的法律加以规范和保障其权利……本法具体规定的内容主要是企业和职工之间的劳动关系,有些虽然适用事业组织、社会团体,但是在劳动合同、工时和工资、社会保险以及劳动争议处理等基本制度的规定上,难以适用于事业组织、社会团体,应针对他们的特点做出相应的规定,而现在还难以做到。"因而造成现有的许多聘任办法,存在着与现行法规背离的问题。

法律依据之所以缺失,主要原因在于对教师获聘入职后学校与教师之间法律关系不够明确。在计划经济条件下,本着"一切权力属于人民"的理念,我国当时的公有制经济并不区分产权,而是强调集体企业的生产资料由企业的劳动群众集体所有,劳动者作为生产资料的主人,以集体劳动的形式实现了与生产资料的直接结合。在这种思想的指导下,任何组织单位中的职工与单位之间的关系,属于我即是你你就是我的关系。单位在对待违反纪律时,更多是从集体主义利益角度进行说服教育和处罚,并不过多涉及权利救济问题。这种关系从法学上看,属于德国特别权力关系的体现。

特别权力关系理论起源于19世纪的德国,是在自由法治国时期,为了维护君主对官员及军队的统治权而发展起来的法学理论,使作为君主支柱的军队及官僚系统得以摆脱法治主义的支配。正式提出"特别权力关系"之概念并开始为其架构理论体系的是德国法学家拉邦(Paul Laband)提出的"主体封闭说"。他认为,法律关系是仅存在于主体和主体之间的关系,也就是人民与人民之间,或者人民与国家之间;而国家是一个封闭不可分割的主体,在该主体内,国家机关和公务员之间并不存在一般法律关系,而仅是一种"特别的权力关系";在这种关系中,国家对公务员的指示、命令以及一切规范,是为主体的运行而产生的,并不发生外在的法律效力,不属于法律规范的范畴,也不适用法律保留原则,当然也排除司法的审查。总之,把特别权力关系排斥在法律关系之外,不适用法律关系的所有规则。德国行政法学鼻祖奥托·麦耶(Otto Mayer)进一步将特别权力关系和主体封闭说联结起来,主张所谓"志愿不构成侵害之说",认为"基于维护行政之功能和目的以及国家或营造物的特别依存关系,个体在进入国家或营造物时,就必须放弃其个人的自由权利,而特别权力关系由此而产生"。既然是自愿放弃,就无所谓侵害可言,国家对公务员之任免、升降等事项,掌有绝对的决定权,并可随时以内部的规范来限制公务员的权利,不需要法律授权,也不用接受司法审查。奥托·麦耶将特别权力关系的范围分为三大种类:(1)公法之勤务关系,例如公务员及军人与国家之关系;(2)公营造物之利用关系,例如公立学校的学生与学校之关系、监狱受刑人与监狱之关系、强制治疗的传染病患者与医院之关系;(3)公法之特别监督关系,例如自治团体、特许事业、专门职业执业人员或公权力委托人,皆受国家之特别监督,其与国家之关系。(4)麦耶进一步完善了特别权力关系理论,使之体系更加完整而系统,内容也更加充实而丰富,在理论上与实践中都对德国行政法产生了深远的影响,该理论还成为法院判决的直接依据。在这种理论的影响与控制下,德国行政权长期享有着巨大的"法律自由空间"。后来这一理论逐步拓展到监狱、学校等其他行政领域。

日本和民国时期的中国借鉴了这种理论,并不断加以发展,在适用范围及适用强度上甚至有超过德国的倾向。中华人民共和国自行政法学创立以来,虽然在理论上没有明确确立"特别权力关系"这一概念,但在立法与司法实践中,多采用特别权力关系理论的相关做法,这些内容广泛地分散于各个领域的法律、法规、规章及其他规范性文件之中。[①]

这种特别权力关系具有如下特点:首先,事业法人与其成员或利用者之间的关系并不是平等自愿的,其权利义务不完全对等。在某种情况下,事业法人还有制定内部规则、制裁管束其成员或利用者的权力,甚至可以将其成员或利用者排除出去,从根本上改变成员或利用者的法律地位。尽管在有些事业法人与利用者之间也存在一定的提供服务支付费用的关系,但因为其间有很浓的权力色彩,相对一方的服从义务往往是不确定的,即并不因为相对一方交纳了必须费用而不服从事业法人的命令或指挥。其次,它也不同于普通的行政法律关系,事业法人对其成员或利用者有概括性的下令权,形成的命令与服从关系特别不对等,尤其是事业法人有权在法律授权之外规定内部规则并依据此类规则剥夺限制其成员或利用者的权利。而成员或利用者在认可或服从这种权力的前提下,一般不能对所有权力行为提出异议,否则,就难以保障此类事业法人的正常运转。再次,特别权力关系中当事人关系的不平等特别严重,与一般的权力关系有程度上的不同,其核心在于义务的不确定性,即公务法人对其成员和利用者享有特别的支配权力,只要是为了达成行为目的,允许特别权力(公务法人)为对方设定各种义务。如公立学校对学生所做的纪律规定、医院限制病人的行动自由、机关指派公务员担任任何性质的职务等。最后,特别权力主体可以以内部规则的方式限制他方基本权利。对这种限制相对人有忍受的义务。特别权力关系的法律后果是:无法律保留、无基本权利的适用和无权利保护。[②] 二战结束后,随

[①] 刘雪梅. 特别权力关系理论与中国行政法[D]. 北京:中国政法大学,2006.
[②] 陈鹏,祁占勇. 教育法学的理论与实践[M]. 北京:社会科学出版社,2005.

着人权理念的兴起与发展,"司法国"理论在德国兴起,该理论主张法院拥有对行政行为的完全审查权从而来保障人权,之后的一系列立法也否定了特别权力关系理论对法律保留原则的完全排除。这个时期,德国公法学家乌勒提出将特别权力关系区分为基础关系和管理关系,对于基于基础关系所做的行政处分,相对人可以提起行政诉讼;对管理关系则不可以提起行政诉讼。该理论修正了特别权力关系理论,但由于基础关系和管理关系界分的模糊性,这一方法在实践中缺乏可操作性;况且"管理关系"中的一些行为往往也涉及公民的基本权利,把这些行为排除在司法审查范围之外也不利于公民权利的保护。"基础关系和管理关系区分说"之后被"重要事项保留说"取代。[①]

我国公法上虽然没有对特别权力关系理论进行明确的界定,但是由于长期以来计划经济体制下政府对于公共事务的全权管理,使得政府各职能机关、社会团体或者高校等机构对其职员及从业者的管理基本上都是按照内部自行设定管理规则进行并排除法律保留原则的适用。但这种理论的盛行,不利于特别权力关系领域内的公民基本权利的保护,也导致我国公立高校中教师聘任的法律依据实际上是缺失的。

二、公立高等学校和教师的法律地位模糊

如前所述,我国公立高校的法律地位随着事业单位体制改革而从政府的附庸逐渐脱胎成为能够独立行使权利和履行义务的法人主体。但由于公立高校在不同的情形下,具有不同的法律地位,不同的法律地位又决定着它有着不同的权利和义务,这也使得在公立高校聘任教师这一问题上,公立高校的法律地位仍然是模糊不清的,即高校作为一个事业单位法人,其聘任权究竟具有什么样的性质,这一问题在前面关于高校法律地位的阐述已经作过交代。

在这一权力性质上的争议,导致着对聘任合同性质的不同认识。根据我国《教育法》第二十八条规定,高等学校对本校教师享有管理权、聘任权、奖惩权等。《高等教育法》第三十七、四十一条规定,高校有权按照国家规

---

① 李坤.浅论特别权力关系领域中法律保留原则的适用[J].法制与社会,2015(4):262-263.

定,评聘教师、调整津贴及工资分配。上述规定表明,高等学校在聘任教师之后,已经成为享有法定权利的组织,作为其管理对象的教师负有服从校方决定的义务。但聘任权毕竟不同于管理权,在聘任过程中高等学校的权力如何仍是空白,对于双方在聘任过程中的的权利与义务以及发生争议后处理的方式、程序等都没有依据。

同时,在计划经济时代,由于高校往往是政府各部门的附属机构,高校教师与政府工作人员一样同属"国家干部",而随着社会主义市场经济的推行和国家公务员制度的确立,高校从政府各部门中分离出来成为独立的法人,教师已不再是国家行政机关工作人员。所以,教师与高校之间的法律关系问题,从理论和法律有关规定来看,实行聘任制后学校和教师的关系逐渐转向以共同意愿为前提,以平等互利为原则,双方的权利和义务是对等的。但由于目前学校与教师的关系的调节也还是以行政手段调节为主,不健全的社会保障机制也使教师对学校不得不产生依附性,使得教师的法律地位到底是什么还不清楚。①

这种聘任主体法律地位模糊不清和受聘任者法律地位不明的双重叠加,使得公立高校与教师的聘任法律关系变得十分复杂,从而在救济方式与途径等方面带来实践上的困扰,造成教师权益救济出现多方面的问题。

三、不同法律对公立高校教师聘任争议的可诉性规定不明

聘任过程中,教师与公立高等学校发生争议时能不能寻求司法救济又是另外一个问题。如果按照教师聘任合同是劳动合同看,当双方发生争议时应该通过民事诉讼中的劳动纠纷程序进行处理;而如果聘任合同是行政合同,则应该通过行政诉讼程序处理。从我国目前法律法规的规定来看,这两种途径都存在着障碍。

从劳动纠纷程序来看,《劳动法》规定"用人单位与劳动者发生劳动争议,当事人可以依法申请调解、仲裁、提起诉讼,也可以协商解决"。这里提供了四种方式,分别是:第一,协商,虽然不是法定程序,但却是解决一般争议最常用的方法。第二,调解,不愿协商或协商不成的,可以向劳动争议调

---

① 李文江.高校教师聘任制之法律研究[J].高等教育研究,2006,27(4):49-54.

解委员会申请调解。调解也不是法律规定的必经程序,但对解决劳动争议有很大作用。第三,仲裁,调解不成,就得申请仲裁。根据规定,当事人从知道或应当知道自己的权利被侵害之日起60日内,要以书面形式向仲裁委员会申请仲裁。仲裁委员会应当自收到申诉书日起7日内做出受理或不予受理的决定。仲裁庭处理劳动争议应当自组成仲裁庭之日起60日内结束。案情复杂需要延期的,经报仲裁委员会批准,可以适当延期,但延期不得超过30日。第四,诉讼,当事人对仲裁裁决不服可以向人民法院起诉。起诉必须是在收到仲裁书之日起15日内。法院民事审判庭受理或审理劳动争议案件,其审理期限为6个月。

根据《民事诉讼法》,提起民事诉讼应具备以下条件:原告是与诉讼有直接利害关系的公民、法人或其他组织;有明确的被告;有具体的诉讼请求和事实理由;属于法院受理的民事诉讼范围和受诉人民法院管辖。而民事诉讼范围指因平等主体的公民、法人或其他组织之间以及他们相互之间的财产关系和人身关系而发生的诉讼。

从公立高等学校与教师的聘任关系来看,要判断是否属于民事诉讼的受理范围,主要看公立高等学校与教师在法律地位上是否平等、公立高等学校与教师在聘任纠纷中是否存在着财产关系和人身关系问题。而是否平等的问题在前面论述较多,学者认识各不相同;是否存在财产关系和人身关系问题则更加模糊,涉及问题更加复杂。

从行政诉讼的受理范围看,构成行政诉讼须满足以下基本要件有:必须存在管理关系;被管理者必须是社会公众中的普通一员,与管理者不存在任何隶属关系(突出表现在学界对《行政诉讼法》第十二条第三项的扩大解释,认为行政机关对所属公务员的管理行为均排除司法权的参与);管理者须是对社会事务行使职权的行政主体;管理行为必须是针对特定人、特定事的单方法律行为或事实行为;除非法律、法规有例外规定,只有涉及人身权、财产权的行政争议,才能成为行政诉讼的审理对象。① 受其影响,在行政审判实践中遇到的诸多具有高权管理因素的争议都因不具备前列构成要件中的一项或几项而被挡在了司法审查大门之外。那么对教师聘任中的诉权到底应

---

① 闫尔宝.对高校管理中教师权益的司法保护[J].人民司法,2001(5):44-46.

该如何理解？

从我国《教育法》《高等教育法》等单行法中并无教师提请司法救济的授权规定，因此人们主要通过分析教师受到侵犯的权益的性质来分析教师聘任中诉权的性质。但分析高校管理中校方做出的各项决定，很多内容并不包含人身权、财产权的内容：资格评定、职务晋升、考评结论等所影响到的只是教师的从业利益，如资格的认定是对教师是否具备任职资格的判定，职务是否晋升只涉及教师的级别问题，考评结论是对教师一定时间内教育水平的鉴定。上述行为均没有直接侵犯教师的人身权与财产权。因此，要寻求司法救济，必须认真反思以下问题。

首先，行政诉讼法关于诉权范围的规定是否限于人身权与财产权？虽然《教育法》《高等教育法》中均没有关于教师权益受到侵犯时可以提请司法审查的明确规定。但不能以此为由，认为此种情况不具备行政诉讼法第十二条第二款规定的条件，从而剥夺教师的行政诉权。法学界普遍认为，各国诉讼法关于受案范围的规定主要有默示主义与明示主义两种类型。采第一种立法例的国家，法律对何种类型的事项可提起行政诉讼无具体规定，相对人有权直接质疑管理者高权行为的合法性；采第二种立法例的国家，法律对相对人的行政诉权做出了明确规定，但在具体表现形式上又有概括主义、列举主义和混合主义的区别。在赋予相对人诉权问题上，默示主义与概括主义具有基本相同的功能。最容易引起争议的是列举主义，因为就法律对相对人诉权的列举规定可以有两种不同解释：一是限制性列举——只有法律明确列举的事项才能提起行政诉讼；二是例示性列举——法律关于受案范围的列举规定只是列明可引起行政诉讼的典型行为或事项，对未列明的行为或事项，法官可以基于司法权的解释功能具体掌握司法审查的范围。由此可以看出，例示性列举与概括主义具有异曲同工的作用。我国《行政诉讼法》颁布至今，对受案范围条文的解释主要采用了限制性列举的解释，由此得出人身权、财产权受到侵犯方能提起行政诉讼的结论。但考察《行政诉讼法》第十一条第一款的各种列举情形，可以看出，该款列举属于多标准列举，包括行为形式列举、行为内容列举、行为性质列举等，因此决定了其不可能属于限制性列举，而应属于例示性列举。对于其他未规定在上述条款中的行政行为，相对人可以依照行政诉讼法第二条的规定提起行政诉讼。因

第二条只规定合法权益受到侵犯即可提起行政诉讼,并未规定只有人身权、财产权受到侵犯才能提起行政诉讼,所以高校做出的处理决定是否侵犯教师的人身权、财产权不属于驳回教师起诉的理由。

其次,高校管理中做出的某些决定可构成对教师基本权利(人身权、财产权)的侵犯,由此对教师提请司法救济应予以支持。高校管理中做出的部分决定属于直接涉及教师人身权、财产权的行为,比如薪金分配行为、退休金给付行为、津贴调整行为等,属于直接影响教师财产权益的管理行为,教师完全可以依照行政诉讼法的规定提起行政诉讼,而非有些观点所主张的在高校管理范围内的一切高权行为都不能允许司法审查。此外,教师任职资格的初次评定行为、解聘教师行为等,直接决定着教师能否获得教师工作,关系到宪法规定的公民劳动权利的保障。借鉴基础关系与经营关系理论,凡决定相对人进入或者退出基础关系的行政行为,构成对相对人基本权利的直接影响,同样要接受司法审查。①

第四节　完善公立高校教师聘任救济制度的建议

一、立法上必须完善相应法律法规

(一)明确聘任合同中公立高校和教师主体的法律地位

首先,从公立高校来讲,明确公立高校在教师聘任方面的法律地位是解决问题的关键。根据公立高校学校的三种法律地位,即法律法规授权组织、民事法人、行政相对人来看,在教师聘任方面,学校作为行政相对人是自然不合适的,因为行政相对人是相对于行政机关而言的。教师不可能是行政机关,也不可能享有行政权力,因此教师与公立高校建立的法律关系中,公立高校不可能是行政相对人。而在法律法规授权组织和民事法人两种法律地位中,目前的争议仍然存在,即公立高校是作为法律法规授权组织依法行使行政权聘任教师,还是公立高校作为民事法人,与教师签订基于平等协商、双方志愿的民事协议。根据《教育法》《教师法》的相关规定,很明显,公

---

① 王毅.公立高校行政行为的司法审查问题研究[J].中山大学学报论丛,2006,26(9):13-15.

立高校的法律地位应当是普通民事法人。因此,在《教育法》和《教师法》中将公立高校的法律地位明确为"行使聘任权的民事主体"是解决聘任法律关系的前提。

其次,将以主体确定法律适用范围的方法改为以内容确定法律适用范围的方法,通过修订《劳动法》以及《劳动合同法》将教师包含进"劳动者"的范畴之中,将教师聘任合同纳入劳动合同的范围之中,即将《劳动法》中关于劳动者的表述改为"用人单位聘用以工资收入为主要生活来源的劳动者",并与之建立劳动关系的劳动法(公务员、军人、武装警察及国家法律另有规定的除外)。这样,就将教师明确地纳入到了劳动者的范围之中,为其权利、义务的框定与实现、法律救济的途径与程序等奠定理论基础。

通过公立高校法律地位的民事化和教师法律地位的劳动者化,从而使两者之间在聘任关系上确立形成一般劳动合同,为《劳动法》《劳动合同法》等一系列法律的适用建立起前提条件。

(二)充实聘任合同的内容,实现聘任形式多样化,解聘合同条款明晰化

合同文本是合同意思的书面表达,完善的合同文本体现能够反映合同双方真实的意思表达,明确双方应享有的权利和应履行的义务。因此,《教师法》第十七条明确规定,"学校和其他教育机构应当逐步实行教师聘任制。教师的聘任应当遵循双方地位平等的原则,由学校和教师签订聘任合同,明确规定双方的权利、义务和责任"。但到目前为止,由于教育部关于学校与教师之间签订的合同文本没有一个统一的规范,单方面对教师提出要求多,强调教师需承担的义务,而有关教师享有权利方面的规定匮乏,特别是有关争议的解决途径没有作出规定。即便教师对学校解聘的行为有异议,也无可供选择的解决方法,教师只能单方面地承受来自校方的要求,没有任何讨价还价的余地,体现了教师与校方权利、地位的不对等性,甚至有些合同中的某些内容不合法,侵犯了教师的权利。[①] 因此,完善和充实聘任合同的内容,是实现救济的重要步骤。

首先,从合同内容项目上看,尹力教授曾指出教师聘任合同至少应该包

---

① 尹力.《教师法》实施 10 年:守望与期待[J].教育理论与实践,2005,25(2):13-17.

括:(1)学校和教师等当事人双方的基本情况;(2)聘任合同的期限;(3)被聘用教师的工作内容或岗位职责;(4)学校为教师提供的工作条件;(5)教师的劳动报酬及其他福利待遇;(6)合同变更、中止、终止、解除与延续等情况;(7)有关争议处理;(8)违约责任等事项。[①] 结合前面对聘任合同内容的论述,笔者认为,为了保护聘任主体的合法权益,建立符合国家利益的劳动秩序,教师聘任合同应在原有七项内容的基础上加以补充:(1)工作时间;(2)职务或岗位职责;(3)劳动报酬;(4)生活福利待遇;(5)劳动条件及劳动保护;(6)劳动保险;(7)政治待遇和劳动纪律;(8)劳动合同的变更条件与方式;(9)劳动合同的解除条件与解除方式;(10)违约责任;(11)纠纷处理;(12)其他事项。通过明确这些项目,使聘任合同中关于双方权利与义务的规定更加具体,以为双方权利保障提供明确依据。

其次,实现聘任形式的多样化和聘任合同的精准化。《劳动法》第十二条规定"劳动合同分为固定期限劳动合同、无固定期限劳动合同和以完成一定工作任务为期限的劳动合同"。根据这一规定把劳动合同分成的三种类型,再加上人事制度改革中形成的"老人老办法,新人新办法"的惯例,教师聘任的形式至少可以分为四种。同时,各学校还有着大量的讲座教授、兼职教职等临聘、双聘形式,都使高校教师聘任形式越来越多样化。多样化的聘任形式就给不同类型的教师聘任提出了更高要求,无论是从合同内容、合同期限还是聘后管理,都应具有其相对独立的内容,并对相应的违约责任、纠纷处理等做出专门规定。

(三)对教师聘任的集体合同做出详细,使之与教师个人合同相结合

集体合同制度是市场经济条件下维护劳动者合法权益、调整劳动关系的一项行之有效的劳动法律制度。通过这项制度,既可以使教师群体的整体利益得到保障,也可以避免学校管理层就某些重要事件的反复通知,节约了学校的行政资源,提高了行政工作效率,也让教研人员能能将更多的时间投入到自己的本职工作,同时为更好地发挥员工组织和工会的作用提供一定条件。我国的《劳动法》第三章以"劳动合同和集体合同"为名,将两类合

---

① 尹力.《教师法》实施10年:守望与期待[J].教育理论与实践,2005,25(2):13-17.

同制度同章并提,但对集体合同规定较为简单。2001年修订的《工会法》和2004颁布的《集体合同规定》对集体合同进行了完善。根据前面的分析,公立高校与教师之间构成劳动法律关系,那么集体合同就可以适用于教师聘任过程。

作为一种法律制度安排,集体合同特有的制度逻辑和法律功能,反映在集体合同主体之团体性、集体合同效力之契约与法规双重性、集体合同争议处理机制之独立性等多个方面。从团体性上看,集体合同涉及集体合同主体与劳动者团体及成员的关系如何处理、集体合同应借由何种法律途径对作为团体成员的个体劳动者产生法律效力的问题。如果个体劳动者不愿参与或遵循集体合同,集体合同的效力就会受到质疑。由于我国《劳动合同法》以个体劳动者与用人单位所订立的劳动合同为主要规范内容,实际采用了"个体主义"的立法模式,以劳动者"个体"作为立法基点,劳动者是权利的享有者和义务的承担者,工会或劳动者代表的合同主体资格来源于劳动者的授权,因而在集体合同的制度设计上遵循了代理理论,体现为《劳动合同法》第五十一条的规定,即集体合同的主体是劳动者一方,工会或劳动者代表需经劳动者选举或推举,集体合同草案应获得职工代表大会或全体职工的追认。这一做法明确地解释了集体合同进入劳动合同的法律路径,但是在解释集体合同法律效力时则遭遇了在集体合同订立后进入企业的劳动者未经过授权工会的程序,那么集体合同应当对其不发生法律效力,以及劳动者作为被代理人有权处分自身的权利从而抛弃集体合同所设定的劳动条件,自主决定其劳动合同内容,工会无权禁止或阻拦,同时在集体合同有效期内,如果部分劳动者主张重新订立集体合同并就此罢工,此违反集体合同的责任应由每个劳动者承担,工会无权阻止或惩戒此类违约行为等问题时出现的制度构建困境。从双重性上看,劳动合同在本质上属于劳动者与用人单位缔结的双务合同,故基本遵循合同之债的效力体系,不是劳动法特有的制度类型。但是,集体合同的效力问题则与之完全不同,除在作为集体合同主体的工会与用人单位之间具有法律效力之外,还须延伸至作为工会团体成员的个体劳动者,为此集体合同制度形成了特殊的效力体系。《劳动合同法》第五十四条规定,依法订立的集体合同对用人单位和劳动者具有约束力,行业性、区域性集体合同对当地本行业、本区域的用人单位和劳动者具有约束力;第五十五条规定,用人单位与劳动者订立的劳动合同中的劳动报酬和劳动条件等标准不得低于集体合同规定的标准。显然,集体合同在对成员劳动合同发生效力时已不是遵循私法上合同的效力,而具有强制性效力。这样就出现一个悖论,那就是个体劳动者作为被代理人订立了集体合同,在其劳动合同约定内容低于集体合同规定时,并没有权利处分合同利益。在此,《劳动合同法》遭遇集体合同效力解释的困境。从争议机制处理的独立性看,劳动合同争议发生于劳动者与用人单位履行合同过程中,从劳动争议的分类上属于个体争议、权利争议。2008年《劳动争议调解仲裁法》颁布后,此类争议的处理已经形成了由调解、仲裁、诉讼组成的完善体系,在近几年个体劳动争议大幅度增长的情况下发挥了有效作用。集体合同争议则既可发生在合同订立过程中,也可发生在合同履行过程中,前者为"缔约"之利益争议,后者为"履约"之权利争议。前一项集体合同到期后,劳资双方重新订立集体合同阶段发生的争议亦属于"缔约"争议。又由于集体合同争议涉及劳动者人数较多,因此又属于集体劳动争议。在劳动争议分类中,集体合同争议处于劳动合同争议相对方,二者的争议内容、方式、影响具有根本性的不同。因此,劳动合同争议处理只需考虑单个劳动者的权利争议,而集体合同劳动争议则需综合考虑复数劳动者的利益争议、权利争议以及可能发生的集体停工等争议行动,乃至由此引发的局部社会影响。

集体合同订立阶段发生的利益争议是集体合同争议的主要类型,劳资双方争议的焦点是利益分配,体现劳动者团体与资本就构建基层产业秩序发生的对抗与博弈,因而也最能体现劳动法调整对象的团体性特色:第一,从缔约的角度看,集体合同的订立过程实际上就是集体协商,而集体协商并不必然能够达成合意结果,当劳资双方利益诉求差异过大并难以妥协时,集体协商进入僵局并易于引发群体性的劳动争议行动,导致集体合同争议。可见,利益争议的发生及处理是与集体协商联系在一起的,集体协商主体、内容及程序等制度设计与集体合同争议处理具有前后承继的衔接关系。第二,集体合同由于涉及劳动者人数较多,易于因利益争议引发团体性的劳资对抗,故争议规模远大于个体劳动合同争议,诸如停工等集体劳动争议行动对劳动关系的和谐稳定有较大影响。第三,利益争议无法由法院以判决方式强制解决,且因涉及劳资团体性的社会经济冲突,各国均以斡旋、调解、仲裁作为利益争议的基本处理手段，相对于劳动合同之权利争议处理程序，具有明显的独立性。集体合同履行阶段发生的权利争议在法理上属于违约或债务不履行的问题，应由合同主体启动救济程序，以集体合同内容为依据，通过仲裁或诉讼请求违约方承担损害赔偿责任。《劳动合同法》第五十六条规定了集体合同履行阶段发生争议的救济方式，工会作为主体参与协商、仲裁、诉讼。此项规定基本遵循了劳动合同之权利争议处理程序，但仍存在上文反复提及的法理障碍，即由于《劳动合同法》采纳了"代理理论"，工会是劳动者为订立集体合同所授权的代理人，劳动者是实际的合同主体。那么在发生集体合同权利争议的情况下，工会只有在取得劳动者集体授权之后，才能够再次以代理人的身份行使争议处理的相关程序性权利，否则不应当以自己的名义独立参加争议处理。因此，在建立公立高校教师聘任集体合同时，也应充分注意以上问题，采用集体合同与集体协商合并立法，沿着劳资协商义务、工会组织、集体协商、集体合同、集体争议处理的制度逻辑建构完备的体系，实现对集体劳动关系的系统调整。同时，在集体劳动关系立法应当在法理上明确采纳团体理论，能够明确工会组织的法律职能，以此为基础将工会确定为集体协商、集体合同以及争议处理的主体，取消现有立法中"劳动者一方、劳动者代表"等内涵不清的表述，继而能够顺利建构集体合同的责任承担方式，以及工会作为团体对其成员的敦促及惩戒权利。在团体理论的基础上实现工会的法人化，以便形成独立的意思能力、履约能力和责任能力，即使用人单位有长期明确的协商对象和稳定的合同预期，也能够保障劳动者团体的独立性和团结性，以抵御用人单位在协商中对劳动者的干扰，还可防控劳动者在缔约或履约阶段采取过激行为，损害正常的集体劳动关系。实现集体合同争议处理的制度化与法治化，明确以这两类争议的分类作为制度架构的基础，对权利争议可参照适用《劳动争议调解仲裁法》，对利益争议应当建构独立的争议处理机制，以斡旋、调解、仲裁建构程序体系，将劳资协商中的对抗与争议纳入法治化的轨道中来。[①]

(四)完善争议仲裁机构和诉讼法规

由于事业单位人事制度改革的推进正在进行之中，于是在我国事业单

[①] 王天玉. 集体合同立法模式的悖论与出路[J]. 社会科学战线，2017(12):214-221.

位与其工作人员之间形成了独特的人事关系与劳动关系二元并存的现象。到底什么是人事关系,什么是劳动关系,目前我国法律法规主要采取了概念式和列举式两种方法,但从实施角度看,列举法更为详细。概念式体现在《最高人民法院关于人民法院审理事业单位人事争议案件若干问题的规定》(法释〔2003〕13号)第三条规定"本规定所称人事争议是指事业单位与其工作人员之间因辞职、辞退及履行聘用合同所发生的争议"。其内容限于辞职、辞退及履行聘用合同三项争议。列举式则体现在2007年8月中共中央组织部、人事部、总政治部联合发布的《人事争议处理规定》中,其第二条规定"本规定适用于下列人事争议:(一)实施公务员法的机关与聘任制公务员之间、参照《中华人民共和国公务员法》管理的机关(单位)与聘任工作人员之间因履行聘任合同发生的争议。(二)事业单位与工作人员之间因解除人事关系、履行聘用合同发生的争议。(三)社团组织与工作人员之间因解除人事关系、履行聘用合同发生的争议。(四)军队聘用单位与文职人员之间因履行聘用合同发生的争议。(五)依照法律、法规规定可以仲裁的其他人事争议"。上述五种人事争议可称为可仲裁的人事争议。《人事争议处理规定》排除了一些人事争议的适用,这些争议称为不可仲裁的人事争议,如第三十六条规定,"因考核、职务任免、职称评审等发生的人事争议,按照有关规定处理"。[1]

也正是在这一过程中,形成了人事争议仲裁制度这一具有中国特色的权益救济制度,其产生与我国经济社会发展及改革开放的时代需要密切相关,是人事工作发展现实的要求和实践的结果。但由于历史的原因,我国人事管理中没有健全的权利制约和执法监督机制,缺乏一套运用法律手段、法律程序和法定机构解决人事争议的完整制度[2],而且从公立高校教师权利救济的实际来看,由于人事争议仲裁机构设在人事行政机关,又执行着人事部门的文件,加上人事行政机关与事业单位、申诉人存在着直接的利害关系,因此,人事行政机构在解决人事争议问题中保持中立是比较困难的,也与社

---

[1] 高校劳动人事争议处理问题研究课题组.关于高校劳动人事争议处理问题的思考[J].国家教育行政学院学报,2008(2):73-78.
[2] 杨安军.我国人事争议仲裁制度建设的回顾、问题和前景[J].西南政法大学学报,2004(6):36-41.

会主义法制原则相悖。高延坤指出,高校对教师实施开除、辞退、单方解除合同、违规不续签合同、扣除工资或者绩效等行为,涉及教师身份改变以及对其财产的侵害,应属于基本权利重要事项,纳入司法救济当属自然。但待退休、调岗、罚款以及一般处分中的降低岗位等行为,直接对教师劳动权、财产权形成侵害,对其个体权益影响重大,也应该纳入司法救济。在现有救济途径中,调解属于自由选择的途径,仲裁机构一般由行政机关组成,存在公平性缺失。因此,作为终极救济途径、诉讼机制应对这些惩戒争议提供救济通道,并通过法律或者司法解释予以明确规定,减少自由裁量的空间。① 考虑到劳动仲裁机关与事业单位也不存在利害关系,结合前面公立高校教师应当被认定为"劳动者"的论述,因此将人事仲裁机构并入劳动仲裁机构是完全可能的。这样做既有利于仲裁机构保持中立地位,又利于统一适用《劳动法》。同时,应解决我国个别劳动争议处理体制中的"先裁后审"模式在实践中主要存在仲裁分流过滤功能差、裁审衔接差、处理效率低等问题,对劳动争议案件的管辖与受理进行规范,在条件成熟时取消"一裁两审制",实行"或裁或诉制"。②

二、建立完整的救济途径体系

根据教师聘任的不同阶段和性质,在完善相关法律法规的基础上,对聘任过程中不同的问题予以不同处理。

(一)在内部管理关系基础上完善申诉制度

教师申诉制度是指教师对学校或其他教育机构及有关政府部门做出的处理不服,或其合法权益受到侵害时,向有关教育行政部门或其他政府部门申诉理由,请求重新做出处理的制度。③ 它是民主社会中维护教师合法权利所不可或缺的法律救济制度。教师申诉权表达了一个关于程序公正的基本思想:对于由学校或相关行政机关做出的决定,当事人应当有申请其他部门

---

① 高延坤.高校教师惩戒之司法救济:基于53件高校人事争议诉讼案例的考察[J].复旦教育论坛,2017(1):10-17.
② 王蓓.以"或审或裁"模式重构个别劳动争议处理机制[J].法学,2013(4):120-127.
③ 黄崴.教育法学[M].广州:广东高等教育出版社,2002:307.

进行重新审查的机会。① 从各国教育法治实践来看,教育申诉制度必然会成为我国教育法治建设的重要内容,是解决学校与教师之间行政法律纠纷的第一道且极为重要的程序。②

1. 教师申诉制度的性质分析

对于教师申诉制度的法律性质,有研究认为它是行政裁决的一种,也有研究者认为它具有行政复议的特征,还有人认为它具有类似于公务员申诉的性质。③

这三种观点的差异在于:行政复议是公民、法人或者其他组织认为行政机关的具体行政行为侵害其合法权益,依法向该机关的上一级行政机关或者法律、法规规定的行政机关提出申请,由受理申请的行政机关对原具体行政行为进行重新审查并做出裁决的活动及其制度,而行政裁决,一般认为是行政机关裁决特定民事争议的活动,公务员申诉则完全是一种行政内部的申诉,即依照特殊权力关系来处理。根据之间的差异很容易可看出,教师与高等学校之间,如果属于民事争议,教师申诉就应属于行政裁决;而如果是行政争议则比较复杂,需要看教师与学校的关系属于一般权力关系还是特殊权力关系,如果是一般权力关系,则教师申诉是行政复议的一种;而如果是特殊权力关系,则教师申诉处理结果是终局决定,教师对申诉处理结果不服不可以提起诉讼。可见,申诉一般都是在管理活动中基于内部关系而对纠纷所采取的一种解决办法,判定教师申诉制度性质的关键就是看教师申诉的内容属于行政争议还是民事争议。

笔者认为,教师聘任纠纷申诉中,根据事由不同,既有行政争议,又有民事争议。

从具体范围上看,《教师法》规定的教师申诉的范围主要包括:教师认为学校或者其他教育机构侵犯合法权益的,可以提出申诉。而教师对学校提出申诉的范围一般包括两类情况:一是教师认为学校侵犯了自己的合法权益,二是教师对学校做出的处理不服。根据我国相关法律法规,教师的合法

---

① 尹晓敏.我国教师申诉制度研究[J].清华大学教育研究,2005(1):46-50.
② 张少华.美国高校教师申诉机制探索:密歇根大学迪尔伯恩分校个案研究[J].比较教育研究,2007(2):60-64.
③ 鱼霞,申素平,张瑞芳.教师申诉制度研究[J].教师教育研究,2005(3):57-62.

权益有很多,主要可分为教师作为一个公民的各项基本权利和教师作为专业人员所特有的权利。教师申诉制度中所指的合法权益究竟包括哪些?有学者认为,由于公民的各项基本权利均是由《宪法》所规定的,《教师法》作为下位法自然不可能与《宪法》相抵触,因此在《教师法》中所规定的各项权利不用包括教师作为公民所享有的各项基本权利,而只要限于《教师法》赋予教师的各项权利;也有学者认为,《教师法》作为《宪法》的下位法,必须将《宪法》中所规定的各项公民基本权利完全的落实下来,因此《教师法》所规定的教师的"合法权益"应该包括教师的上述两个方面的权利;笔者认为,《宪法》作为国家的根本大法,其对公民基本权利义务的规定应该被充分体现于各个下位法之中,而不能用某个下位法没有规定某项权利而将之拒于法律救济的大门之外,因此,教师申诉的范围应该并不限于《教师法》所规定的几项教师权利,而应该还包括宪法及其他教育法律法规和规章所赋予教师的权利以及教师在学校内受到学校侵犯的其他各种权利。

根据教师这两个方面的权利分析,当教师是作为一个专业人员从事其专业事务时,必须受到学校管理权的制约,高等学校对教师具有评议、考核的权力,其权力行使过程实质上内部管理权的体现,这时教师与学校的法律关系属于管理内部关系,即特殊权力关系,如果此时学校的管理行为仅仅针对教师的专业行为而并不涉及教师的基本公民权利的实现时,教师的申诉行为从性质上属于内部管理行为的救济。但对此时申诉的结果不服,能不能像公务员申诉一样到此为止成为终局处理结果,笔者认为申诉作为一种系统内部的救济方式,其救济的力度及公正性在一定程度上是有限的,因此可以通过进一步的行政复议和行政诉讼来救济。关于这一点,详见本章后续内容。

而当高等学校违反聘任合同或者学校对教师的管理行为侵害到教师的一般公民权利时,根据其性质,则又可分为两种情况。如果只是违反聘任合同,因为聘任合同属于劳动合同,因此申诉必须行政裁决来处理,即属于民事争议。如果学校对教师的管理行为侵害到教师的一般公民权利除人身权和财产权之外的其他权利时,由于不适合《行政复议法》的受案范围,因此,其处理方式可以借鉴行政裁决;如果学校对教师的管理行为侵害到教师一般公民权利的人身权和财产权时,则可适用《行政复议法》进行申诉。

因此，教师申诉的性质区分，不应该是一个统一的划分方式和解决方式，而应该根据教师申诉的具体内容，适用不同的申诉处理机制。

从国外的教师申诉制度来看，也具有相似的做法。从美国教师申诉制度相关研究看，申诉机制最早出现在工业领域，主要是存在于人力资源管理中，涉及劳工关系问题的处理，是劳工关系中一个非常重要的环节？简单来讲，申诉就是当雇员的权利被管理者的管理行为或者决定侵犯之后所采取的补救行为？申诉机制作为平静地解决劳工冲突的一种机制，它提供了完善的私人法律体系，可以扩展雇佣各方之间的关系，可以作为持续不断集体谈判的一种方式，并且可以充当一项诊断手段，进而促进交流和咨询。申诉占据了雇员和管理者很大一部分时间，而且是在某种特殊环境下劳工关系稳定与成熟的最好的指示器。鉴于大学组织中也存在雇佣与被雇佣的关系，工业领域中的申诉机制逐渐被应用到大学组织中。20世纪70年代，关于处理教师不公正待遇的申诉机制（Grievance Mechanism）开始逐渐在美国许多大学中出现，随即被几乎所有大学和学院所采纳并付诸应用，而且还被以制度文本的形式记录在教师手册中，可供每位教师在入学的时候就可以明确这项机制。每所大学的教师手册，对于教师不公正待遇的具体界定在各个大学中并不完全一致，但是归纳起来主要是：管理者的某项决议或者行为在教师的职业学术能力方面直接或间接影响到该教师作为一个个体的存在。这些决议或者行为主要涉及以下两个方面：(1)教师认为行政部门在对自己管理的过程中没有完全遵守学校诸如任命、晋升和续聘等具体政策、制度和规则；(2)源于教师个体因素的歧视行为，包括性别、种族、年龄、国籍、残疾状况、宗教信仰以及性取向等方面存在的歧视。如果教师认为自己在某些方面受到了不公正待遇或者歧视，就可以通过申诉机制来争取自己的合法利益。如果说集体谈判（Collective bargaining）机制旨在维护教师群体利益的话，那么申诉机制则是维护教师个体利益不受损害的有力武器。[1]

2. 我国当前教育申诉制度存在的缺陷[2]

如前所述，申诉制度是《教师法》明确规定的一种救济制度，属于非诉讼

---

[1] 张少华. 美国高校教师申诉机制探索：密歇根大学迪尔伯恩分校个案研究[J]. 比较教育研究, 2007(2): 60 – 64.

[2] 朱应平. 教师权益法律救济研究[J]. 行政法学研究, 2000(4): 34 – 39.

性的申诉。从当前的申诉制度设计来看,仍然存在以下缺陷。

第一,受理教育申诉的机构不明确,缺乏法律权威性。

1995年8月28日,国家教委办公厅印发的《关于开展加强教育执法及监督试点工作的意见》(以下简称《试点意见》)要求:"各级教育主管部门可以依托信访机构,在有关业务职能机构的配合下,采取一定的组织形式,办理行政申诉案件。各级政府也应根据实际情况加强相应机构的建设或人员配备。""行政申诉制度是政府、教育行政部门依法处理教师、学生诉讼请求的制度。各级教育主管部门可以依托信访机构,在有关业务职能机构的配合下,采取一定的组织形式,办理行政申诉案件。各级政府也应根据实际情况加强相应机构的建设或人员配备。"1995年10月6日,国家教委发布的《关于〈中华人民共和国教师法〉若干问题的实施意见》(以下简称《意见》)要求:"教师对学校或者其他教育机构提出的申诉,由其所在区域的主管教育行政部门受理。省、市、县教育行政部门或者主管部门应当确定相应的职能机构或者专人负责,依法办理教师申诉案件。行政机关对不属于其管辖范围的申诉案件,应当移送有管辖权的行政机关办理,同时告知申诉人。因申诉管辖发生争议的,由涉及管辖的行政机关协商确定,也可由它们所属的同一级人民政府或者共同的上一级主管机关指定。"由这些规定可见,处理"申诉"的机构随意性大,"上级主管机关"与"人民政府"均有权管理处理,且两份文件都是由国家教委发布。这种情况不但容易导致可能导致"政出多门"抑或"无人管理",而且因为其本身属于行政规章,级别低而影响范围有限,缺乏应有的权威和权力,对教师合法权益保护力度明显不足,特别是对于政府或者教育行政部门以外的其他行政部门如何设定申诉处理机构,显然不具备相应效力。

第二,目前申诉制度处理教育申诉的可操作性不强。

《教师法》第三十九条规定:"教师对学校或者其他教育机构侵犯其合法权益的,或者对学校或者其他教育机构做出的处理不服的,可以向教育行政部门提出申诉,教育行政部门应当在接到申诉的三十日内,做出处理。教师认为当地人民政府有关行政部门侵犯其根据本法规定享有的权利的,可以向同级人民政府或者上一级人民政府有关部门提出申诉,同级人民政府或者上一级人民政府有关部门应当做出处理。"《国家教育委员会关于〈中华人民共和国教师法〉若干问题的实施意见》(1995年10月6日)中也指出:"(一)教师对学校或者其他教育机构提出的申诉,由其所在区域的主管教育行政部门受理。省、市、县教育行政部门或者主管部门应当确定相应的职能机构或者专门人员,依法办理教师申诉案件。行政机关对不属于其管辖范围的申诉案件,应当移送有管辖权的行政机关办理,同时告知申诉人。因申诉管辖发生争议的,由涉及管辖的行政机关协商确定,也可由它们所属的同一级人民政府或者共同的上一级主管机关指定。(二)行政机关对属于其管辖的教师申诉案件,应当及时进行审查,对符合申诉条件的,应予受理;对不符合申诉条件的,应以书面形式决定不予受理,并通知申诉人。行政机关对受理的申诉案件,应当进行全面调查核实,根据不同情况,依法做出维持或者变更原处理决定、撤销原处理决定或者责令被申诉人重新做出处理决定。(三)对学校或者其他教育机构提出的申诉,主管教育行政部门应当在收到申诉书的次日起三十天内进行处理。对当地人民政府有关行政部门提出的申诉,受理申诉的行政机关也应当及时做出处理,不得拖延推诿。逾期未作处理的,或者久拖不决,其申诉内容涉及人身权、财产权以及其他属于行政复议、行政诉讼受案范围的,申诉人可以依法提起行政复议或者行政诉讼。(四)行政机关做出申诉处理决定后,应当将申诉处理决定书发送给申诉当事人。申诉处理决定书自送达之日起发生效力。申诉当事人对申诉处理决定不服的,可向原处理机关隶属的人民政府申请复核。其申诉内容直接涉及其人身权、财产权及其他属于行政复议、行政诉讼受案范围事项的,可以依法提起行政复议或者行政诉讼。"

从这些规定来看,现行的法规或办法对教师申诉的规定比较简单,虽然都有对申诉书内容的规定,但一方面不易操作,另一方面由于对教师概念界定不明,受理范围太宽泛,受理的事项与救济途径不清晰等原因[①],教师的合法权益受到侵害后看起来有不少的救济途径,但在实际操作中,其权利并不能得到有效的维护。如《实施意见》和《管理规定》对教师、学生申诉的时限只作了笼统的规定,处理申诉一般进行书面审理,但没有质证、辩论等程序;对于受理机关超过时限没有做出处理应如何解决没有详细规定;对申诉处

---

① 湛中乐.论我国高等学校教师申诉制度的完善[C]//劳凯声.中国教育法制评论:第6辑.北京:教育科学出版社,2009:105-134.

理结果如何执行、如果不执行该如何处理等,都没有做出规定,缺乏程序性的操作规定。同样,1998 年发布的《教育行政处罚暂行实施办法》第三十三条虽然规定了"教育行政部门应当加强对行政处罚的监督检查,认真审查处理有关申诉和检举;发现教育行政处罚有错误的,应主动改正;对当事人造成损害的,应当依法赔偿",但目前还没有出台可操作的程序规定。由于教育申诉程序不完善,使目前的教育申诉制度在实际运用中难以操作。

第三,申诉救济范围狭窄,内容不明确,渠道不申通。

根据《国家教育委员会关于〈中华人民共和国教师法〉若干问题的实施意见》的规定:"申诉当事人对申诉处理决定不服的,可向原处理机关隶属的人民政府申请复核。其申诉内容直接涉及其人身权、财产权及其他属于行政复议、行政诉讼受案范围事项的,可以依法提起行政复议或者行政诉讼。"可见,对教师所提起的行政复议和行政诉讼,必须是申诉的内容直接涉及人身权、财产权或其他属于受案范围事项的。这种限制使得教师的人身权、财产权以外的合法权益被排除在司法救济之外,导致了教师权利救济的不足。[①] 本条规定,看似解决了申诉与复议、诉讼的关系,但由于一方面对于教师人身权、财产权的理解也不尽相同,如扣发教师工资、剥夺教师荣誉称号等能否提起行政复议或者行政诉讼,实践中各地复议机关和人民法院的做法不同,有的受理,有的不予受理;另一方面,《实施意见》属于红头文件,在我国的法律体系中,连行政规章都不是,效力低下,对于复议机关和人民法院根本没有法律约束力,其对实践的指导效力只能靠"仁者见仁",因而作用十分有限。

正是由于申诉与行政复议、行政诉讼的关系不明,使教师申诉的渠道不够畅通。首先,由于缺乏对教师聘任中内外部行为区分界限和教师人身权、财产权范围的明确规定,教师何时应该申诉何时应该诉讼界限不清;其次,相关法律法规中也没有提及如果教师对申诉不服是否可以提起诉讼。这些问题在没有弄清的情况下,教师的维权之路就根本无法实现,申诉就有排除其他法律救济途径的嫌疑。如原北京市某著名学府的副教授刘求生,2003 年 5 月被学校解聘,刘求生认为学校侵犯了其合法权益,与学校多次交涉未

[①] 蔡振京.对完善我国高校教师申诉机制的若干思考:美国经验的启示[J].现代教育科学,2009(3):140-142.

果后,向人事部中央国家行政机关在京直属事业单位人事争议仲裁委员会提起仲裁。但仲裁委员会以不属于其受案范围为由而不予受理。2004年1月,刘求生向海淀区法院起诉。2004年9月,海淀区法院做出了不予受理而驳回起诉的一审裁定,理由是人事争议仲裁委员会没有受理此案。后刘求生又向北京市第一中级人民法院提起上诉。2004年11月,北京市第一中级人民法院的二审维持了不予受理而驳回起诉的一审裁定。至此,此案一直在程序上"兜圈",没有涉及任何实体问题。

3. 教师申诉救济手段缺陷产生的原因

《教师法》对教师权益救济采取"申诉"的方法,在某种意义上来说为教师权益救济奠定了基础,但为什么会产生这些现象呢?有学者认为这种救济模式的设定是与特定的背景和国情分不开的。[①]

第一,中华人民共和国成立以来由于我国特定的国情形成了教育行政部门以"办"教育为主的情形,教育行政管理监督作为教育行政部门主要职责的局面尚未形成,从而使教育方面的管理监督权长期以来未得到有力的行使,而且对哪些行为属于通常所说的外部具体行政行为认识不一。教育行政部门或者人民法院或者教师都往往把教育行政部门的诸多行为看作是教育行政部门"办"教育的行为,而不属于行使行政管理监督的外部行政行为。《教师法》设定的"申诉"很大程度上着眼于我国这个国情,教育行政部门对申诉的处理也难以像其他行政行为那样严格执行。《行政诉讼法》实施后,不少部门的行政诉讼范围已经扩大了该法规定的范围,然而教师权益救济范围仍然难以纳入《行政诉讼法》范围,也与教育行政部门以"办"教育为主的国情分不开。如果不解决教育执法难这一问题,教育法律法规很难落到实处,教育法制建设也很难有更大的突破。《法制日报》1999年12月9日《要让教育法硬起来》一文也表明,教育行政执法远没有提上应有的议事日程,而是以"办"教育为主。

第二,《教育法》对教师权益救济未予突破,而是回避或者忽视。《教育法》是我国教育方面的基本法。1995年,朱开轩在《关于〈中华人民共和国教育法(草案)〉的说明》中讲了九大问题,其中只在"起草教育法的指导思

---

① 朱应平.教师权益法律救济研究[J].行政法学研究,2000(4):34-39.

想"部分提到"维护教育关系中有关主体的合法权益","关于办学体制及学校自主权"部分指出"学校及其他教育机构应当按照国家有关规定,通过以教师为主体的教职工代表大会和其他形式实行民主管理",其他地方均未说到教师权益保护问题。特别要指出的是,在教育法律关系主体中,该《说明》对学校、受教育者等都做了说明,但教师这一主要主体之一却未作专项说明,甚至在其他部分也极少提及。国家教委办公厅于1995年3月28日,《国家教委办公厅关—印发"〈关于印发中华人民共和国教育法〉宣传提纲"的通知》中指出"有关教师的权利义务、教师合法权益的保护、教师队伍建设等问题在《教师法》中都作了较详尽的规定,为避免重复,在《教育法》中只作了原则规定,有关教师权益,应在《教育法》的规范下,按照《教师法》的规定执行"。可见,直到制定《教育法》,教师权益救济的思路仍然停在《教师法》水平上,即采用"申诉"救济。

第三,教师与学校和教育行政部门的关系仍然没有明确。《教师法》设定"申诉"而没有规定按照《行政复议条例(法)》和《行政诉讼法》进行救济,另一个理由可能来自对教师与学校和教育行政部门之间的特殊关系的认识和理解。我国一直习惯于认为教师和教育行政部门之间的关系与其他相对人比如学生等和教育行政部门的关系不同,甚至认为教师与教育行政部门之间是一种内部行政关系。笔者认为二者固然有区别,但在接受教育行政部门管理、都有可能受到教育行政部门的具体行政行为侵害方面,二者又有相同的地方。比如教师和其他主体受到教育行政部门的行政处罚都是作为教育行政部门的被管理者时发生的,这是没有本质的区别的。教师和教育行政部门之间的关系与医师与卫生部门之间的关系具有类似性。如前所述,《执业医师法》在第十五、十六条规定行政复议或者行政诉讼,在"法律责任"部分没有专门规定医师的救济权,但因为该法没有像《教师法》规定的"申诉"救济条款的限制,医师对于卫生行政部门的侵权可直接根据《行政复议条例》(《行政复议法》实施后依据《行政复议法》)和《行政诉讼法》申请救济。

《教师法》第三十九条第一款赋予教师的"申诉"救济手段,有其独到的价值和存在的必要,但对于教育行政部门处理的"申诉",不应当是终救济途径,应当允许教师对于处理不服的进行行政复议或者行政诉讼(当然,学校和教师之间的民事争议,可以通过提起行政附带民事诉讼;对于其他情形可以通过教育仲裁等途径解决)。至于第三十九条第二款规定的"申诉"针对的情形,笔者认为主要是针对行政机关的具体行政行为,因而与行政复议在实质上是一样的,应当纳入行政复议轨道,也应当允许提起行政诉讼。特别是《行政复议法》的实施,给教师权益保护的途径扩展提供了机遇,也要求将行政复议贯彻统一起来,抓住这个机遇,促使教师权益保护走上新的台阶。

4. 完善教育申诉制度的设想

教育申诉制度是我国教育法规所确立的一项法定救济制度,是解决学校管理纠纷的重要渠道。尤为重要的是,它为教育行政行为提供了内部和外部的控制机制,可以有效监督学校依法行政、依法治教。

第一,建立健全教师申诉委员会。

设立教师申诉委员会是教育申诉的前置程序,对加强内部监督、解决教育纠纷,及时解决和处理在教学和管理中发生的冲突和纠纷具有重要作用。而且这种校内救济制度具有救济途径简洁、花费成本较低、工作效率较高及凸显教育管理特点等优点。如果其制度设计合理,则会具有更大的权威性。湛中乐教授认为,要使高校教师申诉制度发挥实效,申诉受理机构应当实现法律地位的中立性或独立性、申诉受理机构组成人员的多样性、申诉受理机构议决过程的民主性等特点。申诉受理机构的法律地位的中立性指教师申诉受理机构应当尽量不与申诉人和被申诉人发生过多日常工作上的往来或利益上的牵连,以免影响其判断的公正,因此无论教育行政部门内的督导机构还是法制机构,都不宜充当申诉受理机构,但可以在教育行政机关内部设立专职处理高校教师申诉案件的高校教师申诉委员会。申诉受理机构组成人员的多样性指其人员组成应具备广泛的代表性,使相关的利益群体都有表达意见的机会,尽量包括教师代表、学校代表、教育行政机关代表以及有关专家学者,同时照顾到不同特定类别人员所占比重及男女性别比例,尽可能避免因人员的结构不合理而导致某一群体的利益受到不当的压制。他认为,高校教师申诉委员会可由教育行政机关工作人员、教师、高等学校代表、高等教育学专家、法律专家尤其是教育法专家组成。申诉受理机构决议过程的民主性指所有委员,无论其身份地位如何,在处理申诉案件时均享有平等的发言权,并在充分讨论、民主评议的基础上,遵循少数服从多数的原则做出决定。① 当然,世界其他国家和我国台湾地区的一些教师申诉规定也值得借鉴。如有学者认为,美国大学的教师申诉制度中的集体协商制度、听证制度等在维护教师合法权益方面都发挥了很好的"程序法"保障作用②;我国台湾地区"教育部"发布的《教师申诉评议委员会组织及评议准则》中规定:"各级主管机关申评会置委员十五人至二十一人,均为无给职,任期二年,由机关首长遴聘教师、教育学者、该地区教师组织或分会代表、主管机关代表、社会公正人士担任,其中未兼行政职务之教师不得少于委员总额三分之二;任一性别委员应占委员总数三分之一以上。申评会委员因故出缺时,继任委员之任期至原任期届满之日止。""各级主管机关申评会委员会议,由机关首长或其指定之人员召集之;专科以上学校申评会委员会议,由校长或其指定之人员召集之。前项委员会议经委员二分之一以上之书面请求,召集人应于二十日内召集之。""各级主管机关申评会主席由委员互选之,并主持会议,任期一年,连选得连任。前项主席因故不能主持会议时,由其指定委员一人代理主席。申评会主席,不得由该级主管教育行政机关首长担任。""专科以上学校申评会之组成、主席产生方式及委员任期之规定,由各校拟订,经校务会议通过后,报中央主管机关核定。前项申评会之组成应包含教育学者、该地区教师组织或分会代表、学校代表及社会公正人士,其中未兼行政职务之教师不得少于委员总额三分之二;任一性别委员应占委员总数三分之一以上。"③

第二,完善教育申诉制度的程序规范。

教育申诉引起的效果直接涉及或影响教育行政相对人的权利和利益,它的实施不仅要求在实体上合法,即符合法定的条件、形式和权限,而且还必须遵循法定的程序。由于控告是教师、学生根据事实和法律做出的行为,法律一般都对其做出了明确的规定,因而有关教育法律法规一般不对提出控告的程序做出特别规定,主要是通过行政监察程序来予以规范。而申诉作为教育行

---

① 湛中乐. 论我国高等学校教师申诉制度的完善[C]//劳凯声. 中国教育法制评论:第6辑. 北京:教育科学出版社,2009:105-134.
② 罗朝猛. 教师申诉制度:美国的实践与我国的现状[J]. 比较教育研究,2007(7):27-31.
③ 台湾地区. 修正《教师申诉评议委员会组织及评议准则》[EB/OL]. 台参字第0940110484C号,2005-08-19,http://www.chinalawedu.com/falvfagui/fg23155/177523.shtml.

政机关的一项内部管理制度,在程序方面就必须有明确的法律规定。

一般而言,职工申诉制度应遵循如下程序:第一,应该在委员会的协调下,让双方进行必要的磋商或者调解,即双方对产生的纠纷进行充分沟通与交流,争议在进入申诉之前使双方达成和解,以避免过多的不必要的申诉;第二,如果双方不能就纠纷达成共识,申诉委员会就要在收到申诉申请的规定时间内由秘书处将申诉申请发送申诉相对方,申诉相对方应在规定时间内提交书面答辩;第三,在受理期内,根据申诉委员会的组成办法选择组成人员,组成听证小组,按照安排好听证的日期、时间、地点在正常的工作日内进行听证;第四,根据听证结果,由申诉委员会召开专门会议,依照多数人意见做出申诉的书面决定;第五,对决定进行审核后送达有关方面;第六,明确规定申诉时效以及对申诉结果不服的维权途径。

结合当前教师申诉制度的分析,有学者提出高校教师申诉制度应从以下几个方面着手:(1)明确、细化申诉时限,以防止拖延和推诿。申诉部门接到教师申诉后进行初步审查,应当在 10 日内书面决定是否受理。对于符合申诉受理范围,申诉材料齐全的,原则上均应当受理。教师申诉办公室受理申诉后,在认真调查核实的基础上,应当在 20 日内做出初步处理意见,然后再将这一意见报送教师申诉委员会,由申诉委员会在 20 日内开会集体讨论得出一个最初处理决定。情况特别复杂或者疑难的,可以适当延长处理期限。(2)明确申诉步骤。申诉程序只有尽可能地明确、具体,才具有可操作性。因此,必须制定具体、规范的申诉程序才能保证教师申诉制度的有效执行。完整的申诉案件程序应包括提出、受理、审理和处理四个环节,对此应进行明确。[①]

第三,建立健全申诉制度的相关规定。

吴殿朝认为,建立健全申诉制度应该坚持公开原则、参与原则、公正原则。从公开原则来看,主要有公布制度、告知制度、说明理由制度、案卷制度等。高等学校以及教育行政管理部门,在处理教师申诉的过程中,应将有关申诉制度的规定等内容本人公布,并将处理结果及时送达到相关责任人,以确保教师的知情权和采取必要的救济措施,这一方面确保了"先取证、后裁

---

① 孙德元,刘珍. 论我国高校教师申诉制度的完善[J]. 武汉大学学报(哲学社会科学版),2010,63(3):263-269.

决",另一方面也使得通过沟通达到信息平等,避免了学生和教师的硬性接受,同时使做出该具体行为的行政机关,在将相关结果告知教师或允许相关人员查询教师权利相关的规章、决定、事件调查的过程、结果、证据的相关案卷时,实现相应的监督。参与原则主要表现为听证制度。听证制度的功能是使申诉人有权站在利害关系人的立场上,使自己的意见反映到申诉机构的决策中去,使权力与权利相制衡。将听证作为申诉制度的必经程序和生效要件,不仅充分保证了教师的知情权,而且使教师有了一个为自己辩护的机会,也使处分的决定人有了一个兼听则明的机会。公正原则的体现主要有调查制度、回避制度、合议制度、责任制度等。[①] 建立健全委员回避制度、说明理由制度、听证制度等一系列配套规定,以使教师申诉制度更加公平、公正、合理。申诉过程中,对申诉处理行为应说明理由,特别是涉及教师重大权益的行为,在做出与教师权利相关行为规定的事前和事后都应告知教师,以便教师采取必要的救济措施。同时在申诉中,受理申诉、对申诉事件进行调查、做出申诉处理决定的人员应当适用回避制度。违反教师申诉制度的相关规定,或者徇私舞弊的人员必须为其非法、违法行为承担相应的法律责任。还要引进听证程序,即在教师申诉委员会中立主持下召开听证会,由申诉人和被申诉单位各自阐明理由,进行申辩,而后在"兼听"的基础上做出裁决。[②]

第四,拓宽教育申诉后的救济渠道。

有学者认为,高校教育纠纷具有其特殊性,主要表现为主体的特定性、纠纷发生时间的特定性或纠纷发生地点的特定性。高校教育纠纷发生在双方均为教育法律关系主体的高校、教师、学生之间,发生在高校实施教育、管理活动过程中或学校组织的校外活动中,且通常发生在校园内。因此,高校教育纠纷可分为教育行政纠纷、教育民事纠纷与教育刑事纠纷等几种类型。[③] 虽然教育申诉有着其他救济方式不可替代的优越性,但这并不意味着

[①] 吴殿朝. 我国教育申诉制度存在的问题及其完善对策[J]. 行政与法,2008(2):96-99.

[②] 孙德元,刘珍. 论我国高校教师申诉制度的完善[J]. 武汉大学学报(哲学社会科学版),2010,63(3):263-269.

[③] 李婧. 我国高校教育纠纷的法律类型及其解决机制探究[J]. 社会科学战线,2008(11):214-218.

它可以成为封闭性的解决教育纠纷的途径,除了可以适用申诉制度的争议,其他无论是教师与学校产生的是民事纠纷还是行政纠纷,在依法治教的要求下,当教师对申诉处理决定不服时,都应允许教师有关事项提起仲裁或者诉讼。从立法的角度来讲,一是通过修改《教师法》加以解决,即可以规定"对教育行政部门处理不服的,教师可以依法提出人事仲裁或者诉讼"。二是通过立法解释来解决,即对《教师法》第三十九条规定的"申诉"做出扩大性立法解释,使教师的各项权利都纳入到申诉的渠道之中。[①] 也就是说,可以将教师申诉制度作为申诉当事人提起行政复议和行政诉讼的前置程序,当教师对教师申诉委员会的处理决定不服,或者教师申诉委员会不及时受理申诉或受理后不及时给予答复时,教师应当可以在行政复议、行政诉讼和申诉复核等方式之间自由选择救济途径。[②]

(二)建立基于平等法律关系的教育仲裁制度

仲裁,又称作公断,是一种最为重要的非司法诉讼解决争议的方式。教育仲裁是指学校、教师、学生将其在教育过程中发生的有关教育权利义务关系的法律纠纷提交给依法设立的教育仲裁委员会,由其对纠纷进行处理,并做出对双方具有约束力的裁决,从而解决教育法律纠纷的活动和制度。依据《国家教委办公厅关于印发〈关于开展加强教育执法及监督试点工作的意见〉的通知》(教策厅〔1995〕14号)中有关精神和《中华人民共和国仲裁法》的有关规定,对于教育领域的部分纠纷可以通过专门的仲裁机构实行仲裁。针对教师聘任制在高校的实行与推进,中组部、人事部、教育部联合印发的《关于深化高等学校人事制度改革的实施意见》中规定:"当受聘人与聘用单位在公开招聘、聘用程序、聘用合同期限、定期或者聘期考核、解聘辞聘、未聘安置等问题上发生争议的,当事人可以申请当地人事争议仲裁委员会仲裁,仲裁结果对争议双方具有约束力。"这也就意味着,当教师因聘任原因与学校发生人事争议时,可以进行人事仲裁。[③] 有学者认为,教育仲裁制度基本同劳动争议仲裁制度接近,但区别于一般的行政仲裁,也不同于纯粹的民

---

① 朱应平.教师权益法律救济研究[J].行政法学研究,2000(4):34-39.
② 孙德元,刘珍.论我国高校教师申诉制度的完善[J].武汉大学学报(哲学社会科学版),2010,63(3):263-269.
③ 谭九生.高校教师权利救济制度及其完善的思考[J].高教探索,2009(2):17-21.

间仲裁,而是一种既具有民间性又兼有一定行政性的特殊仲裁机制。其行政性主要表现在教育仲裁机构由政府授权设立在教育行政主管部门内,其机构的负责人即仲裁委员会主任由政府任命,不得兼任仲裁员,负责组织仲裁行政方面的工作;其民间性主要表现在教育仲裁委员会的仲裁员产生和任命及仲裁规则不同于一般的行政仲裁,仲裁员按学科分类从各学校和科研机构中选聘具有一定相应职称的专家学者担任,仲裁规则基本上同民间仲裁相近,以此保持仲裁的中立性和独立性。[1] 有学者认为具有快捷性、经济性、保密性、更大的选择性、能有效克服法院审理教育纠纷时的专业知识的局限性从而保证教育仲裁的专业性和权威性。[2] 总之,教育仲裁既能体现社会分工精细化后涉及诸多专业性、技术性问题的查明、正确处理所需要的法律知识和专业知识,有助于专业地处理"以何种程序操作诉讼"和"以何种规则认定事实并解决纠纷"等问题,又有针对性地实行一裁终局,其审理、结案一般较法院快,可以相对节省时间和费用,其行政仲裁的本质又可以对各种复杂的多重性质的教育纠纷进行适当的调适,从而促进纠纷的最终迅速化解,避免了处理机构和法院的重复劳动,同时教育仲裁大量汲取司法程序的要素,在审理方式上采用两造对抗式,充分保障当事人申辩权和其他正当权利。从目前来看,我国建立教育仲裁制度有着一定的必要性和可行性。[3] 陆在春也认为,教育仲裁制度对于教育纠纷有较强的适应性,一方面它通过以"非对抗性"方式化解了"伦理维持性"纠纷,解决了作为教育纠纷主体的学校、教师与学生之间不可避免存在着传统意义上的伦理关系难题,避免感情决裂、有伤伦理,使得双方能够在意思自治的原则下通过沟通、磨合与技术性的裁断程序达到纠纷解决的目的,实现了主体之间的"伦理维持";另一方面,又通过以"专家仲裁员"应对"专业技术性"纠纷,解决了司法上可能要求法官在任何专业问题上都是"万金油"式专家、"外行审内行"的难题,

---

[1] 陈久奎.我国教育仲裁制度的建构研究:一种解决教育纠纷的新途径[J].教育研究,2006(5):50-54.
[2] 吴殿朝.教育仲裁制度研究[J].高等工程教育研究,2006(6):56-59.
[3] 陈久奎.我国教育仲裁制度的建构研究:一种解决教育纠纷的新途径[J].教育研究,2006(5):50-54.

维护了一般的学术规则,保证仲裁裁决的客观公正。①

把教育仲裁制度作为解决教育纠纷的一种方式,在国外不少国家有成功的先例。比如美国高等学校与其教师之间的纠纷处理,也主要通过仲裁及其他非行政性的程序来处理,经过协商解决、大学系统总校长裁定、大学校长裁定、仲裁等阶段后,如果教师对大学系主任和校长裁定结果不服,教师工会可在规定期限内申请仲裁。仲裁决定是终局性,对双方都有约束力且仲裁后不得上诉法院。印度则普遍设立了非职业化的学院法庭,主要审理学院教职员的日常事务纠纷,如免职、调离或降级等,其决定是终裁,无须再将案子提交法院审理,只有在学院法庭缺乏裁判力、诉状出现明显的法律错误或者违背了公平正义的原则时,当事人方可将案子提交各邦最高法院审理裁定。加拿大的"教育上诉法院"主要受理对教育行政当局做出的复议决定不服的权益纠纷案件,并能做出终局性裁定。② 但在我国现行教育法律、法规中,教育仲裁却一直未能发挥其应有的作用。

1. 我国一直将教师与学校发生的纠纷纳入到人事争议这种行政色彩很浓的救济方式之中,使仲裁的作用不能充分发挥

人事争议仲裁制度是指仲裁机构对人事争议进行调解或裁决的行政司法活动,是行政权力与司法权力相结合的一种解决人事争议纠纷的方式。

我国人事争议随着干部人事制度建立之始就便有之,但在20世纪50年代到90年代中期基本上通过党组织、行政命令、政策,甚至个人权利威望与影响力来解决。而到了20世纪90年代随着政治与民主法制进程加快以及人事制度改革的进行,人事争议矛盾日益公开化、尖锐化。为公正及时地处理人事争议,强化人事部门的监督、保障职能,妥善处理中央国家行政机关及其直属单位和跨地区的人事争议案件,国家人事部下发了一系列文件③,提出了人事争议的一系列处理规则和办法。但由于人事部的这些文件并没有任何制定的法律依据,更无具体程序上、实体上可适用的国家法律,同时

---

① 陆在春. 我国教育仲裁制度的重构与完善[J]. 安徽师范大学学报(人文社会科学版),2009,37(2):164-168.

② 吴殿朝. 教育仲裁制度研究[J]. 高等工程教育研究,2006(6):56-59.

③ 主要有:《人事部关于成立人事部人事仲裁公正厅有关问题的通知》(人发〔1996〕46号)《关于印发〈人事争议处理暂行规定〉的通知》(人发〔1997〕71号)以及《关于印发〈人事争议处理办案规则〉和〈人事争议仲裁员管理办法〉的通知》(人发〔1999〕99号)等。

广大国家机关事业单位以及工作人员基于内部行政文件则并不看好人事部所谓的"人事争议"来解决争议,因此真正意义上的人事争议处理实际并未开始,"人事争议"并不具有法律特征。

2002年7月,国务院下发《国务院办公厅转发人事部关于在事业单位试行人员聘用制度意见的通知》(国办发〔2002〕35号),指出在事业单位试行人员聘用制度,是用人制度的一项重要改革,是建立适应社会主义市场经济体制要求的事业单位人事制度的重要措施,对实施科教兴国战略和"人才强国"战略,调动事业单位各类人员的积极性和创造性,促进我国经济建设和各项社会事业的发展具有重要作用。可以认为,这个文件正式拉开了人事制度改革的序幕。此后,各地开始制定人事争议仲裁的细则(办法)来配合这项重要改革。在之前不少地区已制定出台的,也做了必要的修改。

由于人事争议仲裁委员会设在人事行政机构内,所依据的仲裁规则是人事部门根据人事部文件所制订的政策文件,人事争议仲裁没有任何法律依据,这样的人事争议仲裁完全是政策指导下的行政行为。虽然在此期间,有极少的事业单位的工作人员依据人事仲裁规则向当地人事争议仲裁委提出申诉。直到2003年9月5日,媒体公布了2003年9月5日起生效实施的《最高人民法院关于人民法院审理事业单位人事争议案件若干问题的规定》(法释〔2003〕13号),使得人事争议仲裁与司法审判有了接轨,人事争议案件诉讼方有法可依。此时,人事争议仍沿用了劳动争议处理的"一裁两审制",但这种接轨是形式上的接轨,而不是实质上的,更不是法律意义上的接轨。各地不少事业单位的工作人员,以为有了司法解释,官司可以得到人民法院公正审理裁决,以保护自己的合法权益。这些当事人对这种两脱离的接轨可能带来的恶果以及诉讼的复杂性没有足够的认识与心理准备,其仲裁申诉往往被人事仲裁委以"不予受理"对待,而当地法院又以"没有受理依据"而不予受理,更有甚者先受理,然后再"驳回起诉"来"封杀",这些做法让申诉当事人苦不堪言。如2000年6月20日,北京交通大学发出《解聘通知书》,决定不再聘任江某为法律系教师,并要求江某到学校人才交流中心报到。江某对此不服,立即提出人事争议仲裁申请。同年6月30日,人事部人事仲裁公正厅做出《受理案件通知书》,受理江某所提上述申请,之后开展了有关工作。2002年10月,因没有得到裁决结果,江某认为,人事部人事仲裁公正厅未对其仲裁申请做出裁决的行为,违反了《人事争议处理暂行规定》的有关规定,请求法院判决人事部对自己与北京交通大学的人事纠纷做出裁决。法院查明,2002年7月12日,人事部下发《关于设立中央国家行政机关在京直属事业单位人事争议仲裁委员会的通知》(人发〔2002〕76号)文件,决定设立中央国家行政机关在京直属事业单位人事争议仲裁委员会,负责处理国务院各部委、直属机构在京直属事业单位以及国务院直属事业单位的人事争议。2003年3月20日,该委员会对江某所提人事争议仲裁申请做出人裁字〔2003〕年第1号裁决书,裁决维持北京交通大学所做的《解聘通知书》。法院认为,人事部人事仲裁公正厅受理江某所提人事争议仲裁申请并进行有关工作不违反法律规定,但其在较长时间内未向江某做出答复的行为不妥。鉴于中央国家行政机关在京直属事业单位人事争议仲裁委员会成立后,接收处理江某申请仲裁一案,并对江某所提人事争议仲裁申请做出裁决等情况,江晓阳仍要求"判决人事部对其与北京交通大学人事纠纷做出裁决",没有法律依据和实际意义。因此,对江某的诉讼请求,法院未予支持。宣判后,江某表示要上诉。① 其实近年来,类似案例仍有很多,但进入救济程序的却很少。②

出现这样的现象,除了部分案件系受理机关与人民法院对个案错误的处理外,没有弄清人事争议与劳动争议之间的区别、共同点以及相关联系也是一个重要的原因。从而使这种救济方式目前也存在很多弊端:首先,人事争议仲裁制度的法源只是国家人事部在1997年出台的《人事争议处理暂行规定》,既不适用于《仲裁法》,也不适用于《劳动法》的调整范围,缺乏国家上位法的支撑。其次,实际中各地该机构的设置相当不完善,多挂靠在部分行政部门内,没有自己独立的组织机构,更没有专职的仲裁工作人员。再次,一裁终局制的裁决方式使得法院对其司法监督缺失。一旦当事人一方对裁决不执行的,相对方也不能向人民法院申请强制执行,这种缺乏司法执行保障的制度势必影响到仲裁结果的权威性和严肃性。

---

① 孙于泳.大学教师状告国家人事部被驳回[N].新京报,2003-11-30.
② 大庆商江.全国普通高等学校最近几年解聘教授、副教授事例回顾[EB/OL]. http://www.xici.net/d195117374.htm.

2. 劳动争议仲裁和行政复议制度还不具有法律上的依据

行政复议制度是教师认为教育行政机关的具体行政行为侵犯其合法权益,依法向做出该具体行政行为的上一级教育行政机关提出申请,由受理申请的教育行政机关进行复查并做出决定的行政救济方式。目前的教育法律法规只规定了教育行政部门对教师做出具体行政行为的行政复议,也就是被告方只能是教育行政机关,而高校对教师的内部行政行为不在此救济范围内。而劳动争议仲裁制度是指以第三者身份出现的劳动争议仲裁委员会,根据劳动法律、法规,对劳动争议当事双方争议的事项进行评析、调节和仲裁的处理方法。劳动争议仲裁制度纠纷的双方一般都是法律地位平等独立的主体,从根本上讲它是一种民事争议制度,《劳动法》是支撑其审理劳动纠纷案件的上位法。但从《劳动法》的立法角度看,全国人大法律委员会在1994年《关于〈中华人民共和国劳动法(草案)〉审议结果的报告》中认为,事业单位(学校、医院、科研机构等)和社会团体的劳动人事制度比较复杂,有些可以实行企业化管理,有些则要依照国家机关的人事制度进行管理,或两者兼而有之,需要进一步研究。教师、医生、科研人员又各有专业特点,许多问题可由专门的法律加以规范和保障其权利……因此本法的调整范围应当以用人单位与劳动者是否建立劳动合同关系来界定。这样,实行企业化管理的事业组织,可以适用本法。宪法对保护劳动者的基本权利作了明确规定,这些规定是通过不同的法律实施的,劳动法调整范围不包括的,不是不予保护,而是可以通过其他法律加以规定。①

从目前对于学校与教师发生的纠纷来看,有的属于人事争议仲裁,有的属于劳动争议,其主要关键在于双方争议的问题是属于管理行为引起的还是属于在平等协商后建立的合同基础引起的。

安徽财经大学青年教师莫飞违反委托培养协议突然自行离职,引发的争议就是典型的例子。莫飞辩称,双方的纠纷属于劳动人事争议。蚌埠市中级人民法院审理认为,莫飞在与财经大学签订委托培养博士合同时,系该单位的教师,双方有人事聘用合同关系。财经大学作为用人单位,对职员从

---

① 蔡诚.1994年6月28日在第八届全国人民代表大会常务委员会第八次会议上全国人大法律委员会关于《中华人民共和国劳动法(草案)》审议结果的报告[EB/OL]. http://www.npc.gov.cn/wxzl/gongbao/2001 - 01/02/content_5003186.htm.

事工作必备的职业技能有组织进行培训的义务,但用人单位没有对职员进行学历教育的法定义务;双方签订的委托培养博士合同中约定莫飞取得博士研究生学历和博士学位后继续在财经大学服务5年,财经大学为他支付学费和学习深造期间的工资,系平等协商的结果,双方并非因管理和被管理关系而形成该项合同关系。在合同签订过程中,是莫飞先提出申请,财经大学表示同意,双方再进行协商,意思表达没有被强迫或者受欺诈的情形,不是单方行政指令,莫飞也不是非接受不可。莫飞关于如不接受条件就失去深造机会的上诉理由不能成立。提高自身的学历层次和攻读更高学位完全可以不通过委托培养的形式,通过自费等形式也可以实现深造的目的。所以,本案委托培养博士合同是平等主体间签订的民事合同,该合同独立于双方的人事聘用合同关系。因该合同的履行发生的争议不属事业单位人事争议。这一判例较好地说明了在人事争议与劳动争议中的区别。

笔者认为,如果公立高校作为民事法人与作为劳动者的教师签订基于平等协商的聘任合同,那么,公立高校与教师因聘任而产生的纠纷,可以适用于劳动仲裁。其理由如下:

(1)事业单位的工作人员本身就是劳动者,虽然在工作岗位、身份属事业单位,但若不适用《劳动法》,实质上就将这部分群体在法律上剥离出劳动者的行列,结果势必成为"特殊群体"。既然承认事业单位的工作人员是劳动者,适用《劳动法》,这就意味着,事业单位的工作人员与单位发生的争议仍属劳动争议范畴,双方之间发生的争议就是劳动争议,虽然这类争议与企业同企业职工之间的劳动争议确有些特殊之处,但这些带有个性的特殊点,并不是"劳动"与"人事"之间的差别而形成,也并不是因事业单位及其工作人员而产生,而是由我国机构体制与人事部门政策文件所致,这如同一个民营事业单位①,其与员工发生人事劳动类争议,无法再享有原来的政策文件,它就只能适用《劳动法》的道理一样。因此,既然是改革,简单明了的理顺关系,力争将各条块上的人员以及种类具有特色的争议纳入法治的轨道,强化法律解决争议,加快政府与职能部门的职能改革,淡化行政政策处理功能。在法院受理事由上就是"劳动争议"一类,而不应再有"人事争议"一类。四

---

① 民营事业单位:指民营与原国营事业单位经营一致的机构组织,或事业单位整体出售给投资者的机构,如研究所、学校、报社、律师事务所、会计师事务所有限责任公司等等。

川精济律师事务所何宁湘律师在分析了人事争议与劳动争议的联系与区别之后,认为既然劳动(人事)仲裁不是严格意义上的制度形式,那么就可以增强其公平性、公正性,缩短当事人的维权同期与降低维权成本为目的,在其现行程序制度上可加以调整与完善。例如,在仲裁诉讼制度方式上,仲裁或诉讼由当事人选择、受案仲裁机构由当事人选择等等,并在合同(劳动合同或聘用合同)中加以约定载明,一旦争议发生即按合同约定的方式与程序处理。[①] 化晓晨等也提出,如果把当前的人事争议处理制度改为事业单位人事争议处理制度,那么一方面事业单位实行了聘用制,建立了合同契约关系,实现了人事主体的平等,另一方面事业单位的各类人员作为劳动者,从法理上讲事业单位人事争议就同属"劳动争议"的大范畴。[②]

(2)自《劳动法》颁布实施以来,国家为能较好地维护劳动者的合法权益,在处理劳动争议的程序上设立了一个行之有效的司法救济措施,即现行的劳动争议发生后,首先到设立在各级劳动行政管理部门的劳动争议仲裁委员会申请仲裁,对于仲裁裁决不服的,可以依照《民事诉讼法》的规定到人民法院起诉。对于人事争议,既然适用《劳动法》,也就顺理成章的适用此司法救济措施,这样也就解决人事仲裁制度的无司法救济措施的缺陷。实践证明实行劳动争议司法救济制度的做法带来两个突出问题:其一,《劳动法》所设立的劳动仲裁制度,不在我国《仲裁法》制度之列,也就是说,我国在《仲裁法》在仲裁法律制度方面没有做到统一司法;其二,在法院劳动争议案件审判实践中,劳动争议仲裁审理必然涉及行政部门规章及文件政策,而人民法院审理诉讼案件,则适用法律与行政法规,因此仲裁与审判存在着突出的差别,为此不少基层法院在审理劳动争议案件时,不理会原仲裁裁决,而重新审理、质证、证据采信与认定,导致审理结果与仲裁裁决的结果截然不同的情形,对劳动争议案件的双方当事人都存在着不公平因素。而今人事争议处理也必然伴随这两方面问题,改革应当有所前进,大胆创新,也应在继承、沿用中做到扬弃。

---

① 何宁湘. 人事争议处理的若干问题[EB/OL]. http://www.law-lib.com/lw/lw_view.asp? no = 6602.

② 化晓晨,杨志晨. 事业单位人事争议处理制度若干问题的研究[J]. 行政论坛,2002(11):56 - 58.

（3）该司法解释第三条做出的"人事争议是指事业单位与其工作人员之间因辞职、辞退及履行聘用合同所发生的争议"规定，我们完全有理由认为是，最高人民法院划定的人民法院受理人事争议案件的受理范围。而在司法解释第二条中规定"当事人对依照国家有关规定设立的人事争议仲裁机构所做的人事争议仲裁裁决不服，自收到仲裁裁决之日起十五日内向人民法院提起诉讼的，人民法院应当依法受理"。该司法解释第二条中规定，人民法院对人事争议案件的受理，不是应法定受理，而由因受理，即因人事仲裁裁决后当事人启动民事诉讼程序而受理。这样，人民法院受理人事争议案件的范围受到人事仲裁受理的限制。然而，该司法解释并未明确规定人民法院受理与审理人事争议仲裁应当适用的法律，现依据《劳动法》以及人民法院受理与审理劳动争议案件的现行做法，可能推论应当适用《民事诉讼法》，这应当不会有错。重要的是，该司法解释并未直接、明确的规定人事争议案件的当事人是否能直接启动民事诉讼程序，假定依照劳动争议案件的现行做法，当事人无权直接启动诉讼程序，而首先需要启动人事仲裁程序，该司法解释划定的人民法院受案范围就没有太大现实意义。

结合以上分析，笔者认为，根据公立高校教师聘任和聘后管理中的纠纷性质，可以适用《中华人民共和国劳动争议调解仲裁法》。但仍需要从以下几个方面进一步予以完善。

第一，设立劳动争议调解委员会和劳动仲裁委员会来加强教师权益保障的效果。自1997年8月8日国家人事部颁布《人事争议处理暂行规定》以来，行政调解和行政仲裁就成为事业单位与工作人员之间因辞职、辞退以及履行聘任合同或聘用合同发生的争议时采取的主要方法。从对双方当事人的权利维护机制来看，行政调解和行政仲裁已经是比较完善的制度了，但它在维权上也存在它独有的弊端。一般行政调解仲裁机构基本上是由行政机构来主持，且具有强制性，而教师在调解和仲裁中处于弱势地位，这就难免导致了在实施行政调解和仲裁时的不公平现象产生。在这种情况下，就可通过设立劳动争议调解委员会和劳动仲裁委员会来加强教师权益保障的效果。和行政调解、行政仲裁不同的是它们不是完全由行政机构来领导，而是由劳动行政部门、同级工会和同级经济主管部门共同来执行，这就在一定程度上提高了调解和仲裁的公正性,从而更有效的保障了教师的合法权益。① 该机构可由市级人民政府组织有关部门统一组建,教育纠纷仲裁委员会具有独立法人资格,对其行为独立承担法律责任。该委员会组成人员中要充分体现教育与法律的结合,由教育专家、法学专家、教育管理专家等担任,以此来提高仲裁的公正性、科学性、权威性和合法性,增加教育纠纷当事方对仲裁的信任度。陆在春认为,考虑到教育纠纷领域多元化法律关系中公权力的运用占绝对优势,所以教育仲裁委员会宜依照劳动仲裁的模式建置和运行。教育仲裁委员会应按照统筹规划、合理布局和适应实际需要的原则设立。省、自治区人民政府可以决定在市、县设立;直辖市人民政府可以决定在区、县设立。直辖市、设区的市也可以设立一个或者若干个教育仲裁委员会。省、自治区、直辖市人民政府劳动行政部门对本行政区域的教育争议仲裁工作进行指导。教育仲裁委员会不按行政区划层层设立,可以通过修改教育法规定其按照学区设立,避免行政区划划分造成的地缘因素影响裁决的公正。基于同样的考虑,教育争议仲裁应实行免费,教育争议仲裁委员会的经费由财政予以统筹保障。②

第二,明确可提请教育仲裁的范围。我国《劳动争议调解仲裁法》第二条规定了该法的适用范围,包括:(1)因确认劳动关系发生的争议;(2)因订立、履行、变更、解除和终止劳动合同发生的争议;(3)因除名、辞退和辞职、离职发生的争议;(4)因工作时间、休息休假、社会保险、福利、培训以及劳动保护发生的争议;(5)因劳动报酬、工伤医疗费、经济补偿或者赔偿金等发生的争议;(6)法律、法规规定的其他劳动争议。可以看出,这些受案范围是与劳动者的可提请教育仲裁的范围,主要为平等教育法律关系主体之间的合同争议和财产性纠纷。在教师聘任过程中主要表现为教师与高等学校就合同执行而产生的纠纷。由于聘任合同是双方在平等协商的情况下达成的,既不是教师或者公立高等学校违反合同,也不是教师或者学校在工作具体内容和形式上产生管理纠纷,而是出于对合同内容的理解不同而造成的纠

---

① 赵恒平,廖红梅.论聘用制下高校教师的权益保障[J].武汉理工大学学报(社会科学版),2005(1):100-103.

② 陆在春.我国教育仲裁制度的重构与完善[J].安徽师范大学学报(人文社会科学版),2009,37(2):164-168.

纷。此时则为了公平公正，应该由仲裁机关对聘任合同的含意或者内容做出重新解释，因而可提请仲裁，而非诉讼或者申诉。

  第三，完善教育纠纷仲裁程序。借鉴劳动仲裁的基本程序，当教育纠纷发生后，当事方在协商解决不成的情况下，若双方能自愿达成协议将争议提交教育纠纷仲裁委员会处理，则仲裁可按照下列程序进行：第一步，当事人向仲裁委员会提交仲裁申请书，仲裁委员会收到仲裁申请书之日起5日内经过审查，做出受理或者不予受理的决定。决定不予受理的，应自做出决定之日起5日内制作不予受理通知书，送达申请人；决定立案的，应自做出决定之日起，5日内向申请人和被申请人发出书面通知，同时将申请书副本送达被申请人，并要求其在10日内提交答辩书和证据。被诉人不提交答辩书的，不影响案件审理。教师一方在十人以上的集体劳动争议，仲裁委员应自收到申诉书之日起3日内做出受理或者不予受理的决定。仲裁委员会决定受理的，用通知书或布告形式通知当事人。第二步，仲裁委员会决定受理的争议案件，应自立案之日起7日内按规定成立仲裁庭，仲裁委员会处理集体争议案件，应当组成特别仲裁庭。仲裁委员会有权要求当事人提供或补充证据。当事人因客观原因不能取证的，当事人提供的证据互相矛盾、无法认定的，或针对双方当事人的申诉和答辩中存在的疑点，仲裁委员会依职权可找有关单位、知情人了解情况和收集证据，遇有需要勘验或鉴定的问题，应交由法定部门勘验或鉴定；没有法定部门的，由仲裁委员会委托有关部门勘验或鉴定。第三步，在查明争议事实的基础上，由仲裁庭或仲裁员主持，对争议案件先行调解。经调解达成协议的制作仲裁调解书，由双方当事人签字，仲裁员署名，加盖仲裁委员会印章并送达当事人；调解未达成协议，或仲裁调解书送达前当事人反悔，以及当事人拒绝接收调解书的，仲裁庭应及时仲裁。第四步，仲裁庭开庭裁决，应当在开庭的5日前，将开庭时间、地点的书面通知送达当事人。开庭审理时，听取申请人的申请和被申请人的答辩，由仲裁庭进行当庭调查、主持辩论，征询双方当事人的最后意见，并再行调解。双方未达成协议或不愿接受调解的，经仲裁庭合议做出裁决，并制作仲裁裁决书送达双方当事人。当事人对仲裁裁决不服的，可在收到裁决书之日起15日内向人民法院起诉，期满不起诉的裁决书即发生法律效力。一方当事人不执行的，对方当事人可申请人民法院强制执行。仲裁委员会处理劳动争议案件,应当在收到仲裁申请后的45日内结束,案情复杂需要延期的,经批准可以延长15日。处理集体劳动争议,应当自组成仲裁庭之日起15日结束,案情复杂需要延期的,可延长15日。通过法院的强制执行能体现仲裁裁决的权威性,在保证实现当事人权利的同时,也保证了教育纠纷仲裁制度的顺利发展。

第四,实行"裁审自择"制度。所谓裁审自择,就是当事人在争议发生后,赋予他们到仲裁机构申请仲裁或者到人民法院提起诉讼的自由选择权利。也就是说教育纠纷的当事人,在如何处理纠纷时,他们享有充分的意思自治权:当事人可以根据仲裁条款,或者争议发生后达成的书面仲裁协议,向有管辖权的教育纠纷仲裁机构申请仲裁;如没有仲裁条款,或者事后没有达成书面仲裁协议,当事人可以向法院起诉。选择仲裁的不再诉讼,选择诉讼的不再仲裁。

第五,建立一系列配套的立法保障——包括制定一套教育系统内部的《教育仲裁法》作为上位法支撑,并在已有的相关教育法律法规中补充进包括教育仲裁在内的救济体制,尤其要明确高校与教师之间的法律关系和性质以及高校教师的法律地位,为二者间纠纷的解决提供法理依据。[①] 有关具体做法可作如下设计:最高人民法院应当用司法文件的方式,针对人民法院受理与审理人事争议案件的法律适用做出明确规定,对人事争议当事人能否直接提起诉讼做出明确规定;该司法解释现以施行,对于人事行政机关应当修改原下达到的人事制度改革具体文件规定。人事行政管理机关、事业单位都应及时修改原有《聘用合同书》条款。对于事业单位的工作人员应当要求所在单位修改或者补充《聘用合同书》仲裁以及法律适用条款。对于尚未全面开展改革工作的事业单位、尚未签订《聘用合同书》事业单位,应当立即修改原人事部门下发的《聘用合同书》范本条款;对于事业单位法律顾问的律师与律师事务所,应当主动向受聘单位提出修改《聘用合同书》条款的法律建议意见书。律师事务所与律师应当在该司法解释第三条做出的"人事争议是指事业单位与其工作人员之间因辞职、辞退及履行聘用合同所发生的争议"规定上下功夫,使争议事项范围尽可能地纳入《聘用合同书》条款

---

① 彭静雯. 教师权利救济制度研究:兼论教育仲裁制度的建立[J]. 教育探索,2007(1):59-60.

之中,使今后争议落在受案范围之中,以便在今后的争议中更好地为人事争议当事人提供法律服务,切实维护好当事人的合法权益。①

(三)完善基于行政法律关系关系的教育行政复议制度

行政复议是与行政行为具有法律上利害关系的人认为行政机关所做出的行政行为侵犯其合法权益,依法向具有法定权限的行政机关申请复议,由复议机关依法对被申请行政行为合法性和合理性进行审查并做出决定的活动和制度。行政复议是行政机关实施的被动行政行为,它兼具行政监督、行政救济和行政司法行为的特征和属性。它对于监督和维护行政主体依法行使行政职权,保护相对人的合法权益等均具有重要的意义和作用。②《行政复议法》第六条规定"有下列情形之一的,公民、法人或者其他组织可以依照本法申请行政复议":其中第三款为"对行政机关做出的有关许可证、执照、资质证、资格证等证书变更、中止、撤销的决定不服的",第七款为"认为行政机关违法集资、征收财物、摊派费用或者违法要求履行其他义务的",第八款为"认为符合法定条件,申请行政机关颁发许可证、执照、资质证、资格证等证书,或者申请行政机关审批、登记有关事项,行政机关没有依法办理的"。这三款规定的行为,都与教师有关联。《教育行政处罚暂行实施办法》第三十一条规定:"当事人对行政处罚不服的,有权依据法律、法规的规定,申请行政复方或者提起行政诉讼。行政复议、行政诉讼期间,行政处罚不停止执行。"原国家教委《关于〈中华人民共和国教师法〉若干问题的实施意见》中也指出对教师提出的申诉:"逾期未做出处理的或者久拖不决,其申诉内容涉及人身权、财产权以及其他属于行政复议、行政诉讼受案范围的,申诉人可以依法提起行政复议或者行政诉讼。""申诉当事人对申诉处理决定不服的……其申诉内容涉及其人身权、财产权及其他属于行政复议、行政诉讼受案范围事项的,可以依法提起行政复方或者行政诉讼。"③另外,根据2007年8月1日起实施的《中华人民共和国行政复议法实施条例》,这里的

---

① 何宁湘.关于司法解释[法释(2003)13号]的思考[EB/OL]. http://www.law-lib.com/Lw/lw_view.asp? no=2026.

② 邹东升.公共行政学[M].北京:北京大学出版社,2014.

③ 谢志东.我国教育行政救济制度问题研究[C]//劳凯声.中国教育法制评论:第1辑.北京:教育科学出版社,2002.

"行政机关"当然包括"法律、法规授权的组织"。而高等学校经由国家和法律的授权,行使国家行政权力或公共管理权力,具有法人资格,能够独立承担相应的法律责任,因此,高等学校具有行政主体资格。① 这都表明,当高校与聘任教师的法律关系内容中出现以行政管理法律关系而使高校成为法律法规授权组织时,高校即在法律上处于行政主体地位。因此,当教师认为学校的具体行政行为侵害了其合法权益时,可依法向做出该行为的上一级行政机关或法律、法规规定的机关提出复议申请,并由受理机关依法进行审查并做出复议决定。

有学者认为,通过行政复议前置,能有效加强上级行政管理部门对学校的监督,同时也能使大部分纠纷在教育系统内得到解决,这不仅可以维护了教育系统的社会公信力,而且由于教育行政复议具有更为明显的专业优势,能够以更加符合教育规律的方式处理教育纠纷,因而也避免了当事人走上漫长的诉讼之路。同时,基于申诉的经济性、便捷性和专业性等特点挥将会大大减少人民法院受理高等教育领域行政诉讼案件的数量,从而能够有效缓解司法应对高等教育行政诉讼的压力。②

1. 当前教师行政复议中存在的问题

根据以上对教育行政复议含义及相关规定的分析,可以看出教育行政复议具有以下特点:第一,它是教育行政相对人认为教育行政机关的具体行政行为侵犯自己合法权益时的一种救济措施;第二,教育行政复议是行政相对人依法申请的行政行为,必须按照行政复议法规定的法律程序进行;第三,教育行政复议的受案范围为涉及行政相对人人身权、财产权及其他属于行政复议、行政诉讼受案范围的事项。

由这些特点可以看出,当公立高校教师要提起行政复议时,必须满足:(1)高校是因为具体行政行为与教师发生了争议,即高校是作为法律法规授权组织出现的;(2)公立高校的具体行为必须是侵害了教师的人身权、财产权或其他属于行政复议、行政诉讼受案范围事项的合法权益。

我国教育法规目前还没有规定高校对教师管理的内部行政行为的司法

---

① 谭九生. 高校教师权利救济制度及其完善的思考[J]. 高教探索,2009(2):17-21.
② 李斯令,夏理淼. 行政复议前置:高等教育行政诉讼的制度选择[J]. 西南政法大学学报,2012(1):97-100.

救济途径，行政诉讼法的诉讼范围只局限于教育行政机关对人身权、财产权做出具体行政行为的司法救济，而其抽象行政行为如教育政策法规并不在诉讼的范围之内。即《教师法》在第三十九条第一、二款中申诉人对被申诉人做出的处理不服是否可以申请行政复议或提起行政诉讼没有作出规定，使教师的维权过程缺乏法律依据，有关行政机关和人民法院会以此拒绝对教师申诉案件的受理、审理。虽然原国家教委的《实施意见》中规定："申诉当事人对申诉处理不服的，可向原处理机关隶属的人民政府申请复核，其申诉的内容直接涉及人身权、财产权及其他属于行政复议、行政诉讼受案范围的事项的，可以依法提起行政复议或者行政诉讼。"但一方面，由于部门规章不能作为司法依据，法院难于以此为据受理、审理教师申诉案件；另一方面，由于人身权、财产权概念的内涵与外延尚在争论之中，这样原则性的规定往往容易引起争议。有学者认为："财产权的含义看似明确，实则模糊。比如扣发教师工资、拖欠教师工资是否属于教师的财产权。所谓人身权也有模糊的地方，比如教师受到学校领导的名誉侵害，向教育行政部门申请保护，不予解决，教师可否提起行政复议或行政诉讼。"①有学者对人身权作了更为广义的解释，认为"凡是与主体人身紧密联系在一起又有特定人身利益内容的权利，都可称为人身权，如公民的选举权、被选举权等政治权力也是与公民人身权紧密联系在一起，也可以说是具有特定人身利益的内容"②。根据这一观点，学者王延卫认为，《教师法》所规定的教师的六项权利及其他条款规定的合法权益都应当归为侵犯人身权、财产权的范围，都可以提起行政诉讼。关于教师对学校解聘不服而申诉的行政案件，教师申请保护的是劳动权，是其安身立命与人身密不可分的重要权利；教师申请资格、职称、考核、奖励等案件涉及教师的身份权、名誉权、荣誉权……只要涉及教师法所设定的合法权益，都应当属于行政诉讼的受案范围。③

此外，教师一旦应聘进入高校，即成为高校职员之一，此时如果因学校的一些管理措施造成的内部人事管理争议按照目前的管理，也不能适用行政复议。我国《行政复议法》第八条规定："不服行政机关做出的行政处分或

---

① 朱应平. 教师权益法律救济研究[J]. 行政法学研究,2000(4):37.
② 郑立,王作堂. 民法学[M]. 北京:北京大学出版社,1998:572.
③ 王延卫. 论行政机关处理教师申诉行为之性质[J]. 行政法学研究,2000(1):48.

者其他人事处理决定的,依照有关法律、行政法规的规定提出申诉。"这一规定排除了人事处理决定的复议可能。可见,在我国教育管理实践中,如果教师对学校的行政措施不服,是无法通过教育行政复议途径获取救济的。① 对于内部管理措施能否进行行政复议,我国台湾地区的一般做法是除了教师资格审查、解聘、停聘或不续聘、资遣、欠薪等四类情况外,学校的其他管理措施比如工作评鉴、研究经费补助、年资起计、排课时数、调职等行为,由于法院认为此类措施既未影响教师公法上财产请求权,也不涉及教师身份变更,影响其任教之重大权益,一般不被视为行政处分,而只能进行申诉。②

2. 基于行政法律关系的教育行政复议制度的完善

首先,明确教育行政复议的受案范围。鉴于以上分析,在行政复议的受案内容方面,有学者认为,应该在教育行政复议原有受理范围的基础上,应进一步允许教师对学校、教育行政部门做出的纪律处分、工作考核、业绩评定等内部行政行为申请复议。③ 这样,可以使教师与公立高校基于行政管理的内部过程外显外,从而为进一步促进高校依法治教奠定相应的基础。

其次,明确申诉与复议的关系。湛中乐教授认为,不妨将申诉作为一级复议,或者说复议是再申诉,复议中仍然审理教师与高校之间的争议而不是教师与申诉受理机关 的争议,这样就可以避免在申诉后以被申诉机关为复议和诉讼的对象就如同将一审法官告上二审法庭一样,既无助于教师与学校之间争议的真正解决,又将高校的责任转嫁给了教育行政机关,使申诉受理机关在处理申诉时因担心自己坐上被告席而顾虑重重。④ 也有学者认为,高校与教师的教育行政纠纷主要涉及职称评审和资格认定。这些具体行政行为与一般的具体行政行为无异,可以适用行政复议的相关程序,只对教育

---

① 谢志东. 我国教育行政救济制度问题研究[C]//劳凯声. 中国教育法制评论:第1辑. 北京:教育科学出版社,2002.
② 李学永. 台湾地区大学教师权利保护的反思和借鉴[J]. 行政法学研究,2011(1):63-69.
③ 刘彦博. 完善我国高校教师权利救济制度的思考[J]. 黑龙江高教研究,2012(3):54-57.
④ 湛中乐. 论我国高等学校教师申诉制度的完善[C]//劳凯声. 中国教育法制评论:第6辑. 北京:教育科学出版社,2009:105-134.

行政纠纷进行处理。①

（四）以诉讼作为双方聘任关系的最终救济途径

行政诉讼和民事诉讼均是指人民法院在各方当事人的参加下，依照司法诉讼程序运用国家审判权解决争议案件的活动。前者的受案范围主要为行政争议案件，而民事诉讼主要解决的是因平等主体之间发生的财产权和人事权纠纷案件。诉讼是司法救济的最后一道防线。但对于势单力薄的教师来说，官司难打赢，即便胜诉，得到学校的民事赔偿，也是无法挽回他们的真正损失的；对于学校来说，打官司对其声誉也有一定程度的影响，再加之诉讼成本高，所以一般双方并不愿采用诉讼的途径来解决纠纷。

教师能否通过诉讼途径维护自身合法权益以及进行何种诉讼维护权益，取决于高等学校、教师的法律地位以及由此而形成的高等学校与教师法律关系的性质。

结合前面所述，对于高等学校与教师法律关系性质的认识有三种：第一种观点认为在高校教师聘任过程中，高等学校具有民事主体资格，教师与高等学校的聘任关系是双方在平等和共同意志表达的基础上签的聘任合同而形成的劳动合同关系。第二种观点认为高校与教师的聘任合同"既不是受《合同法》所调整的民事合同，也不同于受《劳动法》调整的劳动合同，而更多则是具有行政合同的特征，因此，应将教师聘任关系作为行政关系处理。这种关系不是教师与政府（代表政府）之间的普通的行政关系，而是教师与高等学校这个公法人中的特别法人之间所构成的一种特别行政关系"②。第三种观点认为，教师与高等学校之间的法律关系属于特殊的合同关系。

从这三种观点来看，第三种观点明显带有回避我国现行法律中行政与民事两分的司法体制的痕迹，因此不作过多分析。而从第一种观点和第二种观点来看，笔者认为，行政合同是行政主体以行政管理为目的，与行政相对一方就有关事项经协商一致而达成的协议。③ 在行政合同中，行政主体具有行政特权：一方面，行政机关对当事人履行合同具有监督控制的权利，如当事人履行合同不力时，行政机关无须借助行政、法院等第三者就可以直接

---

① 伍艳.论高校聘任制下教师权益救济机制的构建[J].高教探索，2013(1):129-134.
② 申素平.中国公立高等学校法律地位研究[D].北京:北京师范大学，2001.
③ 于安.行政合同法初探[J].清华法律评论，1998(1):10.

对当事人进行经济处罚;另一方面,行政机关有权根据公务的需要变更行政合同。那么,从我国现行法律、法规的规定来看,不论是《教育法》《教师法》,还是《高等教育法》,都将高校教师聘任制的基本原则作了明确法律规定。如《高等教育法》第四十八条规定:"高等学校的教师聘任制,应当遵守双方平等自愿的原则,由高等学校校长与受聘教师签订聘任合同。"在这一过程中,高校显然不是以行政主体的身份,而是以民事主体身份,校长以法人代表的角色与教师签订的聘任合同;高校在合同签订、履行、终止过程中并不享有行政特权,合同是在双方协商一致的情况下签订的,已生效的合同,任何一方无权单方面变更,否则,要承担法律责任。所以,高校教师聘任合同不符合行政合同的基本特征。作为契约关系,它不仅适用于现行教育法律、法规,也适用于民法、合同法以及劳动法。《关于人民法院审理事业单位人事争议案件若干问题的规定》(法释〔2003〕13号)规定:"事业单位与其工作人员之间因辞职、辞退及履行合同所发生的争议,适用《中华人民共和国劳动法》。当事人对依照国家有关规定设立的人事争议仲裁机构所做的人事争议仲裁裁决不服,自收到仲裁裁决之日起15日内向人民法院提起诉讼的,人民法院应当依法受理。一方当事人在法定期间内不起诉又不履行仲裁裁决,另一方当事人向人民法院申请执行的,人民法院应当依法执行。本规定所称人事争议是指事业单位与其工作人员之间因辞职、辞退及履行聘任合同所发生的争议。"这一规定有利于人们对高校与教师聘任关系的理解,也能更好地处理聘任纠纷,维护教师和高等学校的合法权益。[①] 因此,高等学校的法律地位决定了高校在教师管理上管理权的公权力属性,就此意义上高等学校具备了被提起行政诉讼的可能性。

但是,由于教师属于高校权力支配下的主体,不具备独立的社会成员身份。针对高校做出的管理行为,只能通过内部申诉途径寻求救济,不允许司法权力干预。其直接依据是《行政诉讼法》第十二条第三项的规定。笔者以为,上述观点属于长期以来盛行的特别权力关系理论的一种翻版,要求提起行政诉讼的相对人必须具备独立社会成员身份,是早期特别权力关系理论的一个组成部分。该种理论承认行政机关或公法团体的内部管理活动排除

---

① 陈鹏,祁占勇. 教育法学的理论与实践[M]. 北京:中国社会科学出版社,2006.

法律的调整。此理论源于德国,经日本继受,并为我国大陆行政诉讼立法所借鉴。但是,随着法治观念的进步,特别权力关系理论已丧失了合理性,独立主体身份之说日益遭到质疑,身份隶属关系再不能成为阻止相对人寻求司法救济的正当根据。作为被管理者的相对人与管理方虽然存在着特定的隶属或服从关系,其为宪法规定的基本权利应当受到尊重和司法保护,不能以维护秩序为理由加以限制和剥夺,在价值的天平上基本权利重于内部秩序。相比而言,英美国家因无所谓的特别权力关系理论,无论申请司法救济的原告是否具备独立主体资格,与被告是否存在身份隶属关系,只要该人认为管理者的高权行为侵犯了其合法权益,即可启动司法审查程序。但对于启动何种司法审查,仍要根据具体情况具体分析。

美国涉及高等教育的法律法规体系主要包括联邦和州宪法,联邦和州的法律法规,联邦和州行政管理机构制定的法则和条例,有关行政管理机构的判决、判例法,行业内部的规章制度、行业合同、学术惯例等。高校与其教师的法律关系由各种复杂的法规和规章来限定,其中核心法规是合同法,但该法条款的内涵已越来越被包含在各种劳动关系法(labour relation law)和雇佣歧视法(employment discrimination law)当中了。另外的法规还有行政机构(public institutions)、联邦法律和公务人员法规、条例(public employment statues and regulations)等。公共机构(包括公立高等院校)中法定权利和合同规定的权利之间,有着明显的差别,由法规或是管理条例规定的权利可以由后来的法规或条例更改或废除,而合同中规定的权利却不能被后继的合同所废除或是修改。

从美国高等学校与教师的法律纠纷来看,主要集中在大学教师学术自由权利的限定与保障之上,其法定界限最初是由合同法确定的。学术人员拥有的任何学术自由都通过签订的契约合同来保证,美国大学教授协会(AAUP)1940年"学术自由和终身教职的原则声明",及1970年的"解释意见"和1976年的"关于学术自由和终身教职的推荐性章程"常被认为是关于学术自由的主要文件。对于学校管理者来说,这些文件是用来判断教师与学校签署的雇佣合同内容完整与否的关键。法庭参照合同法的原则解释和实施大学教授协会文件规定的内容,一般情况下这些内容都已包含在合同法中,即使学术人员和学校签订的雇佣合同当中未曾包括文件所要求的内容,但作为学术惯例,法庭也会在含意模糊的合同中考虑上述文件已阐明的原则。

20世纪五六十年代,美国高等法院参照第一修正案中的言论自由和结社自由权,第五修正案的对反对自证其罪的保障(protection against selfincrimination)和第四修正案中正当程序的保障,给予学术自由以宪法性的地位。"任何人都不能低估那些引导和培养我们年轻一代的人在民主社会发挥的决定性作用,‥学术不可能在任何具有怀疑和不信任的气氛中繁荣……教师和学生应总保持自由去探索,研究、评判,获得新的发展和理解,否则,我们的文明将会停滞、死亡。"①

就其内容上,美国相关法律法规对学术自由的规定主要有:(1)课堂教学的学术自由。法庭对关于学术自由方面的争端涉及讲授内容、教学方法,或是教师课堂行为方式的时候总是保持沉默,认为这些事务最好交给管理者和教师——对学术事务有基本责任的人——来处理。如1973年,海特瑞克(Hetrick)诉马丁(Martain)的案件中,一所州立大学因为一名不具有终身教职的教师的教学方法不能得到学校认可而拒绝和该教师续签雇佣合同,该教师以大学侵犯了第一宪法修正案中规定的言论自由权利而起诉该所大学,法庭考虑到案件涉及教学方法上的争论,而拒绝将其与宪法保护的言论自由等同起来。(2)校务上的学术自由。教师就事关工作方面或是非工作上的问题发表个人意见、观点以及在校园内进行个人活动时可以要求保障自身的学术自由权利。(3)私人生活方面的学术自由。州政府或大学对教师在私人生活方面的事务本应是最不该干涉的,大学教师应被看作是一个在高等教育机构从事工作的普通公民。

就其审判原则来看,可以归纳为以下原则和趋势:(1)解聘是指在任一时间内中止长聘教师的教职,或是经由教委会决定,对于试用期内的试用教师予以解聘的行为。不续聘是指试用契约期满后,不继续聘用试用教师。解聘与不续聘在正当程序的保障上有相当大的差异。(2)解聘的行为如牵涉到教师的财产权与自由权,则按照宪法第十四修正案,必须经由"正当程序"才能成立。财产权指教师工作的权利,在各州所制定的"长聘法"与和试用教师所定的契约中就已成立。自由权在解聘案中,多指教师名誉的维护。

---

① 王报平. 美国大学教师职业发展权利法律保障初探[J]. 煤炭高等教育,2007,25(1):50-52.

如果解聘的事由令其觉得会沾染恶名,而影响其未来的求职时,即可宣称自由权受损,但必须提确切证明。(3)正当程序一般包括:解聘事由的通知;公平的听证会;律师之聘请;准许有利于教师一方的证人出庭;双方证人交叉辩论的形式;教师有权取得整个程序的纪录。以上程序增减以各州的州法规定。(4)法院认为试用教师只在契约期间拥有财产权,因此在契约期满之后的不续聘决定,不必经正当程序。在多半的州中,仅规定在约满前一定时间予是通知即可。然而不续聘的行为影响试用教师的自由权,则必须采用正当程序。教师不能单独以去职就认为其名誉受损,而必须提出实质证明。一般而言,试用教师所受的法律保护,远较长聘教师要少。(5)解聘长聘教师,无论在何种情况,均必须经由州法中所规定的正当程序,且其事由必须为州法所明载的原因。解聘长聘教师不能只基于独立的事实,校长必须事先搜集相关资料,并记载时间日、地点、目击者姓名等,以便在适当程序中供学区委员会参考。一般而言,校长对教师的评鉴报告,往往具有重要的地位。(6)教师的解聘通知,必须在州法所规定的时限前送出,并且为正式的形式,以便教师有足够时间准备答辩,并能实时举行听证会。(7)教委会之成员在听证阶段应为严守中立的仲裁者,因此不能事前参与校长或教育局长兴证教师不适任的活动。如果被证明存在偏见,则应立即退出。(8)各州所用解聘原因的内容不一,多为不胜任、不道德、不服从、怠于职守、强制裁员及缺乏专业行为等。其中以前三者最为普遍。由于所述原因多半为概括性形容词,其标准往往不一,而最后必须为法院判决所决定。(9)不胜任多半是指教师缺乏专业上的特定技能,为最引起争议的原因,也是最难被证明。其范围大致包括教室管理、教学方法、批改学生作业、考试、师生关系、一般教学态度等。此外,单纯教室中的表现,并非决定教师适任与否的唯一根据。(10)法院近年来对因不道德解聘的案例,多半严格把关。坚持学校必须提出不道德行为与不适教学的明显关系,才能解聘教师。然而如果教师被发现与学生发生性行为,法院则一致认为已构成不道德且不适教学的要件,学校可以解聘教师。(11)不服从的解聘案例则为法院所支持,如果校方能够证明教师来意违反学校规定或政策;如果所立的规定不合理(如刻意歧视女性),或是缺少证据显示教师因此而有不当行为,则不服从的理由并不确立。(12)长聘制度并不保障教师得以无条件的继续任职。当学校发生入学人数减少或是财政困难的问题,可因此强制裁减教师,此点已经于法律判例支持。(13)一般而言,校长在解聘教师前,应事先有过对谈,以询问其是否需要帮忙,并告知问题的症结所在。法院在审理类似案件时,将校长是否事前告知与辅导,列为重要参考因素。(14)法院对于教师的学术自由权也极为重视,并认为中小学教师如同大学教授,都受宪法第一修正案的保护,只是程度上有所不同。在处理教师的学术自由权与学校利益相矛盾的解聘案例中,法院多采取"利益平衡"政策。教师在课堂上的言论,如果与课程无关者,多半不被法院支持。此外,当其使用教材不为当地居民所喜欢时,法院认为应视情况而定。一方面主张家长的意见并不一定代表适当的教育,一方面则以学生的成熟程度,审视所用的教材是否过于争议或猥亵,以决定其适当性。(15)如果教师在法院中获胜,则应得适当的补偿。其中包括损害赔偿、恢复原来职位与由学校负担法律诉讼费用等权利。补偿的形式原则上由州法确定,但如果无确切规定,则法官的裁量权极大。如果能提出身心确实受损的证据,则赔偿金额可能高达数10万美金。①

由这些原则和趋势来看,美国在教育诉讼过程中以下几点值得我国借鉴:(1)把保障教师的宪法权利作为司法审查的界限,如果确实证明教师的宪法权利受到损害,即加以司法干预。(2)为了保证不干预学校管理,严格要求采用"正当程序"及充足的证据证实。(3)在校方的利益和教师们的利益之间保持一种模糊平衡的原则。因此,对校方来说,在遵守各级各类法律、法规的前提下,建立健全适合本校实际情况的关于学术自由权利的行动指南和校内的学术自由保障机制,是更切实可行而且是至关紧要的。(4)对教育诉讼的事由进行严格而明确的界定,以防止学校的权利滥用,保障教师的基本权利。可见,美国教育诉讼中法院的受理也遵循着司法审查的限度原则,主要做形式的审查,而不作实质的审查,除非在涉及公民一般权利的保障时才做实质审查。这对于我国进一步完善教师聘任中的法律救济具有极高的启示价值。

笔者认为,在教师聘任过程中,教师与公立高等学校的法律关系的内容可以分为两部分:一部分是在聘任时产生的平等协商的民事法律关系,一部分则是在聘任以后教师作为学校一名职员时所产生的行政管理关系。这两

---

① 秦梦群.美国教育法与判例[M].北京:北京大学出版社,2006:198-200.

种关系在司法审查中应该予以区分。在"甘露案"中,最高人民法院表现出了对高校内部管理所持的实质法治的立场。这也就暗示着,在涉及高校的行政诉讼中,我国法院将更倾向于依据法律法规其本身所暗含的立法目标和法律效果来选择适用的法律规范,这也为公立高校与教师之间的行政诉讼提供了新的依据,即在适用法律明文规定存在立法目的脱逸之时,需要司法者在法律规定之中注入新的精神,或以法律原则,或以适当的解释规则,确保所适用的法制本身的品质。[①]

[①] 戴乔."甘露案"的启示:基于最高人民法院行政判决书的分析[J].重庆科技学院学报(社会科学版),2015(8):27-30.

结　语

公立高等学校的人事制度改革是一个复杂的问题,其实质涉及国家教育权的保障和教师职业未来的发展,价值的取舍并不在于谁对谁错,而在于为了实现教育功能的最大实现。

从现代法治的角度来看,国家教育权的实现是政治的必然体现,也是一个国家实现其国家利益和阶级利益的重要途径。因此,我国公立高等学校作为一个法律法规授权组织、一个法人主体、一个对教师行使管理职权的特殊权力关系的主体,其权力来源具有一定的社会历史背景。但这并不等于高校的权力不受任何约束,从现代法治理念来看,其行使必须受到相应法律法规的约束。

而作为承担教育教学职责的专业和一名普通公民的教师,其权利却也不能因为国家职能而被剥夺,反而在现代政治文明之下,应该得到更好的体现。这种体现应该是在平等自愿协商的基础上,通过严格而明确的程序,遵循劳动合同签订的相关规定,通过与高校签订劳动合同的形式,实现对双方权利与义务的约定,以最大限度地保障双方的权利。

如果双方出现聘任上的纠纷和争议,则应该根据争议的内容,确定是属于管理中的内部关系还是违反合同所引起的外部平等法律关系,从而确定采用何种救济途径。如果属于管理中的具体内容与做法而无关乎合同的约定,则适用申诉制度;如果关乎合同约定或者双方对合同的执行存在误解,则适用仲裁制度或者民事诉讼;如果聘任纠纷已经涉及教师的人身权与财产权,则可以适用行政复议或者行政诉讼。

参考文献

一、著作与硕博论文

[1] 陈鹏,祁占勇. 教育法学的理论与实践[M]. 北京:中国社会科学出版社,2006.

[2] 成思危. 中国事业单位改革:模式选择与分类引导[M]. 北京:民主与建设出版社,2000.

[3] 邓涛. 新课程与教师素质发展[M]. 北京:北京出版社,2005.

[4] 范占江. 劳动法精要与依据指引[M]. 北京:人民出版社,2005.

[5] 高远东. 中国大学的问题与改革[M]. 天津:天津人民出版社,2003.

[6] 黄恒学. 我国事业单位管理体制改革研究[M]. 哈尔滨:黑龙江人民出版社,2000.

[7] 黄恒学. 中国事业管理体制改革研究[M]. 北京:清华大学出版社,1998.

[8] 黄崴. 教育法学[M]. 广州:广东高等教育出版社,2002.

[9] Lawrence M. Bezeau. Educational Administration for Canadian Teachers [M]. Toronto,Copp Clark Pitman,2007.

[10] 劳凯声. 变革社会中的教育权与受教育权:教育法学基本问题研究[M]. 北京:教育科学出版社,2003.

[11] 劳凯声,郑新蓉. 规矩方圆:教育管理与法律[M]. 北京:中国铁道出版社,1997.

[12] 栗洪武,等. 学校教育学[M]. 西安:陕西师范大学出版社,2007.

[13] 刘晓苏. 事业单位人事制度改革研究[M]. 上海:上海交通大学出版社,2011.

[14] 刘雪梅. 特别权力关系理论与中国行政法[D]. 北京:中国政法大学,2006.

[15] 罗豪才. 行政法学[M]. 北京:北京大学出版社,2001.

[16] 齐春丽. 大学章程视域下教师权利研究[D]. 西安:陕西师范大学,2015.

[17] 祁占勇. 高等学校法人内部治理结构研究[M]. 北京:教育科学出版社,2012.

[18] 祁占勇. 现代大学制度的法律重构[M]. 北京:中国社会科学出版社,2009.

[19] 钱理群,高远东. 中国大学的问题与改革[M]. 天津:天津人民出版社,2003.

[20] 秦梦群. 美国教育法与判例[M]. 北京:北京大学出版社,2006.

[21] 申素平. 我国公立高等学校法律地位研究[D]. 北京:北京师范大学,2001.

[22] 台湾地区"教育部". 大学教育政策白皮书[M]. 台北:乙壬广告印刷有限公司,2001.

[23] 王利明. 民法[M]. 6版. 北京:中国人民大学出版社,2015.

[24] 肖川. 教师:与新课程共成长[M]. 上海:上海教育出版社,2004.

[25] 杨建华,陈鹏. 现代教育学[M]. 北京:中国社会科学出版社,2005.

[26] 玉以超. 事业单位法定代表人知识读本[M]. 南宁:广西人民出版社,2003.

[27] 湛中乐,李凤英. 高等教育与行政诉讼[M]. 北京:北京大学出版社,2003.

[28] 赵立波. 事业单位改革:公共事业发展新机制探析[M]. 济南:山东人民出版社,2003.

[29] 郑国安. 非营利组织与中国事业单位体制改革[M]. 北京:机械工业出版社,2002.

[30] 郑立,王作堂. 民法学[M]. 北京:北京大学出版社,1998.

[31] 邹东升. 公共行政学[M]. 北京:北京大学出版社,2014.

二、期刊论文

[1] Balancing Student and Faculty Academic Freedom[J]. National On-Campus Report, 2005, 23(21):1-6.

[2] Capochino A. Investigation centers on university firings[J]. New Orleans Citybusiness, 2006, 26(46):1.

[3] Dispatch Case[Z]. Chronicle of Higher Education, 1998, 45(13):45.

[4] Fisher, Karin Wis. Regent Fire Convicted Professor[J]. Chronicle of Higher Education, 2006.

[5] Fliegler C M. A Storm of Dismissals[J]. University Business, 2006, 9(5):16.

[6] UNO consolidation could cut classes[J]. New Orleans City Business, 2006, 26(39):11.

[7] Wojtas, Olga. Union attacks Glasgow redundancy initiative[N]. Times Higher Education Supplement, 2005-09-16.

[8] 蔡振京. 对完善我国高校教师申诉机制的若干思考:美国经验的启示[J]. 现代教育科学, 2009(3):140-142.

[9] 查名祥. 教师聘任制的法律问题[J]. 安庆师范学院学报(社会科学版), 2002, 21(3):92-95.

[10] 陈久奎. 我国教育仲裁制度的建构研究:一种解决教育纠纷的新途径[J]. 教育研究, 2006(5):50-54.

[11] 陈鹏. 高校教师聘任制的法律透视[J]. 中国高教研究, 2005(1).

[12] 陈鹏, 祁占勇. 高校教师职务评聘中的法律问题探析:对一起诉讼案的法理学思考[J]. 高等教育研究, 2004(2):46-50.

[13] 陈鹏. 论高校自主权的司法审查[J]. 陕西师范大学学报(哲学社会科学版), 2004, 33(1):106-110.

[14] 陈鹏. 我国公立高等学校与教师法律关系之研究[J]. 中国教育法制评论, 2006(4):160-174.

[15] 陈秀兰. 浅析高校教师过劳死现象及保护措施[J]. 法制与社会, 2007(2):583-584.

[16] 陈永明. 德国大学教师聘任制的现状与特征[J]. 集美大学学报, 2007, 8(1):32-36.

[17] 陈永明. 法国大学教师聘任制的现状与特征[J]. 集美大学学报, 2006, 8(2):3-7.

[18] 陈永明. 美国大学教师聘任制的现状与特征[J]. 集美大学学报, 2006(3):13-17.

[19] 陈永明. 英国大学教师聘任制的现状与特征[J]. 集美大学学报,

2006,7(4):14-19.

[20]戴乔."甘露案"的启示:基于最高人民法院行政判决书的分析[J].重庆科技学院学报(社会科学版),2015(8):27-30.

[21]戴拥军.从集体合同看渥太华大学教研人员的管理与培养[J].教育现代化,2016(37):143-146.

[22]邓涛.教师发展综述[M]//邓涛.新课程与教师素质发展.北京:北京出版社,2005.

[23]高校劳动人事争议处理问题研究课题组.关于高校劳动人事争议处理问题的思考[J].国家教育行政学院学报,2008(2):73-78.

[24]高延坤.高校教师惩戒之司法救济:基于53件高校人事争议诉讼案例的考察[J].复旦教育论坛,2017(1):10-17.

[25]郭丽君.论大学教师聘任制改革的制度环境建设[J].改革与战略,2006(11):108-110.

[26]郭丽君.论高校教师聘任制改革中的若干政策性问题[J].现代大学教育,2006(6):94-98.

[27]郭鹏,万杭.我国事业单位人事制度发展历程与改革展望[J].武汉冶金管理干部学院学报,2008(3):9-15.

[28]哈斯巴根,周炜.高校教师聘任合同法律属性探析[J].北方民族大学学报(哲学社会科学版),2011(6):117-120.

[29]贺云乾.略论高校干部人事制度改革[J].河南财经学院学报,1988(2):65-68.

[30]胡锦光.北大博士学位案评析[J].人大法律评论,2000(2).

[31]胡劲松.德国联邦政府高等学校人事和工资改革政策评述[J].比较教育研究,2001(2):12-17.

[32]胡林龙.高校教师聘用合同纠纷法律适用的制度与理念:以教师流失纠纷法律救济为视角[J].中国教育法律评论,2006(4):175-190.

[33]湖北大学调研室.正确引入竞争机制深化高校人事制度改革[J].黑龙江高教研究,1989(3):48-53.

[34]化晓晨,杨志晨.事业单位人事争议处理制度若干问题的研究[J].行政论坛,2002(11):56-58.

[35]黄建军.高校不宜简单照搬聘任制[J].中国教工,2005(3):14.

[36]黄晓莉.深化高校劳动人事制度改革之管见[J].湖南师范大学社会科学学报,1993(3):127-128.

[37]金英杰.教师适用劳动合同一法的必然[J],中国教工,2005(8):8-10.

[38]金志敏.论人事制度改革的目标[J].科学管理研究,1983(6):68-73.

[39]柯文进,姜金秋.世界一流大学的薪酬体系特征及启示:以美国5所一流大学为例[J].中国高教研究,2014(5):30-35.

[40]孔祥健,学校对代课教师侵权的转承责任分析[J],教学与管理,200(7):37-38.

[41]兰朝晖.事业单位工作人员对开除处分不服之争议不属于人事仲裁受案范围[J].中国劳动,2017(1):80-82.

[42]劳凯声.教育体制改革中的高等学校法律地位变迁[J].北京师范大学学报(社会科学版),2007(2):5-16.

[43]李伯文.把竞争机制引入干部人事管理的思考[J].大庆社会科学,1988(1):57-60.

[44]李国强.布尔曼部长的"高校革命":德国高校人事工资制度改革动态[J].德国研究,2000,15(3):29-33,62.

[45]李婧.我国高校教育纠纷的法律类型及其解决机制探究[J].社会科学战线,2008(11):214-218.

[46]李科峰,金洋.浅谈教师聘任的法律保护[J].高等函授学报(哲学社会科学版),2001,14(6):43-47.

[47]李坤.浅论特别权力关系领域中法律保留原则的适用[J].法制与社会,2015(4):262-263.

[48]李牧.高校聘任制实施过程中教师权益保护问题探究[J].学术论坛,2005(1):178-181.

[49]李斯令,夏理淼.行政复议前置:高等教育行政诉讼的制度选择[J].西南政法大学学报,2012(1):97-100.

[50]李文江.高校教师聘任制之法律研究[J].高等教育研究,2006,27(4):49-54.

[51]李文堂,姚传玺,谭人杰.深化高校人事制度改革充分开发科技人

力资源[J].高等建筑教育,1991(2):58-61.

[52]李学永.台湾地区大学教师权利保护的反思和借鉴[J].行政法学研究,2011(1):63-69.

[53]梁明伟.论教师权利及其法律救济[J].教师教育研究,2006,18(4):48-52.

[54]林雪卿.制定教师聘任方面法规应研究的三个法律问题[J].上海教育科研,2006(3):34-36.

[55]刘琳.论高校聘任教师的权益保护[J].时代法学,2006(4):77-81.

[56]刘琦晖,李霆.从高校与教师之间关系的法律性质看高校内部组织权力机制[J].科技管理研究,2006(6):122-123.

[57]刘彦博.完善我国高校教师权利救济制度的思考[J].黑龙江高教研究,2012(3):54-57.

[58]柳国辉.论学校与教师的法律关系[J].宁波广播电视大学学报,2004,2(1):47-50.

[59]陆在春.我国教育仲裁制度的重构与完善[J].安徽师范大学学报(人文社会科学版),2009,37(2):164-168.

[60]罗朝猛.教师申诉制度:美国的实践与我国的现状[J].比较教育研究,2007(7):27-31.

[61]骆腾,陈发美.教师职务聘任制下的聘用合同管理[J].现代教育科学,2006(3):72-74.

[62]吕琳.论"劳动者"主体界定之标准[J].法商研究,2005(3):30-36.

[63]马海泉,刘华蓉.非走不可的一步:推进新一轮高校人事制度改革综述[J].中国高等教育(半月刊),1999(5):4-7.

[64]马怀德,公务法人问题研究[J],中国法学,2000(4):40-47.

[65]梅贻琦.大学一解[J].清华学报(自然科学版),1941,13(1):1-12.

[66]孟宪乐.基于法律视点的高校教师聘任制之理性思考[J].黑龙江高教研究,2004(11):57-59.

[67]南京大学.坚持正确方向明确指导思想积极稳妥地推行校内管理体制改革[J].中国高教研究,1992(2):3-12.

[68]庞小菊.论公立学校在行政法上的定位[J].行政与法,2002(6):

41-44.

[69] 彭静雯. 教师权利救济制度研究:兼论教育仲裁制度的建立[J]. 教育探索,2007(1):59-60.

[70] 祁占勇. 高校教师聘任合同法律性质的论争及其现实路径[J]. 高教探索,2009(3):14-17.

[71] 祁占勇. 解构与重构:我国公立高校与政府的行政法律关系. 高等教育研究,2005,26(10):33-37.

[72] 祁占勇. 大学章程的法律性质及其完善路径[J]. 高教探索,2015(1):5-9.

[73] 祁占勇. 高等学校内部治理结构的完善与办学自主权的实现[J]. 陕西师范大学学报(哲学社会科学版),2010(4):21-26.

[74] 祁占勇. 高等学校治理结构中的权力冲突及其治理[J]. 陕西师范大学学报(哲学社会科学版),2015,44(1):160-167.

[75] 祁占勇. 高校教职工代表大会的法律地位与权利边界[J]. 高教探索,2012(5):29-32,53.

[76] 祁占勇. 高校内部规则的法理探讨[J]. 高等工程教育研究,2006(3):100-103.

[77] 祁占勇. 高校内部规则完善的法律路径探究[J]. 复旦教育论坛,2012(2):50-54.

[78] 栗洪武,祁占勇. 滥用与规制:高校自由裁量权的法理透视[J]. 江苏高教,2008(4):29-31.

[79] 祁占勇,陈鹏. 我国高校教师聘任制的困境与理性选择[J]. 陕西师范大学学报(哲学社会科学版),2009,38(4):119-123.

[80] 祁占勇. 我国公立高校法律地位的"合法性"探讨[J]. 江苏高教,2009(4):50-52.

[81] 祁占勇,陈鹏. 治理理论语境下政府与高校关系的"善治"[J]. 中国高教研究,2008(5):35-37.

[82] 祁占勇. 中国高校教师聘任制:过去、现在与未来[C]. 中国教育法制评论(第7辑),2009:160-179.

[83] 祁占勇,陈鹏. 转型期政府与高校行政法律关系及其权限边界[J]. 中国高教研究,2009(6):35-38.

[84] 荣利颖,杨娟. 我国公立高校教师权利保障的立法现状研究[J]. 北京教育(高教版),2012(9):7-9.

[85] 申素平. 论我国公立高等学校与教师的法律关系[J]. 高等教育研究,2003,24(1):67-71.

[86] 沈晓燕. 从身份到契约:高校教师主体地位的错位和复归[J]. 法学论坛,2006(3):118-120.

[87] 施雨丹. 日本国立大学法律地位之变更[J]. 比较教育研究,2006(8):30-34.

[88] 石之,晓娅. 对高校教师职务聘任工作几个问题的认识[J]. 中国高等教育,1988(4):23-24.

[89] 宋治礼. 事业单位人事争议法律救济研究[J]. 西部法学评论,2010(3):56-62.

[90] 孙德元,刘珍. 论我国高校教师申诉制度的完善[J]. 武汉大学学报(哲学社会科学版),2010,63(3):263-269.

[91] 孙丽珍. 论教师聘任背景下教师权益救济制度的完善[J]. 现代教育科学,2006(11):87-91.

[92] 谭九生. 高校教师权利救济制度及其完善的思考[J]. 高教探索,2009(2):17-21.

[93] 汤娜,罗昆. 大学章程中教师权利保障的困境与实现路径:基于教育部已核准的84所高校章程的文本分析[J]. 国家教育行政学院学报,2016(7):85-89.

[94] 万云波. 论大学管理的主要职能与基本原则[J]. 石油大学学报(社会科学版),2001,17(2):99-101.

[95] 王保平,何萌."双一流"建设背景下的高校教师薪酬体系改革[J]. 中国高等教育,2017(3):14-17.

[96] 王报平. 美国大学教师职业发展权利法律保障初探[J]. 煤炭高等教育,2007,25(1):50-52.

[97] 王蓓. 以"或审或裁"模式重构个别劳动争议处理机制[J]. 法学,2013(4):120-127.

[98] 王道仁. 高校实行"聘任(用)制"的思考[J]. 黑龙江高教研究,1993(1):22-24.

[99] 王洪亮.论事业单位的民事法律地位:以学校为研究范例[J].法商研究,2007,120(4):67-73.

[100] 王礼鑫,周捷.北大人事制度改革始末与争论[C]//2005中国制度经济学年会精选论文(第二部分).2005:1083-1092.

[101] 王丽娟.论教师权利的要素和性质[J].教学与管理,2001(11):43-45.

[102] 王玫黎.法人分类比较研究[J].西南师范大学学报(人文社会科学版),2003(3):60-64.

[103] 王鹏炜,张春梅.学术职业视域下高校薪酬管理改革探析[J].研究生教育研究,2012(1):5-8.

[104] 王全林.教师究竟是谁?[J].教师教育研究,2004(9):27-31.

[105] 王天玉.集体合同立法模式的悖论与出路[J].社会科学战线,2017(12):214-221.

[106] 王延卫.论行政机关处理教师申诉行为之性质[J].行政法学研究,2000(1):48.

[107] 王毅.公立高校行政行为的司法审查问题研究[J].中山大学学报论丛,2006,26(9):13-15.

[108] 王莹.聘用制环境下我国事业单位专业技术职务管理方式浅析[J].社会科学管理与评论,2005(4):29-34.

[109] 魏新卿,杨曙林,王孝.院校人事制度改革的重点和力度[J].金融教学与研究,1993(2):46-48;

[110] 吴殿朝.教育仲裁制度研究[J].高等工程教育研究,2006(6):56-59.

[111] 吴殿朝.我国教育申诉制度存在的问题及其完善对策[J].行政与法,2008(2):96-99.

[112] 吴回生.理论视域与实践视域中教师聘任制的法律问题[J].广东教育学院学报,2001,21(4):70-73.

[113] 吴开华,覃伟桥.论教师聘任制的法律性质[J].教育评论,2002(5):45-47.

[114] 吴咏诗.关于校内管理体制改革情况与进一步深化综合改革的思路[J].中国高教研究,1992(5):12-18.

[115] 吴志华. 事业单位人事制度改革的问题与路径[J]. 探索与争鸣, 2006(1):31-33.

[116] 伍艳. 论高校聘任制下教师权益救济机制的构建[J]. 高教探索, 2013(1):129-134.

[117] 谢树自. 努力建立起具有中国特色的人事制度:人事制度改革学术讨论会侧记[J]. 中国劳动,1983(10):18-20.

[118] 谢志东. 我国教育行政救济制度问题研究[C]//劳凯声. 中国教育法制评论:第1辑. 北京:教育科学出版社,2002.

[119] 熊文钊. 法人·公法人与行政法人:关于行政法主体理论的阐发[J]. 苏州大学学报(哲学社会科学版),2001,22(1):136-140.

[120] 薛焕玉. "人尽其才,才尽其用"浅议:谈我国教学制度、劳动人事制度和工资制度的同步改革[J]. 辽宁高等教育研究,1986(5):112-114.

[121] 闫尔宝. 对高校管理中教师权益的司法保护[J]. 人民司法,2001(5):44-46.

[122] 杨安军. 我国人事争议仲裁制度建设的回顾、问题和前景[J]. 西南政法大学学报,2004(6):36-41.

[123] 杨挺. 论公立学校教师聘任合同的法律性质[J]. 中国教育学刊,2007(4):1-4.

[124] 尧怀荣,方熹. 美国高校教师聘任制初探及其启示[J]. 咸宁学院学报,2006,26(2):113-115.

[125] 尹力.《教师法》实施10年:守望与期待[J]. 教育理论与实践,2005,25(2):13-17.

[126] 尹晓敏. 我国教师申诉制度研究[J]. 清华大学教育研究,2005(1):46-50.

[127] 于安. 行政合同法初探[J]. 清华法律评论,1998(1):10.

[128] 余雅风. 论教师聘任合同的公法规范与控制[J]. 教育发展研究,2008(22):56-61.

[129] 鱼霞,申素平,张瑞芳. 教师申诉制度研究[J]. 教师教育研究,2005(3):57-62.

[130] 湛中乐. 论我国高等学校教师申诉制度的完善[C]//劳凯声. 中国教育法制评论:第6辑. 北京:教育科学出版社,2009.

[131] 张如源. 浅论高校富余人员流动现状及安置途径[J]. 高等工程教育研究,1993(4):45-47.

[132] 张少华. 美国高校教师申诉机制探索:密歇根大学迪尔伯恩分校个案研究[J]. 比较教育研究,2007(2):60-64.

[133] 张雄杰. 关于深化高校工资制度改革的探讨[J]. 江苏高教,1992(4):49-51.

[134] 赵德生,王楠毓. 论生产力中"人的因素第一"与"科技第一"[J]. 河南师范大学学报(哲学社会科学版),1992,499(4):116-118.

[135] 赵恒平,廖红梅. 论聘用制下高校教师的权益保障[J]. 武汉理工大学学报(社会科学版),2005,18(1):100-103.

[136] 赵守一. 加快劳动、工资、人事制度的改革:赵守一部长在全国劳动人事厅(局)长会议上的报告(摘要)[J]. 中国劳动,1985(1):2-9.

[137] 赵元成. 事业单位人事争议解决方式及其适用范围的协调[J]. 2007(3):92-94.

[138] 郑玉刚,蔡根女. 略论高校聘任制改革:政策、前景及其逻辑思考[J]. 长春师范学院学报,2005,24(5):135-139.

[139] 周文霞,邵懿,王倩,中国高校教师聘任制政策文本研究[J]. 浙江工商大学学报,2007(6):81-87.

[140] 朱应平. 教师权益法律救济研究[J]. 行政法学研究,2000(4):34-39.

三、网络资料及新闻

[1] 蔡诚.1994 年 6 月 28 日在第八届全国人民代表大会常务委员会第八次会议上全国人大法律委员会关于《中华人民共和国劳动法(草案)》审议结果的报告[EB/OL]. http://www.npc.gov.cn/wxzl/gongbao/2001-01/02/content_5003186.htm.

[2] 大庆商江. 全国普通高等学校最近几年解聘教授、副教授事例回顾[EB/OL]. http://www.xici.net/d195117374.htm.

[3] 何宁湘. 人事争议处理的若干问题[EB/OL]. http://www.law-lib.com/lw/lw_view.asp?no=6602.

[4] 李奋飞. 从"无救济则无权利"谈起[EB/OL]. http://www.civillaw.com.cn/article/default.asp?id=29263.

[5] 马国川. 高校聘任制:不能赶走方鸿渐,留下韩学愈[EB/OL]. ht-

tp://edu.people.com.cn/GB/8216/37769/37812/4390243.html.

[6]孙于泳.大学教师状告国家人事部被驳回[N].新京报,2003-11-30.

[7]王阳.警惕"聘任制"的劣变[N].中国青年报,2003-10-17.

[8]方夷敏,宋荻,刘继红,李汉荣.教师聘任制:从激进到渐进[N].新快报,2003-07-16.

[9]甘阳.大学改革的合法性与合理性[N].21世纪经济报道,2003-06-05.

[10]国务院办公厅转发人事部关于在事业单位试行人员聘用制度意见的通知[国办发〔2002〕35号][EB/OL].http://www.gov.cn/gongbao/content/2002/content_61651.htm.

[11]何宁湘.关于司法解释[法释〔2003〕13号]的思考[EB/OL].http://www.law-lib.com/lw/lw_view.asp?no=2026.

[12]拉丁.北京大学积极稳妥地推进人事制度改革不断提升师资人才队伍质量[N].2013-10-22,http://pkunews.pku.edu.cn/xxfz/2013-10/22/content_279244.htm.

[13]台湾地区.修正《教师申诉评议委员会组织及评议准则》[EB/OL].http://www.chinalawedu.com/falvfagui/fg23155/177523.shtml.

[14]万里.争取劳动、工资、人事制度改革的胜利:万里同志在劳动人事部成立大会上的讲话(一九八二年五月六日)(摘要)[D].劳动工作,1986(2):3.

[15]魏丽娜.副教授改论文至凌晨公交车上猝死工伤认定被否[N].广州日报,2018-05-22.

[16]张贻复,易之.上海交大在管理改革中的一条经验劳动、人事、分配制度的改革联系起来有关领导部门对此十分赞赏[N].光明日报,1984-04-10.

[17]赵建.教师专业化发展的含义、特征[EB/OL].http://blog.eduol.cn/user1/32610/archives/2007/263757.html.

[18]郑阳鹏,王婧.北京大学:"癸未变法"今何在?[N].中国新闻周刊,2010-11-18.

[19]周建平,谢若含."青椒"之焦:大学青年教师的现实之困[N].南方人物周刊,2016-01-22.